SoulSpiritArt

Dornbusch in Flammen

Herstellung und Verlag:

© 2019 Englert, Axel
Herstellung und Verlag: BoD – Books on Demand, Norderstedt

Cover: Eva - Maria Shire „SoulSpiritArt"
Bilder: „SoulSpiritArt" & "Crissan collections"(cc)

mit freundlicher Genehmigung

ISBN 9783750425750

Mose hütete die Herde seines Schwiegervaters Jitro, des Priesters von Midian.

Eines Tages trieb er die Tiere durch die Wüste und kam zum Horeb, dem Berg Gottes.

Da erschien ihm der Engel des Herrn in einer Feuerflamme, die aus einem Dornbusch schlug. Mose sah, dass der Busch zwar in Flammen stand, aber nicht verbrannte.

„Das ist ja seltsam", sagte er zu sich selbst.

„Warum verbrennt dieser Busch nicht?

Das muss ich mir näher ansehen."

Als der Herr sah, dass Mose herankam, um es genauer zu betrachten, rief er ihn aus dem Busch heraus:

„Mose! Mose!"

„Hier bin ich!", antwortete Moses.

„Komm nicht näher!", befahl Gott ihm.

„Zieh deine Sandalen aus, denn du stehst auf heiligem Boden…

„Ich bin der, der ich für dich sein werde" …*

Als Mose das hörte, verhüllte er sein Gesicht, denn er hatte Angst, Gott anzuschauen.

(2. Mose - Kapitel 3 - 4 - Apostelgeschichte Kap 7)

----
*

Der Jahwe-Name in Ex 3,14 gibt es in in verschiedensten Übersetzungen:

Da sagte Gott zu Mose: Ich werde da sein, als der ich da sein werde!
Ich bin, der/was/wie ich bin!
Ich verursache, was/wie ich verursache Ich werde sein, was/wie ich sein werde
Ich werde verursachen, was/wie ich verursachen werde -
Ich bin, der/was/wie ich sein werde"
oder als Versprechen, auch im Sinne von: „Ich werde für euch da sein".

INHALTSANGABE

Gott ist ja nichts als gut: Verdammnis, Tod und Pein,
und was man böse nennt, muss, Mensch, in Dir nur sein.

Das Licht der Herrlichkeit scheint mitten in der Nacht.
Wer kann es sehn? Ein Herz das Augen hat und wacht.

Gott wohnt in einem Licht, zu dem die Bahn gebricht.
Wer es nicht selber wird, der sieht Ihn ewig nicht.

Halt an, wo läufst du hin, der Himmel ist in dir:
Suchst du Gott anderswo, du fehlst ihn für und für.

Ich bin so groß als Gott, er ist als ich so klein.
Er kann nicht über mich, ich unter ihm nicht sein.

(Angelus Silesius: Der cherubinische Wandersmann)

„Alles, was existiert, ist eine Anschauungsform meiner Allumfassendheit.
Wenn du dich findest, erschaffst du deine Welt durch Gott!
Ist das nicht das Größte aller Wunder?"

Für meine Ebenbilder:

„Mein Auge ist zu licht, um Dunkles zu sehen!"

„In Liebe! - Gott"

Symbole und Innere Bilder

Symbole und „Innere Bilder" sind seelische Antriebskräfte zur Gestaltung des Lebens. Sie sind „Urkräfte" gefühlsmäßiger Erlebnisqualitäten, die sich mit antreibender emotional, sinnhafter Kraft darstellen und sinnlich erfahren möchten.

Sie haben Mittlerfunktion zwischen der inneren psychischen Welt und der äußeren Welt der Formen. Sie zeigen uns auch die Ursachen (z.B. Träume!), die uns an unserer Entfaltung hindern und treiben uns an, gestalten und versöhnen, lösen blockierende Muster, führen zu bisherigen verborgenen Freiheiten und Entwicklungsmöglichkeiten und erzeugen erfüllende, so wie ordnungs~ und sinnschaffende Resonanzen aus der Umwelt. Sie verändern das Leben nicht durch ein ausschließliches „Handeln", sondern durch eine Transformation des Bewusstseins mit „größeren" wahrnehmbaren Freiheitsgraden und ungeahnteren Möglichkeiten.

Sie begeistern dann für den Geist, der das Leben gestalten will!

Ein Körper, der zu wenig bewegt und gefordert wird, erschlafft und wird krank. Ein Geist, der zu wenig bewegt wird, sinnlos dahintreibt, wird lustlos, initiativlos, frustriert. Der Geist ist die Mutter der Freiheit. Er ist der Wind (Hebräisch: Wind = Lehrer!), der uns bewegt. Dieser richtet sich auf Werte und Ziele bzw. Einstellungen aus, für die er im Lebensnetz leben will.

Er gibt im Gegensatz zur Ohnmacht „Hohen „Mut" - d.h. nicht nur in der ständigen Reaktion auf innere und äußere Bedrängnis zu sein, sondern auch vorausschauend agieren zu können. Er gibt Mut und das Gefühl, Schwierigkeiten begegnen zu können.
Er fördert die Fähigkeit, sich durch Ängste hindurch zu glauben, sich so zu entfalten, dass man sich gegen einengende Lebensumstände und krankmachendes Leben wappnen kann.

Mit dem eigenen erkannten Sinn und seinen gefühlsmäßig aufbauenden Bildern vor Augen, für die man leben und sich entfalten kann, erfährt man sich kraftvoller und schöpferischer als man denkt. Es macht lebendiger, für die innere be-„Geist"-ernde Wirklichkeit. Sie richten sich dann auf deine ureigenen inneren Ziele aus, lassen dich erschaffen und erfahren aus seinem Sinngefühl für sich selbst und für die Resonanz von Verbundenheit aus der äußeren Welt.

„Je mehr du dich selbst findest,
desto mehr glaubst du wirklich an dich!"

Diese Symbole aus der Seele, dem „Göttlichen Funken" in jedem, kann man nicht erfinden.

Sie werden spontan hervorgebracht und tragen eine mächtige Antriebs- und Transformationskraft, die persönlichkeitsändernd, in Richtung Authentizität wirken d.h. sie sind „numinos" d.h. Ausdruck des göttlichen Gestaltungswillens!

Sie halten die Verbindung zwischen der Seele durch deine, durch viele zementierte, sowie geprägte Glaubenshaltungen, „zusammengezimmerte" bewusste Tagespersönlichkeit, mit ihren geforderten Kulturanpassungsleistungen und dienen somit dir, einen weiteren und bewussteren Geist zu entwickeln!

Das wäre dann die richtige Demut, wie die eines Moses, vor dem flammenden Dornbuschsymbol, das ihn zu seiner wirklichen Berufung führen wollte.

„Demut" heißt dabei nicht, anderen nach dem Munde reden, sondern Mut, seinem „Göttlichen Funken", seiner Seele, dem Ausdruck „Gottes" zu dienen, mit deren Anlagen und Möglichkeiten und zu erkennen:

> *„Ich Bin" ein eingebettet in die Schöpfung, aber alles andere auch.*
> *„Ich Bin" nicht mehr, aber auch nicht weniger, wie alles was ist."*

Was heißt das konkret:

> „Was immer du deinem Bruder (bzw. Schwester!) hast getan,
> hast du mir getan!"

Ich glaube, dieser Satz ist nie so ganz richtig verstanden worden!

Jesus hat da nie! von sich gesprochen, sondern er meinte damit immer das Allumfassende in jedem Menschen, gemäß seinem klaren Wort:

„Nicht ich, sondern der Vater durch mich tut die Werke! - Dabei sei darauf hingewiesen, dass ‚Gott' weder ein Vater ist oder Mann/Frau, sondern quasi ein Allumfassendes „ES"! – (germ. „Gott") ~ „Alles, was ist" – ein „Großer Geist"! Der Mensch quasi, als konturierter Geist (Wassertropfen), ist immer eingebettet, bis in dieses „tiefe" unbegrenzte ‚All'-Bewusstsein! (*Meer*!)

Somit ist dieser Satz ganz weit zu verstehen:

Wenn eine Emotion, Gefühl, welche(s) auch immer, dieses „Feld in Schwingung versetzt, hat es für dieses „Urfeld" keinen Unterschied, ob es menschlich gesehen „Gut oder Böse" ist"

Aber jeder Schmerz, egal welcher, erzeugt Grenzen, sowie fortschreitende Verhärtungen, sprich immer, je nach Tiefe und Schwere, größer werdende, konturierte psychische „Killerwellen", als extreme Gefühlsschwingungen, die sich wieder in ein Fließgleichgewicht verwandeln wollen. Wenn sich diese psychische Killerwelle über das Bewusstsein von Menschen entlädt, wird das verheerend, mit ihren emotionalen Bedürftigkeiten, wie Hass, Neid, Wut, Zorn - Kriege, auf irgendeiner persönlichen oder kollektiver Ebene, erzeugend.

Gefühle und Emotionen echter Freude und Fließgleichgewichte, in der Überwindung von Gegensätzlichkeiten, in und zwischen Menschen, bauen Grenzen ab, machen weich, erzeugen schwingende Verbundenheit, zwischen den Wellen. Eine zerstörerische Killerwelle kann sich da gar nicht aufbauen. Sie bekommt keine Energie, um sich über die Psyche von Menschen schmerzhaft manifestieren zu können.

„Aber sein Auge ist zu licht um Dunkelheit wahrnehmen zu können!"

Das Urlicht" - der „Große Geist" - das „Allumfassende", antwortet nur auf unsere Empfindungseinstellungen als ausgleichende Resonanz!
ES! - antwortet in seinem Lebensnetz, aus seinem „Meer" sein, als „Alles, was ist", immer als „Spiegel", wie Hermann Hesse und viel andere Mystiker das wunderbar beschreiben:

„Der wirkliche Umgang des Menschen in Gott hat an der Welt nicht bloß seinen Ort (z.B. die Kirche), sondern auch den Gegenstand, deine Situationen im Alltag. Gott redet zu dir, zum Menschen in den Dingen und Personen und alltäglichen Situationen, die er dir immer liebevoll ins Leben schickt, damit du dich daran erkennst.

Der Mensch antwortet mit seinen Handlungen und Entscheidungen eben an diesen Wesen und Dingen, um zu lernen mit seinem Leben, mit seinem ganz persönlichen Leben sich selber mit Gott zu verbinden, wenn er diese Botschaften lernt richtig zu lesen." (Hermann Hesse)

„Ich bin" dein Licht und deine Finsternis:

"Ich mache das Licht und schaffe die Finsternis;
ich gebe Frieden und schaffe Unheil." (Jesaja-45,7)

„Ich bin" - „Dein Wille geschehe - Ich bin dein Diener und gebe dir alles, was du brauchst aus der Kraft deiner Überzeugung und Glaubens!"

„Alles ist in allem enthalten!
Wie innen, so außen – Wie oben, so unten!"

SoulSpiritArt

Der suchende Mensch

Da saß er nun, der Mensch an Weihnachten und sinnierte vor sich hin, in seinem Verhältnis zu Gott, dem Weltengeist, dem Sinn und meinem Leben:

"Habe ich den erreichbaren Zenit meiner Bemühungen um Heilung erreicht"?

Nun, beinahe resigniert und mit seinem Leben abgeschlossen, trat er immer wieder in seinen Träumen vor Gott hin.

„Siehe Herrgott! - Diese lange Liste von spirituellen Disziplinen, Beichten von Sünden und befolgten Glaubensvorschriften, in denen ich mich und die Lösung meiner Probleme gesucht habe. Habe ich nicht alles getan, was du verlangst?"

Ich habe flehentlich gebetet, gefastet und mich selbst kasteit im Heilfasten!

Jahrelang bin ich jetzt auf die biblische „Jakobsleiter" gestiegen, auch durch meine äußeren Erfahrungen im Leben, bewegte mich im Orbis von Priestern und angeblich heiliggesprochenen Menschen, spirituellen Führern, als meine Fixsterne, die mir noch dringendst rieten, mehr seinem Herzen zu folgen und erlebte oft gleichzeitig dabei das Ende all meiner Hoffnungen, trotz „Positivstem Denken ", besonders, als ich dann noch Krebs bekam.
Weiterhin bin ich arbeitslos und immer noch wenig geschätzt, seit meiner Kindheit und befinde und empfinde mich, wie dieser biblische Moses, sprichwörtlich in der Wüste, die immer noch kein fruchtbares Land erkennen lässt!

Das Leben stammelnde dabei weiter seine undeutlichen Sätze nach meinen inbrünstigen Gebeten, wie ein delphisches Orakel im Delirium.

Vergeblich entwarf ich obskure spirituelle Aspekte für mein Leben, wollte konfessionellen Regeln nachfolgen, auch aus anderen Kulturen. Es war nutzlos!

Jeder äußere Weg bestätigte nur diese Diagnose, brachte keinen Heilungsvorschlag und Besserung, versäumte es, mir deutlich zu sagen, dass hinter jedem Kummer, Schmerz und Enttäuschung, vielleicht doch eine göttliche Macht verborgen liegen könnte, die diese, für mich, in erfüllende, fließende zuständige Kraft hätte verwandeln können".

Er saß die ganze Weihnachtsnacht hindurch, bis die ersten Sonnenstrahlen im frühen Morgen, durch seine Augen, seine dunkle Ecke erleuchteten und ein Fenster gleichzeitig zu seinem Inneren öffnete.

Ein Licht überflutete ihn mit einer wohligen Wärme und erfüllte ihn mit Staunen, als er sich vor seinem geistigen Auge, wie damals Moses, vor einem brennenden leuchtenden Dornenbusch in der Wüste sah. Er wunderte sich aber, dass der Dornbusch nicht verbrannte und kein „Grün" oder Knospen oder Blüten aufwies. Als er aber näher hinsah, erkannte er, dass er eigentlich nicht brannte oder verbrannte, sondern es vielmehr eine wabernde und wärmende Glut war, die aus diesem floss und ihn umgab!

Irgendwie kam ihm die Assoziation zur bekannten mittelalterlichen Mystikerin Hildegard von Bingen in den Sinn, die tief aus sich heraus, von einem ähnlichen Mysterium ergriffen wurde:

„Ich Bin", die höchste und feurige Kraft, habe jedweden Funken von Leben entzündet... Ich, das feurige Leben göttlicher Wesenheit, zünde ihn über die Schönheiten der Fluren, ich leuchte in den Gewässern und brenne in Sonne, Mond und Sternen. Mit jedem Lufthauch, wie mit unsichtbarem Leben, das alles erhält, erwecke ich alles zum Leben."

Tief ergriffen verneigte er sich in seiner Aufmerksamkeit, vor diesem brennenden Dornbusch und plötzlich kam es ihm vor, als spräche eine angenehme, sehr vereinnahmende Stimme durch ihn:

„Erkenne Mensch! – Du stehst in der Wüste deines Lebens und du meinst mich, Gott im Außen als Dornbusch zu sehen. Was du aber siehst ist, ist das Göttliche in dir, das sich durch dich ausdrücken und erfahren möchte!

Das Symbol des flammenden Dornenbusches zeigt dir, dass du noch für das Leben und deine Lebendigkeit aktiv in deinem männlichen Teil brennen willst. Du musstest durch die Wüste deines Lebens gehen, damit du mich und damit dein fruchtbares Leben in dir erkennen und zulassen konntest!

Die Dornen symbolisieren darin deine, noch vorhanden Ängste, durch deine schmerzlichen Erfahrungen, die dein Gefühlsleben beeinträchtigt haben, seit deiner Kindheit, bis hin zu deinen partnerschaftlichen Schwierigkeiten, mit ihren Widerständen und enttäuschenden Hindernissen, hinweisend.

Die Dornen zeigen dir, wie du deine Entwicklung, aus Frustration und Enttäuschung, über die Welt und damit zu mir, dem Göttlichen in dir, dem Allumfassenden verweigert hast.

Du konntest dich dadurch nämlich damit noch nicht zu deiner wahren Kapazität deines göttlichen Funkens in dir öffnen. Denn du wolltest noch ein schmollendes „Kind" im Selbstmitleid bleiben und nicht zum wahren Ebenbild Gottes hineinwachsen.

Du hattest alle Zugänge zu deiner Lebensaufgabe und Lernthemen aufgrund mangelnder Einsicht in dein Inneres versperrt.

Dadurch bist du in Distanz gegangen vor dem Göttlichen in dir, dem du offensichtlich nicht mehr oder noch nicht vertrauen kannst, bedingt durch deine geprägten Gottesvorstellungen über angeblich Strafe, Sünde, Verdammnis, die dich von Gott bzw. der Göttlichkeit in dir, fernhalten.

Dieser Dornbusch, und denke dabei an die Bildsymbolik des weiblichen Körpers, an die milchspendenden Brüste, an den lebensspendenden Schoß, mit diesem mütterlichen Gefühl des „Angenommen- und Geborgen-seins", als urmenschliche prägende Erlebnisqualität, kann dadurch noch nicht grünen, knospen und blühen, um damit dich mit dieser unbegrenzten Freude deines göttlichen Inneren verbinden zu können, um dadurch das „Grün" als Fruchtbarkeit für dein Leben, erst hervorzurufen!

Der Busch ist mein Symbol, dass alles, was existiert, durch einen „kosmischen Schoß" geboren wurde und dauerhaft und untrennbar miteinander verbunden ist.

Es ist ein grundlegender aktiver und nährender, mütterlicher „Ur-Grund", der alles, was aus ihm hervorgegangen ist, in sein Geschehen mit einbezieht.

Eure Astrologen würden dir in ihrer Sprache eine extreme Wasserbetonung im Horoskop bescheinigen, besonders mit deinem emotionalen Zentrum „Mond" genannt, dem Symbol für das Herz, des „Weiblich – Mütterlichen" – der versorgenden „Kraft" und Quelle in Dir!

Schon euer chinesischer Philosoph Lao-Tse hat dies wunderbar betont, wenn er über mich, als das Göttliche in dir, ausführt:

Lao-Tse - Das aussagbare Tao ist nicht das ewige Tao
Der erkennbare Name ist nicht der ewige Name!
Das Namenlose ist der Anfang von Himmel und Erde
Das Namen habende ist die Mutter der abertausend Wesen!

und Lao- Tse erkennt hier das Weibliche in diesem schwangeren Potential:

Der Geist des Tales ist unsterblich - Er heißt das dunkle
(nicht erkennbare!) Weibliche!
Des dunkeln Weiblichen Pforte sie ist des Himmels und der Erde Wurzel.
Unaufhörlich, immerwährend wirkt es ohne Mühe.
Es zeigt sich als der Ursprung der abertausend Wesen!

Damit liegt auch die Schlussfolgerung auf der Hand, dass alles, aus meinem Urgrund, Erschaffene und Geborene, miteinander verbunden und eingebettet ist. Nichts kann außerhalb von mir existieren:

Deswegen erkenne: "Wenn du dich liebst, liebst du Gott!"

Sie liegt in der Fähigkeit, annehmen und sich verbunden fühlen zu können, "Ja" zu sagen, zu dem was dies bzw. „ES" in dir ausdrücken will. Das „Nein" des bedürftigen "Inneren Kindes" im Menschen schwächt ihn.

Siehe! - Der Körper ist nicht eine Leiche, nicht leblose Materie, sondern seine verdichtete „flirrende" d.h. erregte schöpferische Bewusstseinsenergie, konturierter Geist. Das wird euch jeder Atomphysiker bestätigen können, wenn er in das Innere, eines angeblich toten Steines, blickt!

Alles ist so sein Muster, sein Kleid. Dein Leib ist sein Plan, seine „Schrift", die aufersteht durch IHN, um seine Schrift für Ihn zu erleben und zu erfahren!
Die Schöpfung ist nicht nur Werk, es ist sein erregender Geist, sein Gefäß, in das er sich ergießt! *(vgl. Geist = germ. Geysir = erregt)*

So bin ich als „Gott" selbst ein ständiger flammender Dornbusch, der ständig grünt und mit meinem ständig schwangeren Potential „gebärt"

Meine erschaffenen Muster, meine Bildwerke sind quasi „Seelensamen" – konturiertes und verdichtetes Bewusstsein meines Geistes. Auch im Symbol des Kelches und der Hostie bist du, wie alles, da mein Leib, mein Gefäß, in das ich mich „kleide", im Blut meine Lebendigkeit:

„Du bist immer in Gott –
Deswegen bist du auch in deiner Seele immer „Gottvoll!"

Jeder Mensch ist daher eine „Unbefleckte Empfängnis"!

Aus Sicht der Seele gesehen bin ich, als das Göttliche, sowohl männlich als auch weiblich!

Meine Schöpfung, als Bildwerk im Ausdruck der Seele zu gebären, ist weiblich!

Mein Zeugungsakt ist dabei männlich, aus meinem erregten Geist heraus, der, wie die Flammen aus dem Bild des Dornbusches, für das Leben in körperlicher Erfahrung „brennt"!

Die Seele ist also mein „Göttliches Kind" und ich bin in ihr als Kind, das sich auf einer körperlichen Heldenreise sinnlich erfahren möchte!

Dein Leben ist umschlossen und will getragen sein vom „Göttlichen Kind"!

Das Kind, das geboren wird, ist meine „Unbefleckte Empfängnis" d.h. mein „Samen", der im Bild des grünenden Dornbusches geboren werden soll und sein körperliches Leben noch vor sich hat, ist ein Kind mit meiner „Idee" über sein Leben!

Wer sein Leben gegenwärtig aus seinem bzw. meinem Samen sinnerfüllt & eigenverantwortungsvoll gestaltet, ist erwachsen!

Ein göttliches Kind ist man, wenn man lebendige quellende „Jugend" in sich fühlt. Wenn du dich so lebendig fühlst, dann bist du fruchtbar, männlich in der Zeugung und weiblich in der behutsamen Fürsorge für das Gezeugte!

Das noch schmollende Kindische jedoch ist unfruchtbar, seine Zukunft ist das schon Vorhandene, immer wieder Verwelkte. Es lebt nicht hinüber in eine fruchtbare Entwicklung und Erfahrung! - Es bleibt ein Dornenstrauch, der so nie grünt und Frucht tragen wird.

So ist im Dornbuschsymbol immer mein „'Wesen'-tliches" enthalten:

„Ich bin" die Auferstehung und das Leben -
„Ich bin" das Brot des Lebens
„Ich bin" der gute Hirte
„Ich bin" das Licht der Welt
„Ich bin" die Tür
„Ich bin" der Weg, Wahrheit und das Leben
Ich bin der wahre Weinstock
oder
„Ich bin" der brennende fruchtbare Dornenbusch!

„Ich bin das neue Licht, die Botschaft der Freude und Sicherheit"

für dich!

Kannst du es zur Gänze erfassen?

„ Ich bin" – der ich bin!

Die Klärung dieser Frage „ Wer bin ich", ist für das menschliche Dasein einzigartig und zuweilen schwierig, aber unbedingt erforderlich, wenn du Dein ganzes Potential im Leben zum Ausdruck bringen willst. Angenommen, ich sage dass du dir lediglich eines begrenzten Teils deiner selbst bewusst bist.

Wer bist du aber in deiner Individualität wirklich, wo du glaubst, dich so zu zeigen, wie du zurzeit bist?

Vorsicht! - Eine schnelle Antwort kann zu folgenden oberflächlichen Äußerungen führen: „Ich bin Lehrer", oder „Ich bin jemand, der Menschen mag. Ich bin völlig angespannt und voller Angst. Ich bin Mutter. Ich bin eine Null. Ich bin sportlich. Ich bin intellektuell. Ich bin schüchtern ...".

Beachte, wie häufig wir dazu neigen, uns mit positiven oder negativen bewertenden Persönlichkeitsmerkmalen zu beschreiben, die wir im Laufe der Jahre entwickelt oder erworben und als über das Außen messendes oberflächliches „Ich Bin" angenommen haben.

Die meisten von uns sehen nur bis zu diesem Punkt und nicht weiter.

Du hast dich in einer Art Selbstkonzept selbst in starre Grenzen formuliert und so die Grenzen deiner Realität selbst festgelegt. Du beschreibst dich selbst, wie du es für dich aus mannigfaltigen äußeren oder innerlichen Gründen festgelegt hast. In dir ist eine genaue Liste von Gedanken und den damit verbundenen Gefühlen vorhanden, die du als „Deine", mit einem Glauben an etwas, anerkennst. Du siehst und erlebst deine Welt innerhalb dieser „Gedanken - Gefühls-Brille".
Du hast Grenzen gezogen, Begrenztheiten, die markieren, was du als „Selbst" oder „ICH" betrachtest und was „Nicht-Selbst" ist. Durch diese Ansicht bleibst du begrenzt. Die augenscheinlichste Begrenzung neben deinem Denken ist deine Haut, die dir angeblich genau aufzeigt, was du nicht bist.

Fragst du dich also jetzt:

„Wer bin" ich!- Was möchte Ich sein! - Wo stehe ich heute?
Was habe ich erreicht, und was habe ich nicht erreicht?
Habe ich den Beruf, der mir gefällt und die Beziehungen, die ich möchte?
Magst du dich so wie du bist?

Dann betrachte einmal rein philosophisch gesehen, was du bist, wenn du diese selbst gesteckten Grenzen einmal in einem Gedankenexperiment weglässt und dich über diese hinaus ausdehnst.

Bist du dann nicht selbst „Allumfassend" und unbegrenzt. Kannst du einmal dieses sich begrenzt Glaubende weglassen und das dir „Unvorstellbare" zulassen?

Wer aber bist du wirklich?

Vielleicht kannst du aus dem Obengesagten akzeptieren, dass in dir eine größere unbegrenzte Präsenz ruht, eine Macht, ein größeres Bewusstsein, das dir Kraft verleiht, dir selbst gesteckte geistige und körperliche Grenzen in deinem Leben zu überwinden. Du musst nur grundsätzlich dafür offen sein!

Dieses Überpersönliche in dir, in das Alles, was ist, eingebettet ist, gibt dir die Kraft, allein durch die Änderung deiner innersten Einstellung zu dir, verfahrene Situationen zu meistern und zu verändern.

Dies ist die objektive Kraft, sich sinnvolle Ziele zu setzen und zu erreichen, die Kraft, Glück und Frieden, ungeachtet der Umstände, um dich herum, zu erfahren. Es ist die Kraft, um das zu sein, was du wirklich bist. Hier ist wieder der berühmte Glaube, so groß wie ein „Senfkorn, gefragt".

Dieses Bewusstsein wird in der Mystik oft als „Das Hohe Selbst", das Licht, das Christusbewusstsein, oder „Persönliches Selbst" oder Seele bezeichnet. Wenn du dieses Bewusstsein, dieses „Hohe Selbst", in dir selbst findest, nimmst du dein Leben automatisch erfüllend in die Hand und dort, wo sich früher Berge an Schwierigkeiten auftürmten, dort werden dann vergleichsweise kleine Maulwurfshügel übrig bleiben.

Hast du diesen Seinszustand in dir fühlend, erkannt oder erzeugt, dann wird das äußere Tun, das du zeigst, immer erfüllend und harmonisch sein, gemäß dem Grundsatz des alten Gesetzes: „Wie innen, so außen".

Gerade durch dein „Ich Bin" - dem Göttlichen in dir, bist du in der Lage dein Schicksal zu beeinflussen. Es kommt nur darauf an, was du in Bezug auf deine Situationen in deinem Leben sein willst:

Ein "Ich Bin" die Angst, Mut, Verzweiflung, Frustration, Ablehnung oder Vertrauen, Glaube, Stärke usw.?

Das ist das Geheimnis des "Ich bin"...in Dir.

Da Gott als ein "Ich Bin" alles, was an unbegrenzten Möglichkeiten existiert beinhaltet, bist auch du/jeder Mensch göttlich, sein Ebenbild!

Das spiegelt sich auch im Körper:

Jede Leberzelle lebt seine Funktion, hat aber das ganze Mensch-Sein in sich als DNS inkludiert, so wie jede Zelle im Körper dein Bewusstsein spiegelt, sowie letztendlich „Alles, was ist" auch in dir enthalten ist und dein Bewusstsein auch im Meer des Allbewussten wieder wirkt!!

Dieses Unbegrenzte, das auch in dir innewohnt, erscheint erst durch das menschliche „Ich", mit seiner äußeren Bedürftigkeit begrenzt, indem es sich erschafft, als ein, sich begrenzt empfindendes Wesen.

Denn wenn das große Allumfassenden sich nicht begrenzen würde, wie das Meer in einer Welle, könnte es sich nie in einer begrenzten Körperlichkeit erfahren!

Es bleibe alles beim „Ich bin alles, was ist!"

Bildlich gesprochen, wäre es immer ein fertiges Puzzle, ohne die Erfahrungs-möglichkeit, wie es ist, mit Intuition, Gefühl und Verstand und Ausprobieren dieses erregende Abenteuer des Zusammensetzens zu erfahren!

Setze jetzt mal anstelle von Problemen das Wort Heldenreise, Abenteuer

-Würdest du dir ein Puzzle kaufen, wenn es schon fertig wäre!
-Würdest du dir ein Theaterstück anschauen, wenn es keine Probleme gäbe, die einer befreienden Lösung zustreben!

- Könntest du wachsen, wenn es sie nicht gäbe!

-Könntest du nicht eine höhere verbindende Wahrheit für deine polaren Gegensätzlichkeiten finden?

Was wäre mit deiner Kreativität und Inspiration und aufregenden Spannungen?

Friedhofsruhe wäre der Fall!

So sind alle Menschen doch irgendwie Engel, die bloß etwas zu tief in die Materie eingetaucht sind um sich polar erfahren zu können!

Also, um dies einmal humorvollst auszudrücken:

Wenn mal wieder ein Engel dir im Traum erscheint und zu dir sagt:

„Fürchte dich nicht" – dann sage ihm:

„Lass das, das predigst du seit 2000 Jahren" auch schon den Hirten auf dem Felde, aber du weißt doch selbst gar nicht was „Fürchten" ist!

Der pure Neid! – Euer „Engelsein ist doch langweilig!"

Ihr Engel seid doch auch nicht im Sein, sondern auch nur ein „Bildwerk" – eine „Ein-„BILD"-ung" von Gott!

Anders formuliert, seit ihr doch „einseitige" personifizierte psychische Energie-bilder, die das Allumfassende, Gott sich den Menschen als Botschaften oder in einem Dornbusch oder anderem passenden Symbol auf „Anforderung zu-denkt!"

Das heißt, ihr könnt doch überhaupt keine polaren Gefühlsqualitäten erfahren und all die umgebenden Dinge, Situationen nicht gestalten.

Aber wir als Menschen sind doch auch alle doch besondere Engel, die bloß neugierig seiend, etwas zu tief in die Materie, sprich in unser selbst erschaffenes energetisches „Computerspiel" eingetaucht, sind, um sich polar in allen Schattierungen erfahren zu können!

Aber wir Menschen sind doch bereits auch immer im Sein – in Gott! – wenn auch nicht in unserer Mitte, sondern im Spannungsfeld gegensätzlichster Erfahrungsmöglichkeiten?

Warum? – weil wir als Menschen

(S)omatische – (E)nergetische – (IN) formationsträger sind!

Warum?

Weil wir uns eben eine somatische, sprich körperliche Dimension zugelegt haben, in der wir uns sinnlich polar erleben und erfahren können!

Das kann ein Engel nicht – Wie neidisch ihr doch auf uns sein müsst!

Ihr seid ja nur eine bestimmte festlegte Energie, quasi eine Melodie im glei-chen Takt, Rhythmus, Lautstärke sozusagen. Im Prinzip ist das eine Existenz, ein Leben, wie eine Suppe ohne Salz!

Aber wir als „gefallene", sprich in die Materie „herabgestiegene" Engel können unsere Melodie verzerrt, von hinten oder vorne, schräg, schrill, arrhythmisch, sprich in eine ungeheuren gegensätzlichen Gefühlspalette, spielend, erleben und erfahren und auch ein bisschen Angst und Unsicherheit kann dabei ja bleiben!

Praktisches Gleichnis aus dem Alltag

„Du bist Gott und Gott ist in dir"

Aber als „Gott" in deiner virtuellen Computerkulisse/spiel mit deiner „3D –Brille", spielst du ja auch mit deinen Levels die verschiedensten Möglichkeiten überblickend durch und niemand darf dich in deinem Spielfieber daran hindern, dein Spiel, so wie du es willst zu unterbrechen, ob du nun darin abstürzt, besiegt wirst oder siegst.

Du spielst es tausend Mal durch, bis es klappt und in listiger Weise kannst du auch noch bald aufgrund deiner gelernten! Computererfahrung eine Niederlagenmöglichkeit im Spiel weg programmieren. Da bist du, wie Gott, der Herr all deiner Möglichkeiten, die auf der unbegrenzten Computerspieldisk mit den gegensätzlichsten Möglichkeiten existieren.

Ahnst du vielleicht so, wie das alte Gesetz so recht hat:

Wie innen, so Außen, Wie oben, so unten – Alles spiegelt sich in Allem!

Du bist der Schöpfer deines Seins! – als Göttliches im menschlichen Ausdruck!

Die Menschen, die du siehst die Kulissen, die ganzen Installationen zu Erzeugung von diversen Bühnen, Effekte, den Theaterdonner, den Blitz, das Gewitter, den Brand, den Krieg und die Verbundenheit, die Liebe…etc.

Das sind alles Effekte von tragischen Informationen. Wie sonst können Menschen, als polare Wesen erkennen, dass jemand hier „Leiden"-schaften aus dem Weg räumen will, durch diese Emotionen Leid erzeugt wird, wenn dieses Leid nicht theatralisch eindrucksvoll zur Darstellung kommen kann, mit den entsprechenden Utensilien!

Wie sonst kann einem Publikum die Botschaft nahegebracht werden, sie zu mindestens Anteil nehmend zu mitfühlenden Emotionen zu bewegen und zu unbegrenzteren Stand-punkten?

Natürlich, wenn du im Kino sitzt und total fasziniert mit einem Film mit fieberst, freust du dich da nicht auch, aber dann wenn der Film zu Ende und das Licht wieder im Saal leuchtet, dann geht's du hinaus und sagst, es war ein schöner Film, bist mehr oder minder ergriffen – und genauso ist es mit dem Leben.

Solange es dunkel ist in deinem Bewusstsein, glaubst du in der Realität eines Lebensfilmes zu sein, glaubst du miterlebend an die Realität deiner holographischen Realität - Weil du es erleben, fühlen und begreifen kannst erleben kannst!

An diese Realität bist du gewohnt und glaubst, dass sie die Wirklichkeit ist! weil du keine andere Wirklichkeit bis jetzt kennen gelernt hast oder wolltest – Du konntest/wolltest oft eine andere Realität, die du vielleicht ahntest nicht annehmen.

Die wahre Realität aber deines Seins – das andere, sind Darstellungen, wie in virtuellen Realitäten, die du heute schon dreidimensional erfahrbar, durch die Technik hautnah, erleben kannst.
Aber dann kannst du aus dieser immer geweckt werden um durch das Signal des Endes in deine „Wirkliche!" zurück zu kehren.

Wie geht es in deiner subjektiven Realität?

Musst du nicht da auch immer ziemlich heftig oder schmerzvoll geweckt werden, um dich daran zu erinnern, dass du deine wirkliche objektive Realität wieder annehmen solltest, die du durch eine virtuelle Brille verdeckt hattest?

Das ist die wirkliche Macht der Liebe, von Stärke und Reichtum, alles Kriterien deiner wahren Realität, göttlich und unbegrenzt zu sein.

Bist du nicht imstande die Realität des unbegrenzten Allumfassenden zu erkennen, zu akzeptieren, noch die Fülle der Macht deines seins, die du nicht fühlst in deinen Ängsten und Befürchtungen bleibst du im tiefen Tal, wo du den Überblick über deine unbegrenzten Möglichkeiten nicht hast!

Aber er/du alleine bist der Mittelpunkt deines Lebens, das Zentrum deiner Welt. In dir alleine ruht alle Schöpferkraft und von dir geht alles aus, das angeblich Gute und Böse, sprich Licht und Schatten.

Du, die Menschen sind die Regisseure der eigenen Theaterstücke. Sie schreiben ihr Drehbuch durch ihre Empfindungsvorstellung bewusst oder unbewusst täglich neu und bestimmen die Handlung.

Jederzeit steht es dir und Ihnen frei, diese misslichen Hungers- und Armutskatastrophen umzuschreiben, wenn sie mit ihrem Verlauf nicht zufrieden sind Und genau das ist deine Aufgabe auf deiner Heldenreise zu deinem unbegrenzten Selbst, um ein erfülltes und glück-liches Leben führen zu dürfen.

Er erfüllt dir immer nur Wünsche! - Es kommt immer nur darauf an, was du dir in deinen Empfindungseinstellungen, verbunden mit deiner fokussierten Aufmerksamkeit und „Einbild-ung" herbeiwünschst und fütterst!

Was fütterst du in Dir?

Deinen Hochmut, sprich: „GOTTERFÜLLTEN HOHEN MUT" mit deinem Glauben an dich, Vertrauen, Zuversicht und Hoffnung? - oder die viel beschworene „Menschlichkeit", mit ihren Bedürftigkeiten, wie Angst und Verzweiflung und Dunkelheit?

Es ist immer deine Entscheidung, was Du wählst!

Du bist Sein Ebenbild! - Wieso sollte Er dich und damit sich verurteilen?

Es gibt keinen strafenden Gott –Es gibt nur den Allseienden –den „Alles, was ist!"

Er gibt dir das, was du in dir fütterst!

**„Der Mensch ist nicht nur mehr der Ausdruck Gottes,
das „Geschaffene", sondern „Er" wird in der Materie
zum körperlichen Ausdruck, zum Schaffenden selbst"!**

Also, das Leben als Mensch verlangt nur eines:

Dich lebendig zu fühlen und sinnerfüllt zu leben und selbst das muss nicht sein!

Das ist letztendlich deine Wahl, als mein göttliches Ebenbild!

Es gibt da ein „Entweder – Oder", „Sowohl als auch" – „Jetzt und nachher" und ein statischer „Sei du selbst oder Innerer Friedens"-zustand geht nicht bzw. zeitweise sicherlich und schon geht's weiter!

Das Leben ist eine lebenslange Reise zur Selbst- und Wachstumserkenntnis und ständiger „Ent"-,wick'-lung, zur Ganzheit, zu deiner höchsten Version, von dir, wie Gott dich gedacht hat, die du mit deinen vereinbarten Seelenthemen aus dem „Göttlichen Reisebüro" „er"-füllen solltest.

Aber wenn du einen schmerzhaften Weg der Nicht-Erfüllung mit Weigerung wählst – Bitte! - Es ist und bleibt deine Wahl!

In dem Augenblick, wo du aber dich für dich öffnest, erkennst du:

Dein Leben liegt durch dieses "ICH BIN" in deiner Hand, in deiner Macht, in der Macht deiner Schöpferkraft!

Dort, wohin du dich fokussierst, von dort strömt es dir, gemäß deinen Empfindungseinstellungen zu!

Denke an die Menschen, die sich ständig mit ihren Schwierigkeiten und Scheinproblematiken beschäftigen, die andauernd versuchen zu erklären, wie schlimm es doch sei, und was es doch für Ungerechtigkeiten gäbe und wie schlimm es noch denen und jenen geht, und was die und die Person für ein Problem hat und wie schlimm das so sei!

Warum?

Weil es in dir ist und es sich deswegen im Außen wie im Spiegel darstellt!

Also entwickle doch einmal die göttliche Liebe zu dir, mache sie dir bewusst und dies geht nur, wenn du immer mehr empfinden kannst:

"ICH BIN ALLES WAS IST!"
Ich bin sein Licht, sein „L"– ‚ICH'– (T) in der Zeit!
Ein göttlicher Funke!

Damit akzeptierst du dein Leben als etwas lichtvolles Unbegrenztes, als eine hochinteressante Herausforderung, Heldenreise, die dir geschenkt wurde, im Rahmen deiner Lebensthemen, Anlagen und Möglichkeiten, die dir offenstehen!

Ja, fühle dich willkommen in der Gegenwart seines Lichtes und „Liebe sein". Angst, Enge, Furcht seit willkommen in meinem Licht der Liebe, in Gottes Licht der Liebe in der grenzenlosen Weite seiner Liebe zu dir", und siehe, alles wird gut! – Du kannst sie da bewusst erblicken und auflösen in diesem Licht

Fühle dich angenommen in Liebe, in jedem Augenblick deines Lebens!

Vielleicht verstehst du jetzt das Wort:

„Siehe ich bin bei euch alle Tage, bis ans Ende der Welt!" (Matthäus 28, 20.)

Wenn du nun tief aus deinem Inneren deine Seelenidee, als Bild des Allumfassenden erkennst, was man heute gemeiniglich als „Intuition" bezeichnet, dann erschaffst und wirkst dann nicht mehr aus Angst, sondern aus einer spielerischen Freude am Teilen und Entfalten.

Du packst an und verwirklichst und gestaltest, nimmst Chancen wahr und übst Verbundenheit -Die Erde und der „ALL"-TAG sind dir nicht zu profan! Du stehst mehr und mehr erfüllt in dieser Welt heute und bist aber mit ihr nicht verhaftet!

Alle dir erkennbaren Prozesse zeigen Zusammenhänge von Wirklichkeit und Möglichkeit auf. Es ist ein Anfang, der ein Anfang ist, eine Welt der neuen Klarheit. Es ist eine Welt, in der du weit, weit siehst, in meine unbegrenzten Möglichkeiten, die dir mit deinen Anlagen offen stehen!

Aus möglichen Wirklichkeiten werden verwirklichte Möglichkeiten."

Jetzt verstehst du vielleicht:

Wahrlich, ich sage euch, es sei denn, dass ihr euch umkehret und werdet wie die Kinder, so werdet ihr nicht ins Himmelreich kommen. (Matthäus 18:3)

Es ist Ausdruck einer Lebensqualität, einer Gefühlsintensität, für das Leben zu brennen.

Es bedeutet Sieg des Mutes über die Mutlosigkeit, Sieg der Abenteuerlust über den Hang zur Bequemlichkeit. Man wird nicht alt, weil man eine gewisse Anzahl Jahre gelebt hat. Man wird alt, wenn man sein Brennen, seinen „Flammenden Dornbusch" erstickt, die Be -„Geist"- erung für das Leben aufgibt.

Es ist ein Abschneiden vom Feuer deines Seelenbildes, meiner Idee. Heuschrecken von Zweifeln, Befürchtungen und Hoffnungslosigkeit sind dann die Feinde, die Menschen im Leben zu Untoten oder Vampiren werden lassen, die nur noch von künstlichen Ersatzgefühlen, aus den Medien bzw. geistiger oder materieller Ware, leben.

Lebendig und Jung ist aber der, wer noch staunen und sich begeistern kann, wer noch wie ein unersättliches Kind fragt:

und dann? - und Abenteuer herausfordert, dann agiert, um zu erfahren!

Du wirst so jung und lebendig bleiben, solange du aufnahmebereit für deine abenteuerliche Heldenreise bleibst, empfänglich für Herausforderungen, für die Botschaften aus dem Inneren, über dieses, mein Symbol des „Brennenden Dornbusches", staunend, über Unfassliches und Wunder, die ich dann in dein Leben fließen lassen werde.

Sollte aber dein Herz weiter verätzt werden, von Pessimismus, zernagt von Frustration, dann fühlst du wirklich nur noch verbrennendes Fegefeuer und nicht mehr das lebendige Brennen deiner Seele!

Du bleibst im Leben dann ein verdorrter Dornbusch, der sich dann, in seiner selbstgestalteten Hölle, selbst allmählich verbrennt!

„Du" bist es, mit dem Eintritt in die Form der Körperlichkeit, als mein „Walk IN" – meine „Er-"fahr"-ungswerkstatt! - meine Idee, ein „Bildwerk" - meine Seele – eingebettet in mir, auf deiner Heldenreise durchs Leben.

Wie du damit umgehst, ist deine Entscheidung und in Liebe antworte ich immer Ich antworte dir darauf, um dir an Situationen zu geben, was du als Wachstum brauchst und „ER" fährst!

Dies sind die Einflüsterungen eines fruchtbaren grünenden Busches, der Mütterlichkeit in Dir, für ein beruhigendes Sein, der Weg ins Vertrauen:

„Siehe und erkenne: Ich bin die Kraft, das Weibliche, die dir Geborgenheit, Hingabe und Ruhe schenkt!

Ich bin das Symbol der Urmutter und der weiblichen Hingabe!

Das heißt: **„Ich bin" „geborgen und sicher"!**

Dies ist für dich und alle Menschen der grundsätzlich zu erkennende und zu fühlende Glaubenssatz und die dementsprechende „Einstellungsenergie"!

Ich und das Kind, das ich auf meinem Arm, an der linken Seite meines Herzens trage, sind eins. Ich bin der vollkommene Ruhepol, die Mitte des Mensch-Seins. „Ich bin" diese Kraft der Zärtlichkeit und Geborgenheit im Menschen, aus der er seine Ruhe und Kraft und Geborgenheit aus sich selbst heraus schöpfen kann", ohne andere zur Krücke dafür zu machen.

Das war nun auch der große Fehler bzw. das menschlich begrenzte Missverständnis von „Moses".

Er wollte mich aus Angst, vor seinem strafenden Gottesbild, nicht gänzlich in sich einlassen, was letztendlich auch dazu geführt hat, dass er sein inneres Land, sowie innen als auch später im Außen, wo gemäß der alten mythologischen Bibel „Milch und Honig fließen", nicht mehr umfassend sehen konnte!

„Ich bin" - das Göttliche, im Symbol des „Brennenden Dornbusches", hatte nie geboten, sein Gesicht zu verhüllen, aber ich hatte ihm verboten „Näher zu kommen"!

Das habe ich deswegen geboten, weil er sich sonst auf mich, aus der unmittelbaren Nähe bzw. auf mein kraftvolles Symbol, nicht einlassen konnte. Es hätte nicht wirken können, schon gar nicht mit verhülltem Gesicht, nur aus einer sogenannten „heiligen"- sprich ganzheitlichen Distanz, die ihn allumfassend bis ins Innere hätte berühren können!

Warum hatte er denn Angst, mich, Gott anzuschauen?

Es kann mich niemand erkennen, der den Regeln von Konfessionen folgt, die, wie Plakatwände, die Aussicht auf die Landschaft des eigenen Lebens, mit göttlicher Erkenntnis, aus der eigenen inneren Quelle verwechseln, mit ihrer Aufschrift:

>„Beuge dich - Fürchte Gott! – Du bist ein Sünder"

Ihre Schriften können das eigene Leben nicht ersetzen mit noch so ausgefeilter Dogmatik mit ihren Wortformen. Dadurch wird Lebendigkeit durch sie und damit das Leben verdorben. Sie werden zur Kampfesethik, die Verbundenheit unter den Menschen spaltet, in gut und böse teilt und Kriege erzeugt!

Alle konfessionellen „Glaubensvereinigungen" predigen doch heute noch mit Inbrunst:

„Wir sind alle Sünder" – Vergib uns unsere Schuld und unseren Hochmut!"

Die Schlussfolgerung für dich, als sich begrenzt empfindendes Wesen, ist doch dann immer: „ Also bin ich eh' immer „schuldig", mach' ich eh' immer „alles falsch"! - zumindest hast du noch diese zermürbende Angst.

Wundert Dich jetzt noch was?

Aber eigentlich müssten wir ja wissen, dass Weihnachten das Fest ist, als ein Licht in die Dunkelheit der Erde kam. Weihnachten soll ja der Beginn einer neuen Zeit sein auch wenn es bereits vor 2000 Jahren so angekündigt worden ist und bis jetzt noch nicht Licht geworden ist auf der Erde. Aber so nach rund 2000 Jahren ist es nun doch wieder an der Zeit, in diese Erde etwas Licht zu bringen. Es sollte eigentlich mit auch mit dir, als Lichtbringer, als „strahlendes Wesen" meines Lichtes geschehen, das durch dein Wirken mithilft, die Erde auch wieder glücklicher werden zu lassen.

Das befreit dich doch eigentlich von diesem angeblichen „Fluch" „SÜNDIG" zu sein!

Stelle dir vor! – Du hättest dein Licht bzw. dein göttliches „SELBST" – ‚WERT'·GEFÜHL" von Anfang Deines Lebens an gehabt:

Wie leicht wäre dein Leben gewesen!

Aber es ist nicht zu spät!

Was fütterst du in Dir:

Deinen Hochmut, sprich gotterfüllten „Hohen Mut", mit deinem Glauben an dich, Vertrauen, Zuversicht und Hoffnung oder die vielbeschworene angeblich gebrochene „Menschlichkeit" mit ihren Bedürftigkeiten, wie Angst und Verzweiflung und Dunkelheit?

Es ist immer deine Entscheidung, was Du wählst!

Mit deinen Entscheidungen befleckst du dich doch immer selbst, d.h. du verdunkelst das strahlende Dornbuschfeuer, das sein Licht in deine Welt senden und dort „wirken" will!

Du bist mein Ebenbild! – Wieso sollte ich dich und damit mich verurteilen?

Von jetzt an, siehe dich und andere „einzigartig und göttlich und zolle dir und anderen Respekt!

„RE" spekt („RE"~ altägyptischer Sonnengott) – „spekt" (spicere – anschauen)

„Ja stimmt!" – rief der Mensch, tief innerlich berührt und erregt aus!

„Egal, ob bei den Beerdigungen meiner Mutter oder meines verstorbenen Vaters - ob beim Pfarrer oder dem ehrenamtlichen Sterbebegleiter.

Die Anschauungen der Kirche um letzten Weg stimmen hier irgendwie nicht, der eigentlich ein neuer Anfang in einer Auferstehung sein soll, wo der Mensch als Sein! Ebenbild befreit und erlöst von seiner bedrückenden und begrenzenden Körperlichkeit, mit ihrem tiefen Tal, in einen Aufstieg, als propagierte Auferstehung mit „weitem Horizont" kommen soll!

Fast in jedem symbolisch dritten Satz musste ich mir gebeugt anhören:

"Gnade", "Barmherzigkeit" und "Sünden", „Erlösung" -

mit einem winselnden „Bitte nimm sie doch weg! - o Herr!"

Das Wörtchen „Ewiges Leben" und natürliche Verbundenheit Gottes mit mir, ging da verschämt, in diesen unterschwelligen Drohbotschaften unter, eine spekulative Hoffnung darstellend!

Es waren Gebete und Rituale der Unterwerfung, tiefes Abwenden und Beklemmung in mir auslösend!

Ich hätte gerne von einer unverbrüchlichen Partnerschaft mit Gott gehört und eine Frohbotschaft und eine Hingabe an etwas, in das ich in meiner Körperlichkeit im Leben und danach eingebettet bin, als etwas Grenzenloses, aber nicht Getrenntes von ihm. Etwas, was erfüllt, mein Wesen als sein Ebenbild respektierend, mit Jesu Wort:

„Das Königreich ist (immer) inwendig in euch!"

Wie tief entmutigend sind da Begriffe der „Gnade und Barmherzigkeit".

Sie beinhalten eigentlich eine Vorstellung von einem launischen, zu fürchtenden Gott getrennt zu existieren und als sein Leibeigener seinen Launen ausgeliefert, zu hoffen, dass seine Huld in unerforschlicher Weise auf den Toten und mich niederträufeln möge.

Darin war immer das Gefühl einer ständigen Gottes-„fürcht"-igkeit mit:

„Ich muss zittern vor Furcht!"

Aber es sollte doch gerade am Grab, die Gläubigen mit ‚Hohem Mut' und Zuversicht erfüllen und nicht Beklemmung auslösen.

Ich hätte gehofft zu hören, vom Gleichnis vom „Verlorenen Sohn", wo dieser angeblich verlorene, zurückkehrende Sohn, als vermeintlicher „Looser" zur Rechten des Vaters Platz nehmen darf, weil er reich an Erfahrungen als sein "Himmlischer Schatz" ist und dieser Jesus doch die angeblichen Sünden "vor"- "weg"- genommen hat!

Gerade also am Ende dieses Lebens, beim Loslassen der aktuellen körperlichen Form, sollte doch voll der Freude für den Toten und die Gläubigen auf Rückkehr des "Wassertropfens" in das "Meer des Großen Geistes" gefeiert werden.

Mit mulmigem Gefühl verlies ich jedes Mal diese Orte der Furchtpredigten, mich aber selbst aufrichtend, mit Jesus letzten Worten: „Siehe, ich bin bei euch alle Tage!"

So sprach der flammende Dornbusch weiter:

„So bist auch du mein eingeborener und nie verlorener Sohn, wie dieser Jesus, vor 2000 Jahren!

„Eingeboren heißt dabei nicht dass er der einzige Sohn von mir gewesen ist, sondern dass ich mich in jeden Menschen – Mann oder Frau - „hineingeboren" habe, als ein einzigartiges Ebenbild, in dem ich mich erfahren und ausdrücken möchte!

So sollte aber die Frohbotschaft eines Seelenhirtes sein:

„Großer Gott - Gelobt sei dein vollkommenes Bild!" im Menschen!

Jedes Kind ist in diesem Zusammenhang eine ständige Erneuerung Gottes auf Erden" - als sein Ausdruck in körperlicher Erfahrung. In dieser Erfahrung ist jeder Mensch Schöpfer seines Lebens, als Sein Ebenbild.

Er sollte dabei helfen, den Menschen Gott in sich erfahrbar und bewusst zu machen. Er sieht den Menschen nicht so, als sei er angeblich ständig gebrochen und getrennt von Gott, da nichts von ihm getrennt sein kann.

So muss ich mich als Gottes Ebenbild mit meiner Schöpferkraft in Erfahrung nicht ständig dafür entschuldigen, weil er ja alle Tage bei mir ist! (Matth. 28,16)

26

Im Menschen ist er so immer zuhause und da ruht alle Schöpferkraft und von ihm geht bewusst oder unbewusst alles aus, das angeblich „Gute und Böse", sprich „Licht und Schatten".

Er selbst ist das Dunkle oder das Licht seiner Welt, das er frei wählen darf und somit den Begriff der „Liebe" erfüllt!

So liegt hinter jeglichem Kummer und Schmerz die Erkenntnisaufforderung von mir als Antwort verborgen, diesen in fließende, für sich zuständige Kraft des eigenen Weges erfahrend zu verwandeln.

Er aber predigte Leben und Auferstehung aber kein hochstilisiertes Kreuz von Christen, das sie zu tragen hätten. Dadurch wird euer Christentum fern von diesem Jesus zur schweren Hypothek!

Was dieser Jesus eben schon angesprochen hat:

„Das Königreich ist inwendig in euch" und sinngemäß:

"Das, was ich kann, das könnt ihr auch" und das hat er in seiner mythologischen Geschichte, ohne Kreuz vollbracht, sondern, nach seinen Aussagen:

" Nicht ich, sondern der Vater durch mich tut Werke"

und da ist vom Kreuz nichts gesagt!

Ein Gottesebenbild kann also Gott nicht erkennen, wenn gebeugt am Kreuz hängend! und der Große in uns braucht kein Kreuz!

Bist du also bereit, dich zu erheben, aufzuerstehen, aus deinem empfundenen Dunkeln, des sich schwach und unsicher Fühlens" in die Höhe eines Bewusstseins deiner eigenen zunehmenden Unbegrenztheit? - solltest du das Kreuz meiden!

Kannst du dich da, dies immer mehr EMPFINDEND erhöhen: „Ich bin dieses Allumfassende"- „Ich bin der Engel, ein Bote meines Lichtes" - des Göttlichen in mir - Kannst du dich da bewusster werdend im Allumfassenden sehen?

Nur dann kannst du dich den Herausforderungen deines Lebens wirklich gewachsen fühlen, wenn du deine wahre Natur bereit geworden bist, anzunehmen, sie in dein Leben hineinfließen zu lassen, anstatt laufend krampfhaft ein Kreuz zu suchen, in missverstandenem Büßer- und Asketentum, sprich Selbstverleugnung.

Ich komme nicht, wenn du meinst, leidend am Kreuz hängen zu müssen!
Ich komme nicht zu dir, wenn du weinst, unterwürfig um Gnade winselst.
Ich komme nicht zu dir, wenn du bettelst, oder bittest oder sogar unterwürfig betest.

Aber wenn du mich, als deine Quelle einlädst, dieser dienst, kommt „Es"!

Über die Ebene der Körperlichkeit bist du oft natürlich dein Leid am Kreuz des Lebens:

„Ich Bin" mein Schmerz, Kummer und Sorge, und wenn du dich als Mensch darum „bekümmerst" und kreuzbeladen bist, und bleibst du all dieses und du bleibst symbolisch ein „Christophorus", der gebeugt, durch sein äußerliches menschlich begrenztes belastendes Gottesbild, das „Göttliche Kind" trägt!

Die andere Ebene ist der Schritt ohne Kreuz:

„Ich Bin" das Licht – „Ich Bin" die Wahrheit – „Ich Bin" die Stärke – „Ich Bin" die Lösung all meiner Probleme."

Das ist ein Tor zum mir, dem flammenden Dornbusch und nicht ein Kreuz!

Dann kann sich euer heiliger „Christophorus" aufrichten und spüren:

„Ich werde getragen durch das innerlich erfahrbare Göttliche, das mich trägt", denn sein Joch ist sanft, und meine Last ist leicht! (*Matthäus 11,30*)

Ich befreie mich vom Kreuz mit der eigenen Schöpferkraft!

Befreien und Freiheit bedeutet nicht, das zu bekommen, was man sich wünscht, sondern mit deiner Schöpferkraft, im Einklang mit deinem Selbst, deiner Seele, der „höchsten Version" von dir, das zu verursachen, was dir als größte Möglichkeit mit deinen Anlagen offensteht! - Das ist ein Tor und nicht ein Kreuz!

Ja! – Der Mensch ist mein Ebenbild in Erfahrung und jeder Mensch ist so ein-geboren! – so wie du auch, lieber Suchender!

Ich bin so ein Kompass, doch keine Landkarte. Ich bin ein Leitfaden, und Führer, wenn du ihn brauchst.

Doch du allein musst entscheiden, welcher Straße du folgst, aber du musst dein Lebensformular mit deinen, durch mich, in dich „eingeborenen" Themen selbst ausfüllen, mit den Schritten deiner eigenen Erfahrung.

Einige Geheimnisse werde ich dir niemals enthüllen.

Ich lenke dich dabei auch vermeintlich von deiner Suche ab, frustriere dich, erzwinge deine Wandlung durch wachstumsfordernde vermeintliche Irrwege und Abenteuer, nötige dich, nach außen zu gehen, durch deine unzähligen Abenteuer, Hereinforderungen des Alltags und Konflikte deines täglichen Lebens, die deine Anständigkeit und starren Vorstellungen über Religion, Glaube und Spiritualität relativieren sollen.

Ich erlaube dir noch einen Augenblick der Stille bei Sonnenaufgang, und dann treibe ich dich tief hinein in dein Leben. Dort kannst und sollst du erfahren, dass du nie tiefer als in meine Hände fallen kannst und das sind zärtliche „zu"-ständige Hände, die dir Geborgenheit, Sicherheit und Vertrauen geben für deinen Weg.

Von dort wirst du erkennen und auch spüren, wie sich der Entwurf deines Lebens als dein Wachstum entfaltet, und wie dein Leben geschrieben ist. und du drückst mein Licht als Leben aus, das mit den Energien jedes neuen Morgens in deinen „Jüngsten Tag" fließt."

Ich habe also nie aufgehört mit den Menschen zu reden!

Niemals ist also sein Tun als „sündiges" Gottesebenbild als Widerspruch in sich selbst, „gebrochen", sondern du wirst symbolisch, als vermeintlich „Verlorener Sohn", zur „Rechten des Vaters" Platz bei mir nehmen dürfen, weil du reich an Erfahrungen als mein "Himmlischer Schatz" ist.

Jetzt erst kann der Mensch sagen:

"Ich erfahre mehr und mehr Gott, in seinem Bild als meine Seele, mit seinem innerem Halt, mir, dem Nächsten, meinen Situationen mit stärkstem Vertrauen Respekt und Verbundenheit zu geben.

Ich erkenne, dass dort einfach und klar in übersichtlicher Weise seine Kraft existiert, die mich führt und beschützt.

Jetzt fühle ich „Ostern" –„Weihnachten" erst als Auferstehung:

„ Gott ist immer in mir und ich in ihm!
Ich bin geborgen und sicher
Deswegen bin ich ganz und liebens–"Würdig"

„Der Mensch ist eine kleine Welt aus der Großen und hat der ganzen großen Welt Eigenschaften in sich: Also hat er auch der Erde und Steine Eigenschaften in sich..“ (Jakob Böhme),

„Müsset im Natur betrachten immer eins wie alles achten, nichts ist draußen, nichts ist drinnen; denn was drinnen, das ist draußen. Drum ergreifst ohne Säumnis heilig öffentlich Geheimnis".

Wie alles sich zum Ganzen webt,
Eins in dem andern wirkt und lebt!
Wie Himmelskräfte auf und nieder steigen
Und sich die goldnen Eimer reichen!
Mit segenduftenden Schwingen
Vom Himmel durch die Erde dringen...

„In der lebendigen Natur geschieht nichts, was nicht in einer Verbindung mit dem Ganzen stehe.....So ist jede Kreatur nur ein Ton, eine Schattierung einer großen Harmonie, die man auch im großen und ganzen studieren muss, sonst ist jedes einzelne ein toter Buchstabe." (Goethe)

„Die Macht des Bewusstseins und des Glaubens!"

1. Jeder ist ein Gedanke, ein Bildwerk, ein „SelbstUndWeltBilderIdeal" des Allumfassenden Bewusstseinsfeldes im Austausch mit seinem „ALLES, WAS IST!) – Sein Bewusstsein in der Zeit – ein energetisches Muster.
Es ist als die Schöpfung eine Facette des Allumfassenden und dort eingebettet!

2. Du bist sein „ICH BIN" in der Welt, in der du lebst!

3. Die Welt die du erlebst ist in dir! - Und du bist alles, was du erlebst

4. Du gestaltest deine Welt aus den Vorstellungen deines Bewusstseins! Jedes Bewusstsein braucht die Dualität- sonst könntest du gar nicht die Frage beantworten:

Wessen bist du dir bewusst!

5. Du bist Gott in dieser Welt und dieses" Alles was ist", erkennt und erfährt sich an dem, was du in dieser Welt erkannt hast! – Du bist ein „WALK IN" der Göttlichkeit in einer Form!

6. In deinem Leben geht es darum Gott zu sein – Du spielst in deinem Leben die Hauptrolle und die anderen warten auf deinen Einsatz!

"Bei deiner Geburt wurden alle Dinge geboren: Ich war zugleich meine eigene und aller Dinge Ursache. Und wollte ich, so wären weder ich noch die Dinge. Wäre aber ich nicht, so wäre auch Gott nicht" (Meister Eckehart 1295 -1326)

Die Rolle des Gebetes

„Lass uns in diesem Zusammenhang auch auf das Gebet eingehen",

sprach die Stimme aus dem Brennenden Dornbusch:

„Erkenne, dass das Gebet im Verhältnis zu Gott noch nicht verstanden worden ist. Da wird jetzt wieder nach jeder großen Katastrophe und Attentatsereignis zum Gebet für Frieden usw. aufgerufen. Wir beten immer für eine Relativierung von dem was der /die Menschen doch selbst erzeugt haben, mit ihren Einstellungen: „Denken, Handeln, Fühlen!"

Aber Gott, das Allumfassende Bewusstsein hat doch schon auf unser Erschaffenes geantwortet - Unser bzw. dein Gebet ist immer erhört worden. „ER" antwortet doch immer nur, auf das was wir verursachen, verursacht haben und es wäre doch keine Liebe, das was wir erschaffen haben ohne das Einverständnis des Göttlichen in uns zu ändern.

Er antwortet in seinem Lebensnetz immer als Spiegel, wie Hermann Hesse und viel andere Mystiker das wunderbar beschreiben:

„Der wirkliche Umgang des Menschen in Gott hat an der Welt nicht bloß seinen Ort (z.B. die Kirche), sondern auch den Gegenstand, deine Situationen im Alltag. Gott redet zu dir, zum Menschen in den Dingen und Personen und alltäglichen Situationen, die er dir immer liebevoll ins Leben schickt, damit du dich daran erkennst. Der Mensch antwortet mit seinen Handlungen und Entscheidungen eben an diesen Wesen und Dingen, um zu lernen mit seinem Leben, mit seinem ganz persönlichen Leben sich selber mit Gott zu verbinden, wenn er diese Botschaften lernt richtig zu lesen." (Hermann Hesse)

Schon in der alten Schrift findet man diese Dornbuscherkenntnis, die wohl nie richtig verstanden wurde:

„Ich bin" dein Licht und deine Finsternis - "Ich mache das Licht und schaffe die Finsternis; ich gebe Frieden und schaffe Unheil." (Jesaja-45,7). „Ich bin" - „Dein Wille geschehe! - Ich bin dein Diener und gebe dir alles, was du brauchst aus der Kraft deiner Überzeugung und Glaubens!"

All deine Misslichkeiten sind also Antworten des Großen Geistes darauf, wie es auch mit stattfindenden sozialen und kriegerischen Misslichkeiten auf der Erde gemeint ist, sind nichts anderes, als liebevolle „Informationsverdichtung", der man mit Gedanken der Verbundenheit und entsprechender Gegensteuerung, im Sinne von "Finden, was wirkt", begegnen" sollte!

Ein „Wegbeten", mit einem Licht- und Liebes- oder Kerzensturm nützt nichts, wenn wir die Fragen nicht stellen:

Warum passiert das und „Wozu dient es" und „Zu was fordert es uns auf"?

Was muss jeder dazu Geben: – Gebet – GeBet!

Also gilt es nicht darum, einen Missstand, nach den eigenen begrenzten Vorstellungen, weg zu beten, sondern nur um Erkenntnis, diese Ereignisse in ihrer Be-„Deutung" zu durchblicken! - unsere Resonanz darauf zu ändern und nicht nur die angeblich Schuldigen zu verurteilen und das hat jetzt nichts damit zu tun, dass man jetzt zunächst einer Aggression Einhalt gebieten sollte – Das ist ok! – nur, wenn der Feind dich auf die rechte Wange schlägt, dann halte ihm auch noch die Linke hin und durchblicke, was er mir eigentlich sagen möchte, wo die Botschaft für mich, die westliche Welt etc. wirklich ist!

Da gibt es eigentlich da keine Schuldigen, sondern von den Parteiungen ein „Nicht-Erkennen"!

Alles weist nur auf offene Rechnungen hin, die es gilt von beiden Seiten/ Kontrahenten auszugleichen, um in verhärteten misslichen Situationen wieder neue Fließgleichgewichte herzustellen. Dann geschehen „Wunder", die aber wiederum alle ver-„ur"-sacht haben, durch ihre inneren Einstellungsänderungen!

Es funktioniert also nicht mit "Ich will" etwas wegbeten, weil es nicht mehr klappt, mit meinem begrenzten verkrampften Eigenwillen und starren Vorstellungen!

sondern:

Ich lasse meine begrenzten Vorstellungen als "Wassertropfen" los und bin bereit die Realität des "Meeres" – d.h. des unbegrenzten Göttlichen durch mich fließen zu lassen und diese zu gestalten!

Das erfordert aber wirkliches Loslassen und nicht beten:

"O' Großer Geist - befreie mich von meinen Fesseln,
aber lasse mein Gefängnis so wie es ist"!

Wenn diese Einstellung offen und ohne Bedingungen klarer und klarer, bzw. bewusster wird, kommt es dadurch auch zu sinnfälligen weiterführenden Situationen. Diese fallen dir quasi zum richtigen Zeitpunkt zu, auch als Wunder!

In deinem Tagesbewusstsein ist dann alles vorhanden um das Leben als Hereinforderung des Alltages zu gestalten bzw. freie Entscheidungen im Tagesbewusstsein zu treffen. Du arbeitest dann mit dem Göttlichen, im Symbol des Dornbusches, zusammen.

Der weit verbreitete Irrtum ist, dass ein nettes unterwürfiges Gebet zu Wunscherfüllung oder Befreiung mit winselnder Gnade, sich als armer Sünder empfindend, nie aus einer Misere führt.

Ist es dabei immer noch nicht aufgefallen, dass hingegen die erregten, als negativ bewerteten Befürchtungsenergien und Wut und Hass, sich immer resonanzmäßig spiegeln, eben, weil man gegen etwas ist!

Das nette Gebet funktioniert augenscheinlich nicht, da die Wut doch augenscheinlich gegen Situationen und Menschen kocht und die Umwelt noch negativer auf deine verurteilenden Schatten reagiert, deine begrenzten Bedürftigkeiten spiegelnd!

Er kommt aber nicht zu dir, wenn du weinst, unterwürfig um Gnade winselst, meinst "nett" und ehr-"fürchtig" beim Gebet sein zu müssen, da keine erregende Energie in den Bitten enthalten ist.

ES kommt nicht zu dir, wenn du bettelst, oder bittest. Das ist eine Verleugnung deiner Schöpferkraft.

Aber wenn du Ihn, als seine Quelle einlädst, ohne Bedingungen bzw. in einer bedingungslosen Offenheit, dann kommt er!

Wie?

Die Lösung liegt in der Erkenntnis, dass es keinen personalen Gott gibt, sondern eben ein Bewusstseinsfeld das schwingt und auf Erregungen bewusster oder unbewusster Natur anspricht!

Als „Er" sich nämlich erregte, sich also be-„GEIST"-erte (germ. geysir = erregen!) entstanden die Dinge bzw. die Schöpfung, als „Alles, was ist! – und das hat nie aufgehört in seiner ewigen „Schwangerschaft" seines unbegrenzten Potentials!

Beispiel:

Eine kompetente Persönlichkeit ist nun hoch wütend erregt über den Entwick-lungsstau in ihrem Leben! - Dieser Stau spiegelt sich in psychosomatischen Situationen als Ausdruck von Energie und Ohnmacht als Wut - Nicht wissend – da keine klare Zielsetzung, wie das Leben weiter gehen soll!
Nun, wenn man erregte keine Handlungsmöglichkeiten bzw. erregte Freude hat, zum Zielbildaufladen für das göttliche Bewusstseinsfeld, das ja eine riesige Kopierstation ist, muss man halt seine gestaute Wutenergie benutzen.

In diesem Zusammenhang registriere hier ganz deutlich, dass Gott keine alte Person mit einem langen weißen Bart ist, sondern ein Bewusstseinsfeld, quasi eine „Bewusstseinscloud", in der alles existiert, was immer war und ist, sämt-liche Möglichkeiten beinhaltend, die immer auf dich reagiert, wenn du sie „antriggerst"!

Da verstoßen auch sämtliche Konfessionen gegen ihr eigenes Gesetz §1:

„Du sollst dir kein Bild über Gott machen" und schon erst recht nicht als be-grenztes personalisiertes Bild, ausgestattet mit menschlichen Bedürftigkeiten jeglicher Art!

Jetzt muss bzw. darf die Lösung kommen:

Die Lösung heißt über das Erkennen, dass hier aus dem bekannten Thema eine ungewandelte, aber dir bekannte Kraft, im Gefängnis der Ohnmacht, als Opfer sitzt und jetzt gilt es die Frage beantworten:

Wo will diese ungeheure gestaute Gefühlskraft von Frustration, Zorn und Wut, über das blockiert erscheinende Leben hineingesteckt werden, damit sie ins Fließen kommt?

Gebe nun deinen Gefühlen die Berechtigung da zu sein - aber registriere, dass sie keinen Weg nach außen konstruktiv als Emotion oder Kreativität finden, weil deiner inneren Zielsetzung die Kraft deiner Gefühle fehlt, die in Wut und Zorn gepackt im „Gefängnis" sitzt.

Man flucht darüber, weil ich das „ICH" in der Welt nichts bewegen kann, sich blockiert fühlt!

Ja!- das ist so! - trotz großer Inspirationen vielleicht!

Wie gesagt: Das nette Gebet funktioniert augenscheinlich nicht, da die Wut doch augenscheinlich gegen Situationen und Menschen kocht! und die Umwelt vielleicht noch negativ reagiert im Sinne von: „Deine Ohnmacht spiegelt sich"

Aber Gefühle und die damit verbunden Emotionen sind eine große verwirklichende Kraft, die du gegen schwache Situationen und Menschen richtest anstatt ‚Für' etwas heraus lässt!

Jetzt kommt aber der ernste Gag, wo viele protestieren, weil sie eben ein falsches personalisiertes Gottesverständnis einer Ehrfurcht, auch im Gebet mit weinen, winseln, jammern haben und hier kommt der revolutionierende Grundsatz:

Ein negatives erregtes Gebet kann genauso das Wunder bewirken wie ein erregtes freudiges! – und das psychologische Geschwätz vom Sackhauen, um sich zu entladen, hilft vielleicht dich zu entlasten, bessert aber dein Leben um keinen Deut, da sie gegen Menschen bzw. Situationen gerichtet ist!

Aber jetzt machst du etwas was ja hier kein Zorn auf etwas ist, sondern für etwas!

Das hat ja der Große Geist auch so gemacht, als er sich in seine „Schöpfungsbilder" geträumt hat:

Praxis: Lade deine Zielvorstellungen hinein

und jetzt nimm diese Wut, diese Empfindungen und nimm deine Bilder deiner Zielvorstellungen als Focus für ein harmonisch fließendes Lebens, wie im netten oft wirkungslosen ritualisierten Gebet hinein und jetzt packe deine ganze Wut ins Schimpfen und fluchen über den großen Alten hinein und sage dabei deine Zielvorstellungen visualisierend:

Spreche in dir da mit dem Großen Geist:

Es heißt nur: „Wer anklopft wird aufgetan"!

"Ja"! - hier sind meine Ziele und meine Vorstellungen z.B. du krummer Hund etc...(nimm deine schlimmsten Schimpfwörter, die deine Gefühle spiegeln) – Setzte dich mal in Bewegung und nehme deinen Hintern hoch!
Jetzt bist du mal dran und schimpfe und schimpfe mal und schrei mit ihm - visualisiere ihm, was du willst, was du kannst, bist du dich frei fühlst!
Verbinde deine ungewandelte emotionale Kraft mit deiner Zielsetzung und wenn du keine klaren Zielvorstellungen als Focus hast, dann formuliere:

> „Ich bin doch erwünscht, da du mich geboren hast
> und deshalb bin ich es wert beschenkt zu werden!

Das hat den großen Vorteil:

a. Der Große Geist Alte hat einen riesen „Hintern" und kann das gut verdauen und ist erst gar nicht beleidigt, da nie bedürftig und da er unbegrenzt ist, kann von ihm auch nur Unbegrenztes kommen, im Gegensatz von bedürftigen machtbesessenen Menschen, an denen man mehr oder minder berechtigt seine Gefühle ablässt, aber gegen etwas ist!

b. Du machst dir Luft und übergibst ihm deine Gefühle. Du merkst nämlich dass es entlastet und fließt, auch über Tränen – Es staut nicht! – also kann sich auch kein Stau über äußere Situationen zeigen!

c. Du respektierst dich in deinen Gefühlen und Emotionen!

d. Du beherzigst den Grundsatz:

Hohe emotionale Empfindungsvorstellungen verwirklichen sich über Zielvorstellungen. * Es fängt dann an zu fließen - Wenn man es mit dem „kleinen Ich" nicht nach außen bringt bzw. verändern kann - dann sagst du ihm eigentlich:

> „Mitgehangen, mitgefangen und jetzt tuts dir genauso weh,
> aber nur du kannst es ändern!"

Wenn sich jetzt da eine(r) oder viele aufregen:

Bitte das Neue Testament „Markus 11,12-25" mit dem Gleichnis" vom Feigen-
baum" lesen!

Sage aber zuletzt:

> "Wie Du das erfüllst, in welcher Form, überlasse ich dir!
> Mach du jetzt mal! - Dein Wille geschehe!"

---

* Alt, aber modern: „Die Macht des Bewusstseins und des Glaubens!"

Die Grundlage für die Kraft des Glaubens und des emotional erregten Geistes schilderte
schon vor 3000 Jahren Hermes Trismegistos und auch Albertus Magnus, berühmter
Philosoph und Mystiker hat im Mittelalter (1485) unter vielen anderen wie Goethe, Hesse,
Adler, C.G. Jung auf diesen Sachverhalt hingewiesen:

Magnus erfasste deutlich, dass die menschliche Seele große Kräfte emotionalen Ursprungs
besitzt, aus dem Wirken heraus die Dinge und Lebenssituation ändern und beherrschen zu
können, wenn sie von großer Liebe oder Hass intensiviert werden:

„Ich fand eine einleuchtende Darlegung, ...dass der menschlichen Seele eine gewisse
Kraft, die (äußeren) Dinge zu verändern, innewohne und ihr die anderen Dinge untenan
seien; und zwar dann, wenn sie in einem großen Exzess von Liebe oder Hass oder etwas
ähnlichem hingerissen ist.

Wenn also die Seele eines Menschen in einen großen Exzess von irgendeiner Leidenschaft
gerät, so kann man experimentell feststellen, dass er (der Exzess) die Dinge (magisch)
bindet und sie in eben der Richtung hin verändert, wonach er strebt , fand ich, dass
(wirklich) die Emotionalität der menschlichen Seele die Hauptwurzel all dieser Dinge ist, sei
es entweder, dass sie wegen ihrer großen Emotion ihren Körper und andere Dinge, wonach
sie tendiert, verändert, ...was diese Kraft mache, dann von der Seele bewirkt würde .

Wer also das Geheimnis hiervon wissen will, um jenes zu bewirken und aufzulösen, der
muss wissen, dass jeder alles magisch beeinflussen kann, wenn er in einen großen Exzess
gerät ..., und er muss es dann eben gerade in jener Stunde tun, in welcher ihn jener Exzess
befällt, und mit den Dingen tun, die ihm die Seele vorschreibt.

Die Seele ist nämlich dann so begierig nach der Sache, die sie bewirken will, dass sie auch
von sich aus die Bedeutendere und bessere Sternstunde ergreift, die auch über den Dingen
waltet, die besser zu jener Sache passen ...

In ähnlicher Weise nämlich funktioniert das bei allem, was die Seele mit intensivem
Wunsche begehrt. Alles nämlich, was sie, auf jenes zielend, treibt, hat Bewegungskraft und
Wirksamkeit nach dem hin, was die Seele ersehnt."

„Warum bin ich aber nun so wenig geschätzt und auch noch öfters arbeitslos, trotz hoher Qualifikation? - Wie kann ich aus dem praktisch, von dir, mit deinen so einsichtigen Ausführungen, aus diesem Dilemma herauskommen?"

- fragte der jetzt nachdenkliche Mensch weiter

Das flammende Licht aus dem Dornbusch wurde nun leuchtender und kräftiger, als „ES" durch ihn sprach:

„Was bedeutet es, wenn du etwas verloren hast, deinen Job, deine Beziehung, eine liebgewonnene Situation oder Gewohnheit und du gezwungen bist, etwas Neues zu suchen, in dem du lernen und wirken kannst?

So fragt dich das Allumfassende ganz provozierend:

Warum hattest du nur einen Job und keine Berufung, warum hattest du nur eine Beschäftigung und keine Begeisterung. Warum hattest du nur eine Bekanntschaft und keine Beziehung mehr?

Darum geht es!

Du hast nur deshalb etwas verloren, weil es nicht mehr deines gewesen ist, und es hat nicht mehr zu dir gehört. Es war nur eine Stufe auf dem Weg deiner Entwicklung, ein Weiterkommen, ein Weiterschreiten, ein aus der Enge hineingehen in dein Licht.

Immer wieder gilt es zu erkennen, dass sich die Dinge, die sich um dich herum darstellen, abhängig sind von deiner inneren Einstellung zu der angeblich verlorenen Situation oder äußeren Darstellung.

Deine innere Einstellung dazu war eben die, dass du geglaubt hast, dich den äußeren Zwängen, die du so empfunden hast, unterordnen zu müssen.

Deshalb darfst du weitergehen, weil es nun nicht mehr stimmt, in deiner wahren inneren Einstellung, Das ist genauso, wie eine Beziehung aus der du kommst, eine Scheidung, die du vollziehst.

Es stimmt einfach nicht mehr für dich und du darfst weitergehen. Es ist kein Verlust, es ist ein Gewinn einer neuen Einsicht, der Gewinn einer neuen Dimension, einer neuen Qualität deines Lebens.

So spüre es tief in deinem Inneren:

Alles was du verlierst im Äußeren, gewinnst du zusätzlich an Qualität!

Du bist aufgefordert, es so zu sehen:

Deine Verluste in deinem Leben waren in Wirklichkeit Befreiungen von Situationen, die dich bisher beschränkt hatten!

Erkenne:

Das, was du bis jetzt verloren hast, waren Befreiungen von Dingen, die dich mehr und mehr gefesselt haben. Es ist in deinem Leben so ähnlich, wie wenn im Herbst der Baum seine Blätter verliert.

Es ist kein Verlust an sich, weil der Baum ja in sich die Kapazität hat, aus sich heraus neue Blätter gebären zu können. So hast du jetzt die Kapazität, aus dir heraus ein neues Bewusstsein gebären zu können, ein neues Sein, eine neue Einstellung, eine neue Lebensqualität, eine neue Freude, ein neues Licht, eine neue Energie. Dies geschieht aus dir heraus, so wie in jedem Frühling der Baum aus sich heraus Knospen treibt, um neue Blätter zu entfalten und neue Blüten hervorzubringen.

Die alten Blätter taten ihren Dienst, dienten deiner Erkenntnis, deinem Lernen, ein gutes Jahr lang. Aber nun ist die Zeit des Wandels gekommen, der Veränderung, damit aber auch die Zeit eines beginnenden Neuanfanges und wenn du etwas verloren hast, so freue dich darüber und darauf hier vor einem Neuanfang zu stehen. deine einzige und richtige Einstellung ist die Freude:

"Hurra! - ich habe es verloren, ich habe es hinter mich gebracht und stehe nun vor etwas Neuem, was ich mir bis jetzt noch nicht zu erreichen zugetraut habe!"

Der einzige Grund, warum du es bis jetzt oder oft nicht bekommen hast ist, dass du es dir nicht zugetraut hast, diese scheinbar größere Verantwortung zu tragen Aber du beginnst ja zu wachsen, wenn du dich jetzt nun einmal das „Flammende Licht" deines Dornbusches einfühlst, bzw. darauf einlässt!

Fühle dich einmal tief darin ein und spüre die aufbauende und verändernde Energie, die dir, wie Moses damals im Prinzip zufloss!

Und hier beginnt mein „Ich bin, der ich für dich bin" zu wirken.

Spürst du es:

„Ich bin diese Kraft und Stärke –
die Wahrheit meines Seins –
Ich bin der Meister meines Lebens!

Du beginnst dich damit, aus den Fesseln der Vorstellungen deiner Vergangenheit, zu befreien. Du kommst, du findest, entwickelst dich mehr zu dir, zu deiner wahren Größe, zu deiner wahren Stärke.

Erkenne, wie wahr diese Worte sind und wie sehr du sie im tiefsten Inneren, in dir bejahst. Fühle dich ganz offen und weit in die Energie dieser Botschaft ein:

> „Das Alte geht zu Ende - das Neue, dich Begeisternde durch diese
> aufbauende, gefühlte Kraft, entsteht!"

Wie kommst du sozusagen unter Garantie und mit Sicherheit zu diesem Neuen, das du noch nicht erkennen kannst?

Ob es nun ein neuer Job ist, der mehr eine Berufung sein wird, ob es eine neue Partnerschaft ist, die mehr eine Liebe oder Verbundenheit sein wird.

Egal was immer, es wird mehr sein, als das, was du bis jetzt gekannt hast und was du bis jetzt geglaubt hast, für dich in Anspruch nehmen zu dürfen. Es wird mehr sein und schöner, beglückender und erfüllender, einfach mehr!

Wie kommst du zu dem Mehr? Ganz einfach:

„Indem du auch mehr in dir siehst, ein interessanter phonetischer Zusammenhang, das Mehr in dir zu sehen, mit „e & h", bedeutet doch, das Meer in dir zu sehen, mit „e & e".

Siehe die Unbegrenztheit des Ozeans in dir. Bisher sahst du dich immer begrenzt. Aber jetzt bist du aufgefordert, dein wahres Sein, über diese, dir persönlich gesetzten Grenzen zu überschreiten.

Du kannst zu diesem „Mehr" in diesem Leben nur dann kommen, und sieh auch hier wieder die Übereinstimmung mit dem „Meer", dem Ursprung des Lebens, wenn du zu dem Ursprung wieder zurück gehst, so wie du in das Licht zurückgehst, aus dem das geistig spirituelle Leben entstanden ist.

Lass uns da mal ganz praktisch näher darauf eingehen:

Alles stagniert! – Ich kann tun was ich will – Nichts läuft! – Was sehe ich nicht! – Was soll ich tun?

Wie komme ich aber wieder in Resonanz mit grundsätzlichen Erlebnismöglichkeiten, die ja eigentlich aus meinem göttlichen Sein, wie es immer heißt, da sind, aber von mir trotz innerer und äußerer Entfaltungsmöglichkeit nicht wahrgenommen oder verwirklicht werden konnten.

Wie komme ich nun, als reiner aufgeräumter Mensch, über die Grenzen des Vorstellbaren, um wieder einen neuen Fluss in meinem Leben zu erzeugen?

Antwort: "Wer anklopft, dem wird aufgetan!"

Nimm mal ein altes Segelschiff mit einem Hohen Mast. Du segelst im Nichts, siehst nur Wellen du bist verzweifelt, weist nicht was du tun sollst bzw. wohin du dein Steuer lenken sollst. Kein mitgenommener Motivations- und Glücks-clown auf dem Schiff konnte helfen!

Plötzlich ruft von oben jemand: „ Land in Sicht!" - d.h. du brauchst einen sehr hohen Standpunkt der Betrachtungsweise der Dinge, eine neue Perspektive, um überhaupt etwas tun zu können!

Solange du dich nun sehr fest am Boden deiner Realität bzw. Perspektive befindest, findest du keine! d.h. dein Wille kann nicht mehr geschehen, da unten im tiefen Tal, dein Bewusstsein ohne Überblick beschränkt ist, schon gar nicht, wenn du bittest:

„Großer Geist- löse meine Fesseln und lasse mein Gefängnis so wie es ist."

Erinnere sich: „Er kommt nicht zu dir, wenn du weinst, unterwürfig um Gnade winselst. Er kommt nicht zu dir, wenn du bettelst, oder bittest. Aber wenn Ihn, als seine Quelle einlädst, dieser dienst, kommt er"!

Du brauchst also andere Realitäten von dort oben. Diese anderen Realitäten sind aber nur von oben, mit Weitblick, realisierbar!

Jetzt kannst du dir neue Perspektiven nur schenken zu lassen – d.h. „Nicht mehr „Mein Wille" als Mensch geschehe, sondern dein Wille!

Das ist doch klasse und gigantisch! - Wenn du zu dir, also zu deinem, noch so im Unbewussten schlummernden Göttlichen Sein also eigentlich sagst:

Ich kann mich nicht begreifen", dann gibst du dem Großen Geist in dir Raum durch dich hindurch zu treten und zu wirken! Du anerkennst dass deine Vorstellungen über dich zu klein sind um dich begreifen zu können!

Jetzt der nächste Schritt!

Begib dich hoch hinauf in das Unvorstellbare in die Nähe des Großen Geistes in dir, der doch immer den größten Blick hat! – Wie?

Formuliere es so: Ich kann mich zwar noch nicht voll erfassen, aber:

„Ich bin stolz auf mich!" (Weil ich es bis hierhin geschafft habe!)
„Ich bin erwünscht und liebens –"Würdig"
und es wert vom Leben beschenkt zu werden!
„Gott ist immer in mir!
Deswegen bin ich immer Gottvoll" - die Klarheit meines Seins!

Wenn du das zunehmend im Dornbuschlicht fühlst und spürst und nicht begreifen willst, dein Focus es einatmend darauf lenkst, dann kannst du mit dem unbegreiflich "Erfüllenden" gefüllt werden!

Er ist das „Ich bin" alles was ist - „Dein Wille geschehe! – „Ich bin dein Diener" und gebe dir alles, was du brauchst, aus der Kraft deiner Überzeugung und deines Glaubens, durch deinen inneren gefühlten Halt in mir!"

Begreifst du jetzt Seine Worte:

„Selig sind die Armen im Geiste, denn ihrer ist das Himmelreich!"

und das Neue erfüllt dich!

Aus seiner Quelle lässt du dich erfüllen, dich tragen!

Von dort „oben" und nicht unten, aus dem „finsteren Tal" (*Psalm 23*) erst erkennst du auch den wundervollen Rahmen, den „Er" bzw. „Ich" – als dein „Ich bin" für dein Leben erschuf!

Du wirst zum Licht deines Lebens!

Das ist die Gestaltung deiner Realität aus dem Bewusstsein mit einer grenzenloseren Einstellung zu dir! - und in dieser neuen Realität kannst du wieder mit neuen Möglichkeiten ins Tun kommen!

Ja, lieber Mensch! - Dir ging es damals, wie im Märchen vom Aschenputtel diesem kleinen verstoßenen Mädchen.

Lass uns deshalb von der Selbstliebe sprechen:

DEIN LEBEN WIRD „ER" - SCHÜTTERT!
UND DU WENDEST DICH „IN DEINER NOT" AN GOTT!
NUR UM DANN FESTZUSTELLEN,
DASS ES GOTT WAR,
DER DEIN LEBEN AUF DEINEN WUNSCH HIN ERSCHÜTTERT HAT!

um festgefahrene und verkrustete Situationen, die deinem Wachstum nicht mehr dienten aufzubrechen !

Du wolltest vielleicht auch nur dass dein „Lebensgefängnis" nur besser ausgestaltet werden soll.

Es zeigt oft die mehr und mehr lange schon schwelende Unlust, dein Spiel weiter fortzusetzen. Es war ein Leben! – aber nicht mehr lebendig!

Jetzt aber „musst" du ganz bewusst die Frage stellen:

„Warum bin ich in dieser Situation"

Sie will dir eben diese/eine oft schmerzliche Botschaft geben, die zur Verbesserung hin zu erfreulicheren Lebenssituationen führt.

Du hast dabei lange vorher schon angeklopft und dir wurde aufgetan, durch das „Durchblicken" einer Mangelsituationen, die in deinem eigenen Inneren zu finden ist.

43

Die unbegreifliche göttliche Liebe

„Lieber Mensch, lass uns in diesem Zusammenhang besonders auf den Begriff der „Liebe" eingehen, von der du so enttäuscht wurdest, bzw. von „Täuschungen" nun befreit bist!

Was bedeutet es nun, wenn ich, der Dornbusch bzw. das Göttliche, von Liebe oder liebevoller bzw. schmerzlicher Informationsverdichtung spreche!

Dabei erhebt sich die Frage:

Lebst oder liebst Du?

Wahre Liebe ist zunächst einmal kein menschliches Bedürftigkeitsempfinden im Sinne von:

„Herzi – Schmerzi"! - Ich liebe dich, weil ich dich brauche, oder weil ich dich benütze oder weil, ...ich Schmetterlinge im Bauch oder im Herzen fühle!"

Das alles ist eine menschliche Liebe, so hart es klingen mag.

Denn die meisten Beziehungen sind mit Abhängigkeit, Erwartungen, Rollenspielen und Besitzdenken und vielen ähnlichen Mustern verbunden, die lediglich in Mangeldenken, Furcht, Angst und Unsicherheit wurzeln.

Hier wird das Wort „Liebe" als Krücke für die eigene unselbständige Persönlichkeit gebraucht und oft missbraucht.

Denn menschliche Liebe, ist lediglich das Verlangen nach sich selbst in einem Anderen, das man nicht selber fühlt, oder nicht selbst darstellen kann.

Liebe ist aber immer eine Wachstums- und Entwicklungsthematik, denn Liebe selbst hat zu tun mit deinen Begegnungen und Situationen, denen du begegnest und gerade jegliche intime Partnerschaft präsentiert dir das immer die Wachstumsthemen (und dem anderen auch!) die du brauchst um zu dir hin zu wachsen, zu deiner Einzigartigkeit!

Hier ist Liebe in der Selbstwerdung am arbeiten, denn Liebe hat immer die Frage:

Wozu fordert mich meine Situation auf, im Sinne von Selbsterkenntnis- und - Selbstfindung!

Wirkliche Liebe, ist immer zu begreifen, als eine göttliche Zuwendung, die dir gibt, was du zum Wachsen brauchst.

Wenn du Schmerz zum Wachsen brauchst und sogar noch wünschst, indem du glaubst, dich für ein Himmelreich kreuzigen oder opfern zu müssen, ist das genauso Liebe, die dir das angeblich „Positive" in den Schoss fallen lässt, weil du dafür offen bist. Wenn du deine seelischen Wahrheit besonders beharrlich ausweichst, wirst du einen lauteren Weckruf brauchen, um eine für dich heilsame „grundlegende Wende" zur Selbstliebe zu bewirken und das bedarf Entscheidungs-, Handlungsmöglichkeit und Macht.

Ohne diese Macht bist du sonst in zwischenmenschlichen Beziehungen dann mit deiner „Herzi-Schmerziliebe" der/die Einzige, der/die oft zu geben aufgefordert ist.

Jemand sagt dir „Ich liebe dich"! und du bist damit aufgefordert zu geben. Damit dieses Geben nicht in einem Bettvorlegerdasein, sprich handlungsunfähiger Abhängigkeit oder ewiger Enttäuschung endet, bist du gezwungen, rein philosophisch einsichtig, auf deine Macht zurück zu greifen, um dich kund zu tun, dich abgrenzen zu können, dir Respekt zu verschaffen und wachsen zu können. Liebe ist der Stoff, der dich mit der Welt und Gott verbindet und dir hilft das Leben als einen Freund zu betrachten, der dir hilft zu wachsen!

Nicht zufällig hast du bei „lieben" und dem Wort „leben" nur das eine „i" als Unterschied – das Liebe vom Leben unterscheidende „i" und beide müssen sich ergänzen!

Wenn du aber ständig, dir schmerzhaft erscheinende Darstellungen, ausschließlich mit Enttäuschungen und Frustration beantworten und verdecken willst, kommst du nie zur neuen Qualität deines Lebens, sprich „Liebe".

Schmerzhafte Darstellungen wollen dir ja nur dienen und erkennen helfen, wie wichtig es für dich ist, nach innen gehend, von deinem Inneren, als hellerer strahlender, grünender und blühender Dornbusch" heraus, dein Leben neu zu gestalten und zwar ausschließlich dein neues Leben, sprich „Liebe"!

Paradoxerweise wäre da wieder die richtige Einstellung:

> „Ich habe etwas verloren, das mir dient, zu einer neuen Qualität meines Lebens zu kommen, weil ich dauernd wohl im Nebel gestanden habe!"
> („Nebel" – Leben von rückwärts gelesen!)

LIEBE

Ist dir schon einmal aufgefallen, dass im Wörtchen „Evolution" - „Liebe" versteckt enthalten ist?

„EVOL"ution = „Love" - Liebe ist immer der Stoff des Allumfassenden Geistgefäßes, das alles zusammenhält und ins Fließgleichgewicht bringen will.

Liebe beinhaltet immer die Thematik einer „Evolution" = Entwicklung zur größtmöglichen Verbundenheit mit Dir und der äußeren Welt.

Dieses Wachstum und die damit verbundene Selbsterkenntnis ermöglichen es erst, mehr und mehr Verbundenheit, mit Respekt im Äußeren, mit dem Nächsten zu praktizieren!

Denn Liebe selbst hat zu tun, mit deinen Begegnungen und Situationen, denen du begegnest und besonders jegliche intime Partnerschaft präsentiert dir auch immer diese Wachstumsthemen von Außen, (und dem anderen auch!) die du brauchst, um zu dir hin zu wachsen, zu deiner Einzigartigkeit!

„Schließen sich nun auch Liebe und Macht aus"? – fragte der Mensch!

„Macht ausüben" tust du immer, mit jedem Wort, jeder Tat, übst du als Mensch eine "Macht" aus, wie auch immer.

Du beeinflusst! bzw. manipulierst - bewusst oder unbewusst!

Also ist Macht auch immer angelegt in jedem Menschen, sogar bei jenen, die hintergründig durch einen Krankheitsgewinn "Macht" ausüben!

Auch wirst du immer als Mensch urteilen müssen, um passendes oder Unpassendes für dich auszuschalten und zu wählen!

Aber das "Verurteilen - ist fraglich! - nicht das Urteilen!

Ohne Macht bist du eben in zwischenmenschlichen Beziehungen in einer fraglichen demutsvollen "Herzischmerzi- Bettvorleger~ "Liebe" und als Einziger noch aufgefordert zu geben und damit verkaufst du noch „Leistung für Liebe"!

Das wäre missbrauchte Macht, oder Selbstverleugnung, denn das setzt den anderen früher unter später unter Erwartungsdruck, der ihn wütend macht.

Jemand sagt dir: „Ich liebe dich" und du bist aufgefordert, ohne Macht zu geben?

Damit dieses Geben eben nicht in einem Bettvorlegerdasein, sprich handlungsunfähiger Abhängigkeit oder ewiger Enttäuschung endet, bist du gezwungen, rein philosophisch einsichtig, auf deine Macht zurück zu greifen um dich kund zu tun, dich abgrenzen zu können, dir Respekt zu verschaffen und wachsen zu können.

Also braucht Liebe immer Macht! - Ein Zeichen dafür, ist nun aber die Macht der Liebe:

Macht, die ausschließlich angewandt wird, um Bedürftigkeit und Anerkennung und vermeintlich damit Liebe zu bekommen, erzeugt Druck und Angst und erfordert stetigen Energieaufwand, um diese Macht aufrecht zu erhalten.

Die Macht der Liebe aber, als Element des eigenen gefühlten Selbstwertes, aus deiner innerer Mitte, erzeugt eine innere Autorität, die gerade die Fähigkeit beinhaltet, andere ohne Zug und Druck zu beeinflussen!

Eine Person, die aber eine bestimmte Position braucht, um sich mächtig zu fühlen, ist dabei immer psychisch impotent!

„Liebe deinen Nächsten, wie dich selbst, wie dich selbst, wie dich selbst!"…

Das braucht aber „Macht zur Selbstliebe" um deinen „Frieden" herstellen zu können. Das Wörtchen „Frieden" bedeutet dabei nicht „Lieb und Nett" sein, sondern aus dem Germanischen kommend, heißt es: „Abgrenzen" –„Umfrieden"! Gerade da sind ständige Konflikte angelegt, da sich ein Individuum Respekt und seinen Raum für sein Wachstum dadurch verschaffen muss, um nicht „ohn"-mächtig im Sinne einer falsch verstandenen Selbstliebe zu sein! Deswegen gilt es eigentlich das Wort „Frieden" abzuschaffen, und durch das Wort: anzustrebendes „Fließgleichgewicht" zu ersetzen!

Wenn du dein letztes Hemd hergibst, lebst du im Minuspol deines Selbstwertgefühls und stehst nackt da, innerlich wie auch Außen und du wirst bemerken, dass die anderen mit ihren Ansprüchen noch unverschämter werden, um dich darauf hinzuweisen, dass du den Satz "Liebe deinen Nächsten" nicht verstanden hast, denn er hat ja auch den zweiten Halbsatz noch:

"Wie dich selbst, **Wie dich selbst..!**"

Was dann kommen muss, ist das hinbewegen zum Pol:

Notwendige Abgrenzung und Stabilisierung deines Egos! - im Prinzip mit wahrem empfundenen Selbstwertgefühl:

"Ich bin göttlich"- aber alles andere auch!

Wenn dir aber dein innerer Wasserhahn kein Wasser gibt, kannst du anderen erst recht nicht geben!

Wahre Selbstliebe braucht also Eigenmacht, sonst ist sie "ohn"-mächtig" sprich ohne Macht und handlungsunfähig und keine Liebe! und irgendwann fragst du ausgebrannt und enttäuscht:

"Wo bleibe denn ich und wo ist der erforderliche Energieausgleich?"

Deine Nächstenliebe, besonders im ehrenamtlichen Helfersyndrom zu finden, ist oft eine schlechte bzw. mangelnde Liebe zu sich selbst. Sie sucht im anderen, was selbst fehlt.

Man flüchtet da zum Nächsten, vor sich selber, um sich am Nächsten dann das an Selbstliebe zu holen, was man sich selbst nicht geben kann. Solch eine Selbstlosigkeit ist kontraproduktiv. Mangelnde Selbstliebe sucht den Anderen da zu missbrauchen und setzt ihn noch unter Erwartungsdruck, dir Anerkennung und Wertschätzung geben zu müssen. Das endet in Frustration und eben ‚Ent'-täuschung – es sei denn, du schaffst es, erwartungslos zu geben"!

Arm und bedürftig ist der, der immer nur für das Wohlbefinden und die Erfüllung der Anderen will, denn er macht sich selbst zum Krüppel!

Die Nächstenliebe ohne das „Liebe dich selbst" - als Fließgleichgewicht des Gebens und Nehmens ist eine „schlechte" Liebe, ohne Respekt, zu sich selber!

Also:

**Mach dich innerlich und äußerlich so reich und liebenswert,
dass du erwartungslos helfen kannst!**

Liebe und Lebenserfolg entstehen, wenn man sich für „liebenswürdig" hält

Jede Verletzung geschieht primär aus einem Mangel an Liebe zu Dir!

Zunächst sind dabei deine blockierenden Glaubenssätze aus der Kindheit zu erkennen und zu durchlichten, gleich Selbsterkenntnis zu betreiben:

„Ja, da ist der rote Faden – der Blockierende Glaubenssatz: Ich habe erkannt!"

Wie wäre es denn, wenn du prinzipiell deine Träume mit ihren dahinter stehenden oft bedürftigen Motiven der Göttlichkeit, genannt dem Meer des Unbewussten, Allumfassende übergibst und ihr die Entscheidung überlässt, in welcher Form du von deinem wirklichen Traum „ER"- erfüllt (= ER füllt) wirst!

Dabei gilt es deine Unerfülltheit mal zu relativieren, die ja deine bedürftigen begrenzten Träume mit der „Nichtakzeptanz" oder „Opferseins" deines bisherigen Lebens spiegeln und verstärken.

Nimm sie aus deinem Leben heraus, indem du erst einmal grundsätzlich einverstanden mit deinem erschaffenen Leben wirst und überflüssige Stress- und Misserfolg erzeugende menschlich begrenzte Wünsche und Träume mit Kampf damit loslässt!

Das nun wirkungsvollste „Zaubermantra" zur Erfüllung deines Lebens wo Hoffnung, Wünsche und Liebe sich dann gegenseitig ergänzen:

„Ich achte mein bisheriges Leben und bin so richtig stolz darauf!" (es bis dahin geschafft zu haben!) und jetzt:
Empfinde es immer wieder und formuliere es tausend Mal bei jeder Handreichung und Handlung in deinem Leben: (Habe dabei ein Bild aus deinem Leben vor Augen, wo du dich richtig stolz fühlen konntest) „Ich bin so stolz auf mein bisheriges Leben", „Ich bin es wert" reich beschenkt zu werden!"

So nimmst du deinen begrenzten Eigenwillen heraus und öffnest dich voll Vertrauen dem Allumfassenden, von dem nur was kommen kann:

„Das <Nicht-Begreifbare< , dir noch nicht >Vorstellbare<, das dann als „Er"-Füllung in dein Leben fließen kann!

Wir sind geboren um zu lieben?

Nein! – Wir sind geboren um zu leben und sich lebendig zu fühlen!

Das Leben steht über dem menschlich begrenzten Begriff der Liebe!

Allein unsere Existenz – d,h. aus dem „Mutterschoß" des Allumfassenden zu stammen, ist doch die wirkliche Liebe, die sich in uns in den gegensätzlichsten Erfahrungen ausdrücken will!

Leben steht also erst einmal über der Liebe in der Welt!

Das Leben ist so nie in einer menschlichen Liebe, sondern die Liebe sollte in das Leben eingebunden sein, entwicklungsfähige Verbundenheit erzeugend. Menschliche Vorstellungen von Liebe sind immer einer Art von Qual, Druck und „Leiden"~schaft unterworfen und können erstickend sein, für das Leben!

Solange die Liebe aber mit dem Leben schwanger gehen kann, ist sie hoch zu achten. Sie erzeugt dann Fluss und Wachstum auch in schmerzlichen „Informationsverdichtungen".

Sie darf aber nie eine Hülle sein, in die das Leben eingebunden oder gezwängt wird. So muss diese vermeintliche Liebe oft gebrochen werden, um des Lebens und der Lebendigkeit willen, da sie in menschlichen Vorstellungen erstarrt ist.

Ein Mensch z.b. braucht die Liebe, sprich Zuwendung seiner Eltern, bis sein eigenes Leben hin zur Eigenverantwortung und Eigenmacht gewachsen ist. Dann muss die Trennung dieser Verbundenheit erfolgen und seine Liebe zu ihnen braucht eine andere Qualität, muss sich verändern. (Das erfährt z.b. jeder erwachsen gewordene Vogel, der von seinen Eltern aus dem Nest geworfen wird, um flügge zu werden und in seine Eigenverantwortung zu kommen!)

Menschliche Liebe sucht da sonst „Besitzen wollen" oder Abhängigkeiten. Der Fluss des Lebens aber fließt aus Liebe immer zum Menschen im Laufe seines Lebens in vielerlei Facetten, Beschränkungen oft hinweg reißend. Denn die meisten Beziehungen sind mit Abhängigkeit, Erwartungen, Rollenspiel und Besitzdenken und vielen ähnlichen Mustern verbunden, die lediglich in Mangeldenken, Furcht, Angst und Unsicherheit wurzeln, das Leben erwürgend.

Hier werden Liebe und Beziehungen eben als Krücken für die eigene unselbständige Persönlichkeit gebraucht und missbraucht. Denn menschliche Liebe ist lediglich das Verlangen nach sich selbst in einem Anderen, das es nicht selber ist, oder nicht selbst darstellen kann.

Liebe ist immer in Gottes Schöpfung und bedingungslos als Leben zu sehen, da er aus sich heraus immer unbegrenzt und niemals bedürftig ist.

Also nur dieses Lieben des Lebens im Augenblick, das jeweilige bedingungslose Lieben deiner Situation, dieses in der Zeitlosigkeit lieben, dieses zeitlos gewordene Lieben für das Leben bringt dich in die Freiheit deines Seins. Es ist nicht die unkritische sentimentale Liebe, die keine Unzulänglichkeiten sieht, mitleidet und Mängel nicht zu berichtigen sucht, und sich so oft gegen allem Lebendigen und Leidenden unweise verhält.

Sie hat auch nichts zu tun mit Wunscherfüllungen oder Erwartungen, die erfüllt werden sollen, damit aus dieser Bedürftigkeit „Liebe" entsteht. Aus der menschlichen Perspektive ist echte Liebe ein herzloses Lieben im Leben.

Du liebst um des Lebens willen!

Somit kannst du dich und dieses Leben nicht eingeschränkt über menschliche Vorstellungen empfinden, sondern du bist genötigt, dich und die Liebe grenzenlos wahrzunehmen, ohne irgendwelche Einschränkungen für dein „Lebendig – Sein"!

Liebe den Augenblick, liebe das Leben, nicht eine bestimmte Person oder Situation oder Vorstellungen auf die du dich fixierst!

In diese Richtung beginnt dann der Weg voll glückseliger Erfahrung, Freiheit und echter Liebe im Leben!

Das Zauberwort!

Erkenne, dass ein positives Denken alleine nichts nützt, weil es in der vordergründigen Wortform begrenzt ist und nicht gefühlt wird und an den wirklichen Themen durch vordergründige Wünsche meist vorbei geht und unbewusst ist!

Aber es gibt ein Wort, das universell ist und dessen Gebrauch angenehmste energetische Empfindungen und damit heilsame Wirkungen hervorrufen kann!

Ob sie dir durch dieses Wort nun bewusst oder unbewusst werden - Jeder Mensch ist darauf programmiert und verbindet damit die tiefsten angenehmen heilenden Empfindungen, die auch die körperliche Ebene erfassen und angenehmere Resonanzen in der Umwelt mit der Zeit hervorrufen kann!

Du kannst es jederzeit anwenden und es gibt keine andere effektivere Wortform, die heilende psychische Energien aktivieren kann!
Dieses meditative einfachste Mantra heißt:

„Ich bin ein Gedanke der LIEBE"

(Das stellt eine wirkliche Offenheit dar, anstatt ein „Ich liebe mich", das dein Inneres oft sowieso nicht glaubt und auf das „Ich bin" kommt es immer an!)

Atme es ein so oft es geht! – in psychische, organische oder partnerschaftlichen Themen - Es wirkt!

So spricht der „Flammende Dornbusch" über deine „Intuition" weiter:

Die Selbstliebe

„Warum ist Selbstliebe so wichtig?

Du stehst doch, wie eingangs als Mensch geschildert vor einer „Wand" und du bist machtlos, ohnmächtig in deinem Leben, obwohl du dienst, immer deinen Nächsten liebst und gibst und gibst…!"

erinnerte der flammende Dornbusch!

„Der versprochene Lohn deiner personalisierten menschlich begrenzten konfessionellen Gottesvorstellung bleibt aus, obwohl du ein „Guter Mensch" bist und Gott auch noch fürchtest in „gottesfürchtiger Manier", wie einst der arme Hiob in der Bibel.

Erkenne dabei:

Die Göttlichkeit drückt sich über deine Seele, dein Selbst aus. Es geht ihr dabei nie primär, um das was du tust, sondern mit welcher Einstellung bzw. Glaubenshaltung du es tust!

Es geht um diese innere Erkenntnis:

„Ich erschaffe damit über meine Einstellungen und mit meiner Geisteskraft" d.h. „Wie empfindest du dich gegenüber deinen erlebten Situationen!

Empfinden und Einstellungen erschaffen deine erlebte Realität im Rahmen deiner Anlagen und gegebenen Möglichkeiten!

Das Äußere antwortet dir darauf!

Wie kommt man nun zu mehr „Selbstliebe" und damit Liebe, Wertschätzung und Erfolg in seinem Leben?

Die Antwort:

Wenn die Erwachsenen es nicht geschafft haben sich selbst zu lieben, wie soll es das Kind denn lernen können?

So belesen und studiert unsere kirchlichen Ritualbeamten sind, wissen viele, wie angemerkt sicherlich und lehren es: "Liebe deinen Nächsten, wie dich selbst"

Aber auf der anderen Seite erzählte man dir bzw. deinen Eltern, schon von Kindesbeinen, sprich primär von zuhause an, was du alles nicht richtig gemacht hast.

Da soll man z.B. der Schule erst mal sekundär eine quasi Schuld bzw. ein „Nicht-Erkennen" wollen oder können (z.B. *wegen mehr, minder oder gewaltigen Überforderungen der Eltern)* zuweisen, weil primär erst einmal das Elternhaus (*schon im Mutterleib!*) der prägende Faktor ist, der, (*natürlich eingebettet in diese widersprüchliche Gesellschaftspsyche mit ihren oft paradoxen Anpassungsleistungen!*) die schwierig auszulöschenden „CD-Rillen" der mangelnden Wertschätzung und Selbstliebe gegenüber sich selbst trägt!

Man vergaß dich da mehr oder minder schon total dich zu schätzen, dich zu respektieren, und fühlte sich bemüßigt, dir immer wieder zu erklären, was du alles nicht richtig machst, so dass all diese Grundzweifel noch nach wie vor in dir aktiv sind und ihren, sozusagen erschreckenden Auswirkungen, als Resonanz aus der Umwelt haben, wie „Unerwünscht"- „Nicht qualifiziert", - „Fühle nicht" – „Wachse nicht und bleib Kind" - „Halts Maul",-- „Dazu gehörst du nicht"- „Schuster bleib bei deinen Leisten",-„Sei bescheiden"- „Selbstlob stinkt"- „Vögel, die am Morgen singen, holt am Abend die Katze" etc. Wie sollst du dich dann selbst lieben können?

Gehe einmal z.B. davon aus, dass jemand, wenn er in die Welt, in die Schule, bzw. dann hinaus tritt, auf seiner Stirn einen mehr oder minder gravierende Schriftzug trägt: „Du bist ‚Nicht gut genug und unerwünscht'!

Die Folgerung daraus ist nun, dass du, jetzt schon als Kind, alles daran setzt, dir dieses "Unerwünscht" auszureden, durch Leistung auszugleichen, diese für Liebe zu verkaufen, damit du geliebt wirst, also mit „Liebe deinen Nächsten":

„Ja! - Ich will ja, ja ich tu ja, ja ich bin ja" usw. - später ergänzt durch das Positive Denken oder GFK, Reiki, Optimismus, mentale Phantasiewunschreisen, Ashram oder Klosterretreats ...etc.

Nun, blicke einmal tiefer hinein, in den seelischen Bereich deines Inneren, in dein „Unbewusstes" und finde dort in Kindheitsmustern- (*meist von „Autori-täten" wie Vater/Mutter/ Lehrer als deine frühen „Götter" übertragen)* die Lösung:

Menschen funktionieren, auch nach Jahrzehnten noch nach Kindheitsmustern, da unbewusst, sprich verdrängt, eine Veränderung oft nicht möglich ist.

Sie halten ihr Leben sogar noch für ein Selbstbestimmtes, verwechseln aber meist ihre gelebten, anerzogenen Gewohnheiten und Glaubenshaltungen mit Lebenserfüllung und Freiheit und auch noch mit „starkem Charakter".

Heilversuche an daraus entstehenden Krankheiten, bis zum Krebs, die als Erwachsener daraus resultieren, obwohl man doch so gesund lebt, scheitern dann oft allesamt an diesen Grundmustern, die im Gleichnis von „Omas Mehlkiste", unentdeckt, ganz tief unten, vor sich mehr und mehr hinschimmeln!

Körperliche wie auch psychische Heilung geschieht nun ab dem Augenblick der Erkenntnis, im Licht eines weiteren Bewusstseins, das Krankheiten dadurch und nur dadurch, neutralisiert und positiv durch neue Empfindungseinstellungen verändert.

Unsere Geisteshaltung und unser Gefühlsleben beeinflussen elementare Körpervorgänge. Unser begrenztes Selbstbild fixiert sich dann in körperlichen Fehlhaltungen und Verspannungen. Aus der Sicht eines Gesundheitsverständnisses, das der Wechselwirkung körperlicher und seelischer Prozesse Rechnung trägt, versteht man, dass verdrängte oder unterdrückte Gefühle sich organisch niederschlagen. Immer mehr breitet sich da die Überzeugung aus, dass Heilmethoden ein optimales Wohlbefinden des ganzen Menschen zum Ziel haben und nicht nur darauf angelegt sein sollten, Symptome auszuschalten; denn körperliche Krankheitssymptome wollen uns ja oft nur mitteilen, wo unsere Seele „Mangel" leidet.

Woher kommen wieder diese verdrängten und Glaubensmuster bzw. unterdrückten „Gefühle"?

Wer fragt aber nach der Ursache, sprich dem zugrundeliegenden Muster?

Wir gehen also davon aus, dass körperliche und seelische Prozesse miteinander verbunden sind und dass körperliche Symptome Hinweise auf psychische Störungen enthalten.

Wir müssen vielmehr unsere Fähigkeit zur Wahrnehmung ganzheitlicher symbolischer Prozesse, das heißt unsere objektiven bildhaften-intuitiven Fähigkeiten mehr entwickeln, um die Bedeutung eines körperlichen Symptoms hinsichtlich seiner seelischen Ursachen zu verstehen, die uns unsere Seele, stets über Traumsymbole und in der Stille, aber auch über erlebte Situationen, als ihre Sprache, zur bewussten Erkenntnismöglichkeit zukommen lässt!

Aber meist werden heute noch körperliche und psychische Störungen oft nur entsprechend ihrer Symptomatik, aber nicht die 'UR' –Sache behandelt

Woher kommen die psychischen Ursachen unserer Leiden?
.

Denn die Frage nach dem „Woher und Warum" der Mensch diesen Mangel oder die Krankheit erleidet, bleibt hier, in der Medikamentenmedizin, meist offen.

Natürlich übersieht sowohl die westliche als auch die fernöstliche Seelenkunde nicht das Vorhandensein festgefahrener Verhaltensmuster und sie weiß sehr wohl um die Tendenz des Menschen, sich sein Leben lang zwanghaft immer wieder in für ihn nachteilige un-'heil'-ige Situationen zu begeben.

Das bedeutet: Wenn jemand nicht geheilt werden will nützen alle „Heilversuche" nichts. Der Mensch ist einfach dazu noch nicht bereit, wie Jesus dies im Gleichnis vom Sämann (NT:13 ff) eindringlich verdeutlicht hat!

Jedoch, dieses „Nicht wollen " beginnt ja auch schon viel früher, z.B. im Entstehen eines Grundmusters, in der „Erziehung" und unbewussten Prägungen in der Kindheit und besonders schon im Mutterleib. Dieses Muster wiederholt sich beständig im späteren Leben und zeigt sich in interpretierbaren Situationen der diversesten Darstellungen des Lebens, privat wie beruflich.

Der Kern dieser Darstellungen ist – auf den wichtigsten Punkt gebracht, immer ein:

„ICH BIN ES NICHT WERT" vom Leben geschätzt zu werden.

Wenn dann Hilfeschreie der Seele und moralisch begründete „Erpressungsversuche" nach wertschätzender liebevoller Anerkennung auch nichts bringen – was jemand selbst nicht hat, kann er auch einem anderen nicht geben – wird das „Handtuch geworfen" und der letale Ausgang ist dann paradoxerweise erwünscht bzw. vorprogrammiert, auch mit ggfls. der Flucht in eine Krankheit.

Aber all das nützt nichts, selbst, wenn du von den Lehrern noch so motiviert wirst und dich selbst motivierst - Du kannst dich noch so anstrengen:

Am Ende steht das Ergebnis der Erfahrung, am entscheidenden Punkt:

z.B. "Nein" - Ich bin nicht erwünscht! - Die Umwelt reagiert am wesentlichen Punkt immer auf deinem „Pappschild" auf der Stirn:

„Nicht erwünscht!" - und das setzt sich fort und fort bis ins Berufsleben etc. !

Die Wörtchen „Herzbewusstsein", „Energie der Liebe" und „Ausschluss von Verstandesbewusstsein", wirken da nicht die „Bohne" und auch die „Karmaentschuldigung", mit „Dienen wegen Schuld" und „Liebe deinen Nächsten", hilft „nix"!

Da fehlen die Begriffe „Eigenverantwortung" und „Selbsterkenntnis", für die „Eigenmacht" und diese Macht bekommst du nur, wenn du dir wirklich bewusst wirst, was dich daran hindert und welches Thema dir deine Macht gibt, ansonsten bleibt der Spruch im Theoretischen hängen!

Was bedeutet es, zur „Eigenmacht" zu kommen und das „Innere" zum Äußeren Spiegelbild zu machen?

Beispiel:

Jemand kann als Heranwachsende(r) oder Erwachsener machen, was er/sie will, mit höchster Qualifikation. Er ist aber beruflich nicht erfolgreich, erleidet Rationalisierungen oder öfters unbegreifliche Kündigungen, wird übergangen etc. und er kämpft und kämpft. Umsonst! – Niemand will ihn/sie auf Dauer haben und fördern, trotz steigender Qualifikation immer überflüssig!

Dieser kompetenten Persönlichkeit wurde quasi irgendwann, für sie oft unbewusst, ein „Schild aufs Hirn" geheftet:

"Ich bin überflüssig"- schon in der Kindheit und im Mutterleib mit ungewollter Schwangerschaft oder unehelich geboren, mit einer bösen „Stiefmutter" bedacht, wie es im Märchen von Aschenputtel verdammt, etc!

Resonanz: Stetig war sie/er "ÜBERFLÜSSIG"!

Notwendiges Verstandesbewusstsein, gepaart mit intensivem Gefühlswert, in eigener intuitiver Selbsterkenntnisphase, erfasst:

Das Schild, sprich das blockierende Muster, „klebt" immer noch auf dem Hirn bzw. hat aktuelle, oft erschreckende Wirkungen!

Jetzt wird es wichtig:

„Ich akzeptiere"! - Es ändert sich sonst nichts, weil die vorhandenen Blockaden immer wieder durch Fokussierung auf die belastenden Gefühle und Emotionen weiter aufgeladenen würden und alles würde stagnieren und sich weiter ggfls. verschlechtern.

Kämpfe also nicht dagegen, sondern lasse dir nun in der Stille mit deinem weiten und bewussten Atem, quasi über deinen Inneren Bildschirm, dein aufbauendes „Dornbuschbild" bzw. ein eigenes entsprechendes erregendes, sprich brennendes Bildsymbol und das damit verbundene Gefühl schenken.

Das könnte sein:

„Ich bin stolz auf mich und ich bin es wert, vom Leben beschenkt zu werden!" oder „Ich bin geborgen und sicher" oder: „Ich bin kompetent und fähig"! etc...
(Vgl. Seite 137: Die Kräfte des Brennenden Dornbuschs!)

Diese entscheidende Neuprogrammierung, mit dem eigenen ureigenen gefühlten und erfassten Glaubenssatz, am und durch das eigene intuitiv erfasste „Brennende Dornbuschsymbol" aus der Seele, beginnt dann zu wirken:

Zum Beispiel: „Ich bin stolz auf mich"

Warum? - und damit auch die Begründung für den fragenden Verstand:

„Trotz mehr oder weniger großer Schwierigkeit habe ich es doch bis jetzt geschafft, mein Leben zu meistern und mich gibt es immer noch!

> „Verstand + Gefühl + Intuition" arbeiten nun zusammen!

Anweisung:

Bei allem was du tust, bei jeder Verrichtung und Handhabung *(z.B. Kaffee kochen, Schreiben, etc.)* Bild, Symbol und Gefühl hervorrufen, mit "Ich bin stolz auf mich" und „Ich bin erwünscht" *(und für das was ich bisher geleistet habe!)* Dies kann auch durch das Malen des erkannten „Inneren Bildes" – deines irgendwie gearteten „flammenden Dornbuschs" unterstützt werden!

Das ist „BEWUSSTSEINS"- und „SPIEGELARBEIT" im großen Bewusstseins-check, vor dem Symbol des flammenden Dornbuschs", dem „Bildwerk" des Allumfassenden, dem großen Geistgefäß -„Gott"- genannt, das dir hilft, dein Leben zu gestalten, aus deiner Einstellung heraus:

„Ich bin Alles, was ist!" oder grundsätzlich:

> „Ich bin es wert vom Leben beschenkt zu werden"

Es kommt nur darauf an, was man als Mensch in sich „füttert"!

Dafür kann jeder seine Verantwortung tragen und das Außen spiegelt jedem dann zunehmend sein Inneres!

Dasselbe Thema finden wir in Grimms Märchen vom „Aschenputtel"!

Im weltbekannten Märchen „Aschenputtel" der Gebrüder Grimm verstirbt gleich zu Beginn die Frau eines reichen Kaufmanns, Mehr wissen wir dazu nicht. Vielleicht fühlte sich diese Frau aber in der Familie des Mannes nicht genügend, gewürdigt oder erwünscht, auch könnte sie sich unter Umständen sehr einsam gefühlt haben.

Aber das war der Beginn des schmerzhaften Leidensweges von Aschenputtel, von ihrer Geburt an:

Aschenputtel fühlte sich ebenso wie ihre Mutter einsam und unerwünscht. Sie war ja auch das belastende Gefühl, das in ihre Mutter während der Schwangerschaft mit sich herum trug!

Damit begann ihre Misere! - Ihr Leben wird nun quasi zur Hölle, als ihr Vater eine Witwe heiratet und diese kurz darauf ihre zwei Töchter mit in das Haus des Kaufmannes bringt, die angeblich „schön und weiß von Angesicht" waren, aber garstig und schwarz von Herzen.

Da brach diese schlimme Zeit für das arme Stiefkind an!

Das Gefühl bzw. der Glaubenssatz von „Unerwünscht, nicht zugehörig, ungeliebt" wurde verstärkt, denn von nun an muss Aschenputtel nicht nur alle erdenkliche Schmutzarbeit leisten, sondern sich sogar in der Asche beim Herd ihren Schlafplatz einrichten. (deshalb wird das Mädchen auch „Aschenputtel" genannt)

Ja! - Aschenputtel war eigentlich nicht erwünscht, abgelehnt- wurde genannt „Dumme Gans", wer Brot essen will, muss es sich verdienen, verspottet – wurde zum Bettvorleger gemacht, mit schmutzigen Kleidern und das traf tief und weil es darum immer staubig und schmutzig aussah, nannten sie es „Aschenputtel".

Das saß tief und sie glaubte es sicherlich auch noch mehr und mehr, weil sie sich alle Mühe gab, die Forderungen die an sie gestellt wurden genau zu erfüllen aber ergebnislos. Es nutzte nichts, dass sie all ihre körperlichen Leistungen dafür einsetzte, um von ihrer Stiefmutter und den Schwestern geliebt und anerkannt zu werden.

Nebenbei nun sei bemerkt, dass die Stiefmutter und ihre Stiefschwestern nun laufend auf ihr „herumhacken", ihre Launen trotz guter Arbeit an ihr auslassen, zeigt dabei ebenso die mangelnde Selbstliebe in diesen auf, die sie sich ebenfalls über die Erniedrigung ihrer Stiefschwester versuchen zu erlangen, um sich vermeintlich Bedeutung und Wichtigkeit zu beweisen, die sich selbst nicht geben können und das zeigt doch dem Aschenputtelmädchen, das jetzt erkennt:

„Ist da nicht eine Ohnmacht in mir - eine Hilflosigkeit - ein sich noch (siehe Kindheit!) als Opfer im Leben empfindend, dich selbst im Selbstmitleid lange selbst gemobbt habend?

Denn die Situation, mit ihrem Verhalten mir gegenüber wäre doch nicht so, wenn es in mir nicht da wäre (Wie innen, so außen! und geht es den anderen nicht genauso?

Wären die Stiefmutter mit ihren Töchtern mit sich selbst zufrieden und rund-herum ausgeglichen müssten sie sich so nervig mit mir beschäftigen!

Wenn diese doch "satt" wären im psychischen Bereich müssten sie mir doch keine Energie schenken bzw. drangsalieren um sich mächtig oder wert zu fühlen!

"Ja" - Sie schlagen mich laufend auf die rechte Wange und jetzt halte die linke erkenntnisfähige Wange hin und ich sage zu mir in liebevoller Akzeptanz, wenn ich Ärger empfinde und an diese Damen denke aber mit Hilfe meiner Intuition, die sich mir als Zauberfee vor meinem „Geistigen Auge" darstellt:

"Danke, liebe Familie, Stiefmutter und Geschwister, dass ihr mir zeigt, wie sehr ich mich noch als hilfloses Opfer, wie meine Mutter in ihrer Ehe empfinde. Ich bewundere euch in eurer Darstellung für mich als göttliche Botschaft in meinem Leben und ich erkenne mich jetzt in meinem inneren 5 - 6 -jährigen Kind, das noch in einer „Hütte unter einem Laubhaufen" sitzt und weint.

Hier gilt es nun für mich zu erkennen, dass das was in mir ist, sozusagen in mich hineingebracht worden ist. Es ist eine Programmierung in meiner frühes-ten Kindheit.

Ja, es war vielleicht noch eine „Programmierung" von meiner Mutter in ihrem Leib, wo ich als Mensch noch unbewusst gewesen war und dennoch bereits die Prägung des „Unerwünscht sein" empfangen habe. Das genau war der Punkt, dass ich aus meiner jetzigen Sicht heraus natürlich nicht mehr in der Lage war, mir dieser Programmierungen bewusst zu sein.

Schmerzhafte Gefühle und Erlebnisse meiner Mutter drückten mir natürlich schon vor der Geburt quasi Ihren Stempel auf die mich in meinem wahren Sein verzerrten und quasi von mir entfremdeten.

„Ja! - Heureka" – Du hast es erkannt", sprach ihre Intuitionsfee als ihr „Dorn-buschsymbol", der Verbindung mit ihrem Göttlichen Funken, in ihrem Geist

„Jetzt hast du deine Situation durchblickt- Du hast den Durchblick"!

„Danke"!- sprach Aschenputtel hocherfreut und be-„Geist"-ert zu ihrer „Inneren Fee". Jetzt erkenne ich mich, kann es nun auch als kleines Kind in mir umarmend fühlen und annehmen:

"Ich bin so stolz auf mich - Du ich lass dich jetzt nicht alleine - Bei mir bist du jetzt sicher. „Fürchte dich nicht, ich bin bei dir" sage ich -"Wir sind jetzt stark und erwachsen!"

Ich spüre schon, wie mein inneres Kind seufzt, dann tief vor Rührung und schläft schon beruhigt ein und fühlt sich ganz sicher, weil ich es so lieb habe.

Plötzlich fühle ich auch keine Wut mehr, weil mein inneres Kind, das ich selbst bin und die Liebe und das Verständnis, die ich mir gebe, ein Gefühl der Sicherheit und Geborgenheit darstellt, das ich jetzt empfindest und atmen kann."

Nun ging Aschenputtel her und überprüfte ihre Glaubenssätze beim symbolischen Linsensortieren in der Küche mit: „Die Guten ins Töpfchen, die Schlechten ins Kröpfchen".

Ihr wurde bewusst:

Ich konnte machen was ich wollte, mit höchstem Wohlverhalten. Ich wurde nicht erfolgreicher, anerkannt und geliebt. Keiner wollte mich eigentlich haben. Keiner wollte mich trotz guter Arbeit und steigender Qualifikation!

Mir wurde ein unsichtbares „Schild" aufs Haupt geheftet:

"Ich bin überflüssig"-schon in meiner Kindheit- abgeschoben. Stetig war ich "ÜBERFLÜSSIG"!

Mein notwendiges Verstandesbewusstsein erkennt jetzt:

Das „Schild" „unerwünscht und überflüssig" klebt immer noch auf der Stirn! - Ich akzeptiere aber jetzt, weil ich die Lösung erkenne:

Ich kämpfe nicht im Äußeren dagegen, sondern ich ändere meine innere Einstellung zu mir, mit einem gefühlten Bild, einer stolzen Prinzessin und zugehörigem Symbol und dementsprechendem Gefühl, was ergibt:

"Ich bin stolz auf mich! - und fühle mich nicht mehr als „Aschenputtel", sondern ich kann mich als Königin in meinem Leben erkennen.

Ja! - Jetzt arbeiten mein Verstand + Gefühl + Intuition nun zusammen!

Bei allem was ich jetzt, tue, bei jeder Verrichtung und Handhabung (Küchenarbeit, Kaffeekochen, Schreiben, etc.) ist mein Bild, Symbol und Gefühl aus dem Inneren dabei mit:

"Ich bin stolz auf mich" -und für das was ich bisher geleistet habe - und bin es wert vom Leben beschenkt zu werden!"

Eines Tages plant nun der König des Landes auf seinem Schloss ein dreitägiges Fest, zu dem er alle Jungfrauen aus seinem Königreich einlädt.
Auch Aschenputtel möchte dieses Fest besuchen, doch die Stiefmutter lässt nichts unversucht dieses Vorhaben zu unterbinden.

Das Wunderbare aber geschah!

Gott, der Große Geist, sandte ihr symbolisch bzw. offenbarte sich, ihre Zuversicht und neue Einstellung erkennend, im Symbol der Fee, sprich einer Verheißung einer glücklichen Zukunft. Er beschenkte sie mit einem goldenen und silbernen Kleid, und mit Seide und Silber ausgestickte Pantoffeln und sie ging auf das Fest.

Er antwortete auf ihre neue Einstellung der Selbstliebe.

Der Königssohn kam Aschenputtel entgegen, nahm es bei der Hand und tanzte mit ihm und sprach entschlossen: Das ist meine Tänzerin."

Er verliebte sich sogleich in Aschenputtel, aber sie versuchte an sich selbst wieder zweifelnd, zu entkommen. Auf der Flucht verliert Aschenputtel ihren goldenen Schuh. Aber der Prinz lässt im ganzen Reich nach Aschenputtel suchen. Mit Hilfe des goldenen Schuhs findet er doch noch zu Aschenputtel, und letztendlich sie wurde sie tatsächlich seine Königin!

Aschenputtel erkannte für sich:

„Wenn ich mich ändere, ändert sich meine Welt und ich bekomme immer, was ich glaube!"

Ich bin „EINZIG"-·ARTIG – Ich bin „GÖTTLICH"!

Wenn du das Märchen von Aschenputtel hier, als Gleichnis für deine Situation nimmst und das Symbol der „Wunschfee" für Aschenputtel, durch dein verbindendes Symbol des Brennenden Dornbusches ersetzt und dich darauf, wie geschildert, einlässt, hat das dieselbe Wirkung:

Es verbindet dich mit der Kraft des Göttlichen in dir bzw. mir!"

Besonders bist du immer, denn niemand geht denselben Weg wie Du!

Aber das was dich besonders und in deiner Einzigartigkeit mit deinen Anlagen für dein Leben erfolgreich erscheinen lässt, ist auch das, was du in dir geistig „fütterst"!

Frage dich dabei allen Ernstes: Muss „GOTT" – das allmächtige, vollkommene „Allumfassende"- sich selbst korrigieren, bestrafen, um „Besonders" zu sein?" oder um etwas Besonderes zu werden, wo „ER" doch Alles ist?

Werde nicht besonders, sondern „Du selbst"!

„Du selbst werden" heißt dabei nicht, einen Endzustand anzustreben, sondern es ist ein ständiger spiralförmiger Wachstumsprozess zu deiner Seele, deiner Göttlichen Idee, mit ihren Themen hin!

Sei dabei Spirale - nicht Kreis und nie Fundament!

Diese Entwicklung ist aber immer ein spiralförmiger Vorgang in der Zeit und nie linear- Es ist quasi ein Umkreisen deines Lichtes, je größer man sich in seinem Ego selbst bewusster wird! und hin wächst zu seinem Selbst, als die größte erschaffene Vision seines Bildwerks, das er ja selbst ist und dieses Licht ist immer in Dir!

Erkenne so deinen Weg der Heldenreise als deinen spiralförmigen Sinn-wegweiser und nie als Fundament einer erstarrten Salzsäule. Lasse zu, das Wagnis der Erfahrung, der Eigenerfahrung. Der Lohn wird Selbsterkenntnis, verdautes Wissen, ja wirkliche Weisheit sein. Die Lebens-'leiden-'schaften erlitten, die Lebensfreuden gelebt, Erfüllung erhalten, auf deinem geheim-nisvollen Lebenspfad von Geduld, Hoffnung, Glauben und Vertrauen.

Fühle es:

> „Du brauchst dir die Liebe Gottes nicht verdienen
> und kannst sie auch gar nicht verdienen, aber sie aber dennoch erhältst,
> weil, oder wenn du dich mehr und mehr liebst!"[*]

---

[*] Karl Rahner, ein bekannter Religionsphilosoph bringt es auf den Punkt, wenn er in seinen Werken anmerkt: „Der Fromme von morgen wird ein Mystiker sein, einer der etwas erfahren hat, oder er wird nicht mehr sein."
und:
„Solange Religion nur Glaube und äußere Form und die religiöse Funktion nicht eine eigene Erfah-rung der Seele ist, so ist nichts Gründliches geschehen... Wer das nicht aus Erfahrung weiß, der mag ein Hochgelehrter der Theologie sein, aber von Religion (und damit wahrer Empathie!) hat er keine Ahnung und noch weniger von Menschenerziehung" (C.G. Jung)

„Ich bin" - Dornbuscheinsichten über Krebs

„Lass uns an diese Stelle, einmal besonders auf deine, kurz angesprochene Krebsthematik eingehen",

sprach das Dornbuschlicht zu dem Menschen

„Warum entsteht eine Symptomatik, ein Zeichen, eine Manifestation einer körperlichen Darstellung wie z. B. Krebs.

Vielleicht weißt du schon dass auch dass Krebs jetzt keine Krankheit ist, im Sinne, dass etwas in deinem Körper nicht funktioniert oder nicht in Ordnung ist, und möglicherweise nicht mehr lange funktionieren wird.

Es geht also bei jedweder Symptomatik und bei jedem Erkennbaren um das was dieses erkennbar gewordene sagen will.

Es hat eine Information für dich!

Interessiert dich der Briefträger, der dir die Post bringt oder interessiert dich eher das, was er dir an Botschaften übermittelt?

Es geht also darum, was dir deine Post sagen will, was der Inhalt deiner Briefe ist – sei es eine Rechnung oder ein Liebesbrief. Es ist beides, eine Rechnung im Sinne der Aufforderung, du hast etwas zu bezahlen, zu geben, weil du etwas bekommen hast. Du hast sozusagen eine Vorleistung bekommen, und jetzt hast du einen Energieausgleich zu geben, von dir und übersetzt, auf deine gegenwärtige Situation bedeutet das:

Du hast die Bereitschaft aufzubringen, etwas zu erkennen, zu akzeptieren, zu korrigieren, zu verbessern, dir bewusst zu machen - aber von was?

Die Bereitschaft zu akzeptieren, hier in dieser und jedweder Krankheit auch deine Göttlichkeit zu erkennen - und Göttlichkeit wiederum, im Zusammenhang interpretiert, bedeutet nichts anderes, deine alleinige Verantwortung für den „Krebs" und sonst niemand anders zu übernehmen – auch wenn es eine Autoimmunkrankheit ist.

„Autoimmun", das heißt du bist gegen dich!

Es geht im Wesentlichen um die Zurückhaltung deiner Emotionen, verdrängter Themen und du bist jetzt selbst eingeladen, die Qualität deiner Gefühle dazu zu erkennen, weil du sie zurückgehalten hast, weil du nicht dazu gestanden, sie im Dunkel und im Keller deines Bewusstseins verborgen hast.

Ja so ist es:

Da ist der Hass, da ist die Kränkung da ist das Leid, aus frühester Kindheit:

Ich akzeptiere jetzt diese Gefühle, ich sage ja dazu:

„Ich bin von dir, meiner Umgebung, meinen Situationen tief, tief, verletzt. Ja, es schmerzt mich, daran denken zu müssen, wie sehr du mich verletzt hast, aber die Frage auf der anderen Seite ist, wieso konnte es soweit kommen, dass du/Ihr mich verletzen konntet. War ich so schutzlos, war ich so verletzbar?"

Aber genau das ist der Punkt:

Du hast dich ausgeliefert empfunden, schutzlos zu sein, warst sehr verletzbar! Hier kommt das Bild des Wurmes, im Staub getreten von einem nicht wohlgesonnen, nicht veränderbaren Schicksal.

Aber sprach Gott nicht selbst: „Ihr seid meine „Ebenbilder"! - Wie lässt sich das vereinbaren?

Auf der einen Seite fühltest du dich wie ein Wurm im Staube, auf der anderen Seite soll ich erkennen, etwas Göttliches zu sein?

Das ist deine Aufgabe! – über tausend Schatten sollst du springen, auf dass es dir gelinge dein Glück zu finden und dein Glück bedeutet „dein dich finden!"

Du bist aufgefordert, dich wieder zu finden, in der Erkenntnis deiner Göttlichkeit, ihr „Licht" zu sein, die Liebe zu dir sein, in deiner Vollkommenheit deiner Unfehlbarkeit und der daraus kommenden Erkenntnis, und damit Überzeugung, dass du und jeder von uns niemals etwas falsch hat machen können. Egal, was du immer tatest, in welcher Situation und wann, war es „richtig"! – Es waren „Erfahrungen", die deiner Selbsterkenntnis dienten!

Gott war immer an deiner Seite und veranlasste dich, lies es auch zu, so zu handeln, wie du damals mit deinem begrenzten Bewusstsein gefühlt, gedacht und gehandelt hast! (*Aber es gilt: Errare humanum est, sed perseveravisse stultum!*)

Es gibt kein Gut oder Böse! – Es gibt ein nur „So- Sein" und dieses „Sosein" ist identisch mit Gottes Sein und Gott ist allgegenwärtig. Gott ist allmächtig und er ist die Liebe und so akzeptierst du es vielleicht jetzt durch diese Erkenntnis, dass diese Göttlichkeit in dir immer vorhanden ist.

Es gilt für deine Heilung zu erkennen, die Liebe zu dir zu sein und diese Liebe ausstrahlen zu können, zu allem zu jedem und in dem Augenblick es dir gelingt, deine Vergangenheit auszusöhnen, tritt Heilung ein.

Es sind eben genau die Situationen, die dir jetzt in den Sinn kommen, woran du jetzt denkst, die Person, die mit dieser Person in Zusammenhang stehenden Situationen - Du fühlst den Schmerz tief in dir, ein tiefer Schmerz, ein tiefer Schmerz und du sagst jetzt „JA" zu diesem Schmerz, du sagst „Ja" zum Leid der einen oder anderen Situation.

Du sagst „Ja, gelitten zu haben, verletzt worden zu sein zu jeder Kränkung, zu jeder Zurücksetzung zu jeder und „Danke" „Ja, Ja"! und nochmals „Ja"!

Wenn man dich auf eine Backe schlägt, halte auch noch die andere hin, das heißt die empfundenen Backenschläge dankbar anzunehmen und quasi als Informationsverdichtung zu interpretieren, wie du wieder zu deinem göttlichen Wesen, deinem Sein kommen kannst.

Nicht in unzufallender Weise konnte man dir auf deine Backe schlagen, fühltest du dich gerügt, gestraft!

Warum fühltest du dich bestraft, egal in welcher Situation deines Lebens?

Siehe, es sind alte Programmierungen in dir, alte Prägungen, durch emotionale Gebote:

„Wenn du das und das nicht tust, Gott wird dich strafen, dein Vater straft dich..." und du hattest Angst vor Bestrafung und Sünde, wie es dir so mit dem Bild eines Rachegottes eingeredet und eingeprägt worden ist.

Die Voraussetzung deiner Situation ist dann dein schlechtes Gewissen, das dich hilflos gemacht hat!

Wie viel kreative Lebensenergie ist so in deinem Körper als Wut, Hass, Trauer, Verzweiflung und Selbstmitleid und Hilflosigkeit gespeichert, die sich wie schon angemerkt gegen dich selbst gerichtet hast. Du selbst hast dich der Liebe verschlossen, meintest nicht gut genug für den anderen zu sein, aus deinem Gewissen.

Der Motor deines Autos, deines Körpers ist heiß gelaufen und steht vor dem Kollaps, dem Krebs.

Du bist also eingeladen, dein schlechtes Gewissen als Ursache, als Krankheitsursache anzunehmen

Jetzt kommt der Hit und wir sprechen jetzt nicht von deinem Gewissen, wir sprechen nicht von Verzeihen, nicht von Vergeben, sondern wir sprechen davon, dass ein Verzeihen nicht notwendig und ein Gewissen ebenso nicht erforderlich ist.

Du brauchst kein Gewissen zu haben - Du bist aufgefordert, gewissenlos zu sein!

Was heißt Gewissen? - Wie interpretierst du dies Gewissen bzw. das Wort „Gewissenlos"?

Du interpretierst es als Verantwortung!

„Habe ein Gewissen und ich habe ja die Verantwortung dafür und bin nicht gewissenlos, weil ich ja nicht verantwortungslos bin und so weiter und ich erziehe ja gewissensvoll und verantwortungsbewusst meine Kinder, zeige ihnen ihre Grenzen auf.."

Ein Gewissen zu haben ist fast wie ein Verbrechen zu begehen!

Du meinst, es sei jetzt schon sehr starker Tobak und dein Verstand meint:

„Sollen jetzt alle Menschen gewissenlos werden und ein totales Chaos entstehen?"

Missverständnis! - Hör dir doch mal an, wie wir Gewissen interpretieren!

Die Verantwortung, die du meinst in gewissen Situationen deines Lebens gehabt zu haben, kommt doch aus deiner Vorstellung und diese Vorstellung kommt aus dem, was du gelehrt worden bist und/oder in dich eingeprägt wurde. Gewissen bedeutet immer Einschränkung, Vorschriften, das dir Vorstellbare, die Grenzen deines Seins und deines Mensch seins und damit die Voraussetzung für Angst, Unsicherheit.

Die Krankheit entsteht aus deinem schlechten Gewissen. Ein gutes Gewissen gibt es also nur ohne Gewissen.

Dies bedeutet kein Gewissen als Mensch mehr zu haben, sondern als Mensch zu „wissen", im Sinne der Erkenntnis der Weisheit deiner Göttlichkeit. Und Gott braucht kein – Gewissen, weil Gott Liebe ist, die dich aus deinen Situationen heraus auffordert zu erkennen, was deine Lebensaufgabe, dein Sinn ist, im Hier und Jetzt.

Habe kein „Menschliches Gewissen" - Fühle dich nicht als Mensch in der ominösen ,erb' ~schuldigen Verantwortung!

.
Dein Menschsein ist begrenzt- Du wirst geboren und wirst sterben. Dein Körper wird aufhören zu funktionieren, aber das entscheidest du. Du kannst auch in der jetzigen Situation entscheiden „Nein, ich will nicht mehr".

Auf der anderen Seite ahnst du, was für wundervolle Dinge noch auf dich warten, in deinem Leben möglich sind und welche Perspektiven sich dir eröffnen, wenn du ohne begrenzendes Gewissen bist.

Was sagt Gott aus dem Dornbusch aber wirklich zu Moses – „Sei" sagte er zu Moses!

„Sei so wie ich, grenzenlos!" – „Ich bin", der ich für dich sein werde"!

d.h. „Ich bin"! - ein unbegrenztes Potential jenseits deines kleinen menschlichen Willens!

Gott käme niemals auf die Idee, dir zu gebieten im Sinne von „Tu das, tu jenes"!

Sagt Gott zur anderen Gottheit: „Ich gebiete dir so und so zu sein und nicht anders" – Ist das nicht lächerlich?

Kein Gott würde zu einem anderen Gott sagen: „Tue das oder tue das nicht"!

Jedes göttliche Bewusstsein sich im anderen göttlichen Bewusstsein erkennend, respektiert das andere als ein göttliches Bewusstsein!

Das heißt, das einzig Richtige ist "Respekt"!

Du kennst die Interpretation von Respekt:

„Re" – ist altägyptisch- die Sonnengottheit, Quelle und Ursprung des Lebens. „Spektrum" ist ein Teil, wie ein Sonnenstrahl, wie ein Engel des Allumfassenden.

Wenn du deinem Nächsten und dir mit Respekt begegnest, mit Bewunderung seiner Göttlichkeit, mit Respekt, ehrst du im Anderen das Göttliche. Das heißt, der Focus deiner Aufmerksamkeit ruht auf dem Göttlichen. Dein Leben ist dann mit Göttlichen erfüllt und damit ist jedweder Symptomatik der Boden entzogen. Dein Körper braucht dann nichts aus der Ordnung gekommenes darzustellen.

Es ist eine reine Information:

Wenn der Treibstoffanzeiger gegen Null fällt, ist es ja auch kein Fehler, sondern nur die Aufforderung:

„Fülle Treibstoff oder Öl nach"! - wenn die Öldruck Kontrolle aufleuchtet.

Es ist es nur die Aufforderung, der Hinweis, „Fülle Öl" nach, ansonsten droht der Klobenfresser im schlimmsten Falle „Krebs" – d.h. die Symptomatik deiner Körperlichkeit, sprich Krebs, was auch immer, du an Anzeichen hast, ist nur die Aufforderung etwas nachzufüllen und gleichzeitig, weil diese Aufforderung da ist und gegebenenfalls ein Zeichen des weiteren Funktionierens deines Automobils einerseits, deines Körpers andererseits.

Dein Körper funktioniert, ist in Ordnung, zeigt alles im „Grünen Bereich" an.

Freue dich darüber und sei deinem Körper grundsätzlich dankbar, dass er dir etwas Wesentliches über deinen Mangel angezeigt hat. Nun, was ist aber jetzt im übertragenen Sinne:

Das Öl dient der Überwindung der Reibung. Reibungen sind aber Widerstände. Die Widerstände in deinem Leben sind deine Situationsdarstellungen, deine Schwierigkeiten, deine Herausforderungen. Die Situationen mit denen du zu tun hast, seien es beruflich oder privater Natur – das sind die Reibungen!

Jetzt kannst du in Konfrontation gehen und die Reibung mit Reibung beantworten. Dann aber kommt es zur Blockade: „Motorschaden" - gleich „Kaputt" oder jetzt vorher „Öl nachfüllen", was gleichbedeutend ist, mit Gleitmittel, gleich Verständnis, Akzeptanz.

Das heißt, ich diskutiere nicht mit dem Anderen und gehe nicht auf seine/deren Herausforderungen, sprich Reibung ein, sondern ich akzeptiere deren Standpunkt, deren Sichtweise.

Der Andere meckert, dass ich etwas nicht in Ordnung gebracht habe, der andere meint, ich hätte es falsch gemacht etc...

Ich akzeptiere, dass der andere meckert, dass er gerade meckert, bedeutet, dass ich ihm gerade als Spiegel zur Verfügung stehe und daher auf diesen Spiegel hin meckert.

Aber gerade, wenn jemand mit dem Zeigefinger auf jemand anderen zeigt, zeigen interessanter Weise „drei Finger" auf ihn zurück!

Also liegt das eigentliche Problem, bei dem der meckert, der scheinbar ein Problem mit etwas hat aber nicht bei mir! - d.h bei meiner göttlichen Unfehlbarkeit.

Wir sprechen da von der göttlichen Ordnung! - Du bist aber diese göttliche Ordnung - Der Himmel auf Erden – Alles ist in Ordnung, d.h. du bist mit deinem Leben einverstanden.

Warum bist du nicht mit deinem Leben einverstanden?

Was drängt an die Wahrheit, an das Licht deiner Sinne des Erkennens?

Was kannst du nicht mehr länger zurückhalten?

Deine Verzweiflung, deine Trauer, deinen Schmerz, deine Wut, die du in Form deiner Krankheit, besonders im Krebs, gegen dich selber richtest.
Du hast dich dabei sehr weit entfernt von deinem Sosein, deinem Licht, deinem Göttlichen Kern. Aber je weiter du dich entfernt glaubtest, desto näher bist du diesem Ziel wieder gekommen.

Jetzt befindest du dich sozusagen, wenn man das so sagen kann, auf der Zielgeraden. Du erkennst als das Ziel das Ende des Tunnels und ein Tunnel ist nun mal eine Enge. Da ist es dunkel und es symbolisiert sozusagen deine Angst deines Geburtsvorganges und denke dabei an den Geburtskanal und den Geburtsvorgang. Denke an die Presswehen, denke an den Schmerz und deine Schwäche.

Hattest du damals ein Gewissen?

Du hast deiner Mutter Schmerz zugefügt bei deinem Vorgang der Geburt und warst du eher gewissenlos, hast es einfach geschehen lassen, einfach akzeptiert. Und dann hast du geschrien:

„Ich will mein Recht - Wo ist die Wärme, wo ist die Geborgenheit, wo ist die Versorgung".
.
Du hast geschrien und gebrüllt, und hast darauf bestanden, auch in stinkenden Windeln versorgt zu werden. Hattest du da ein Gewissen, ob jemand überfordert war, müde war? Es hat dich nicht interessiert. Es ging um dich und um dein Überleben und das Überleben wiederum war die Freude deiner Eltern. Aber eigentlich warst du gewissenlos, rücksichtslos.

Du wurdest respektiert!

Sei also auch du wieder grundsätzlich in heiligem Respekt und Bewunderung für dich, welch großartiges gewissenloses Wesen du doch bist.

Du kennst das Wort Jesu:

„Wenn ihr nicht werdet wie die Kinder, werdet ihr nie das Himmelreich sehen!

Auf der polaren Ebene darfst du also Grenzen ziehen, um deine Göttlichkeit zu respektieren. Aber jetzt natürlich ist die Frage, wo oder wann Grenzen ziehen wo keine ziehen?

Du erkennst es daran, wie dein Leben, deine Körperlichkeit funktioniert, du in Handlungsmöglichkeiten schwelgen kannst oder ohnmächtig in der Ecke kauerst, mit einem Gewissen voller Ängste kurz vor dem Kolbenfresser „Krebs", oder ob es dir gelingt, deine Spielräume, dein Leben, in Fluss zu bringen, durch das in Anspruch nehmen deiner göttlichen gewissenlosen Macht, die dir erst wieder Spielräume eröffnet und dich unabhängiger von der Meinung und Ansprüchen der anderen macht.

Der Druck der anderen, mit ihren ebenfalls begrenzten Programmen, ist ja nur ein „göttliches Spiel", das dir bewusst machen soll, in welchem engen Hühnerstall du sitzt.

Da ist aber nicht die Weite und Fülle der Göttlichkeit zu finden. Hier wirst du nie mehr dein Leben gestalten können. Durch einseitiges Geben wird der andere dir dies nie erfüllen - Dein Glas Wasser ist leer und du kannst dann den anderen daraus nicht trinken lassen, in der Hoffnung, er befreit dich.

Geh du erst wieder zurück zur Quelle, zur Wasserleitung d.h. zu dem Urvertrauen in die Göttlichkeit und lass dich füllen über das Symbol des brennenden Dornbuschs und dein Leben erfüllt sich dann. Dann kannst du der totalen Hingabe deines göttlichen Seins dienen. Du dienst dir und dein Auto läuft wieder!

Dies kann aber erst geschehen, wenn du deine verdrängten Gefühle und Emotionen wieder auftaust, sprich befreist und sie wieder in Fluss bringst. Du musst dich wieder trauen z.B. auch mal zornig zu sein, Emotionen mit ihren Bedürfnissen dem anderen zu spiegeln und sie nicht im Inneren nicht wahrnehmbar einzusperren, bis sie dich innerlich auffressen.

So gebietest du deinem schwerkranken Körper in Liebe und sagst diesem Körper, diesem Instrument des Darstellens deiner Situationen:

„Mein geliebter Körper ich gebiete dir und du lächelst, weil dein Körper dich schon verstanden hat. Ich gebiete dir auch weiterhin alles darzustellen, und ich glaube an diese Darstellungen an alles, was ich fühle und jetzt gieße ich Öl nach, Treibstoff, Glaube, Vertrauen, Einverstanden sein und ich sehe, wie du es mir anzeigst O du mein getreuer dienender Körper und alle Bereiche gehen wieder auf „grün". Der Triebstofftank ist wieder auf Grün, der Öldruck in Ordnung. Ich habe dir gegeben, was du mir gesagt hast – ich gab mit Selbstwerteinschätzung - Vertrauen - Liebe und Respekt - Ich respektiere die Göttlichkeit meines Seins, damit die Unfehlbarkeit meines Seins und damit mein „Heilig sein", in jedweder Art mit der ausgeschlossenen Möglichkeit dass irgendetwas in meinem Leben geschehen könnte, was nicht meinem „Heilsein" dient oder entspricht."

Dir fällt da vielleicht ein altes Gebet ein:

„O Herr nimm hinweg das Zittern meines Herzens"

… und Gott nahm dir das Zittern und er schenkte dir dafür Ruhe, Gelassenheit, Geborgenheit und das Gefühl einer unerschütterbaren Sicherheit.

„Mein Leben ist gut! - Es geht weiter. Ich habe nach dieser grundlegenden Katastrophe, sprich grundlegenden Wende, ein neues Leben geschenkt bekommen, auf der Basis meines Selbstwertes meiner Göttlichkeit.
Das wiederum ist ein Kommen in die Fülle, aus den Ängsten in die Geborgenheit – Aus der Sehnsucht nach Liebe, in die Erfüllung, wo ich wieder wahre Liebe erleben kann."

Worin richtest du nun deine Aufmerksamkeit, egal welch schwierige Situation du in deinem Leben hast. Lässt du dich nur von außen beeinflussen oder bist du bereit geworden, auf dich selbst zu vertrauen und in deine Eigenverantwortung, in deine göttliche Gestaltungsmacht zu gehen, die Herausforderungen deines Lebens anzunehmen und immer wieder aufzustehen, im Glauben an das Göttliche in dir.

Vertraue dieser Kraft, dem Energiepotential des Unendlichen, das in dir ist *(Das Königreich ist inwendig in euch!)* und vertraue nicht der Nussschale deines kleinen Egos, das auf dem Allumfassenden Meer, dem Pool deiner Kraft, all dir möglichen Erkenntnisse und Möglichkeiten schwimmt.

Erkenne, dass du aufgefordert bist dieses Vertrauen zu entwickeln, es in Dir zu gebären, die Geburt des Lichtes, der Kraft des Kosmos in dir zu vollziehen.

Nicht länger hast du Zeit dazu anderen vorzuwerfen, was sie nicht dir mitgegeben haben.

Nicht länger ist die Zeit, nur zu klagen über das, was bist jetzt gewesen ist, dich herauszureden, zu begründen, warum der andere schuld war, denn es gibt kein " Warum"!

Es gibt nur ein "Jetzt - Tu es, jetzt- Tu es, aus deinem „ Ich bin" heraus"!

Dieses Selbstbewusstsein, diese Kraft deines ursprünglichen Seins, wo du nach wie vor mit dem Zentrum der Kraft des „Kosmos" in Verbindung stehst, ist nach wie vor in dir angesprochen und soll jetzt, in deinem Bewusstsein neu geboren werden.

Erkenne, dass dieses Integrieren deiner Vergangenheit, also damit einverstanden werden, eine immens bedeutungsvolle Aufgabe - eine Voraussetzung ist, um in eine für dich neue Zeit, mit neuen Möglichkeiten in Berührung kommen zu können.

Hüte dich davor noch weiter Angriffspunkte in dir herum zu tragen, im Sinne, dass du mit den Situationen deiner Vergangenheit nach wie vor nicht einverstanden sein willst und ständig haderst.

Nütze die Chance, die du hast, dich nun selbst zu therapieren. Nütze die Chance, die du hast dich nun selbst zu heilen, dich selbst in dein Licht hinein zu führen:

Es ist immer deine Entscheidung, es ist dein es zulassen, es dein, es wollen - Es ist dein es tun, es ist dein „Jetzt" tun.

Geh hinein, in die gefühlte Botschaft aus dem flammenden Symbol deines Dornbusches" und lass es dir schenken und fühle es:

„Ich bin die Kraft, Ich bin die Stärke, Ich bin die Wahrheit meines Seins!"

Vielleicht manifestiert sich diese Kraft aus diesem brennenden Dornbusch als die Legende, als Bild von Siegfried dem Drachentöter und du siehst und fühlst es, auf deinem „inneren Bildschirm" bzw. vor deinem geistigen Auge:

„Ich bin diese Kraft und Stärke – Ich bin der Meister meines Lebens".

Atme es tief ein, um es Dir bewusst werden zu lassen.

Du hast alles in dir. Dieses „Alles in dir haben", weißt natürlich auf das in dir vorhandene Urvertrauen, Urkapazität der Stärke, der Sicherheit und auch des dich lieben können hin.

Du hast diese Urkapazität in dir. Deshalb bist du nicht darauf angewiesen, sie irgendwann einmal zu dem Beginn deines jetzigen Lebens von irgendjemand bekommen zu haben.

Also, die Motivation und Erklärung deines Verstandes, die dir immer sagen wollte, weil der oder die oder er ihre Pflichten mir gegenüber nicht oder nur unvollkommen imstande war, zu erfüllen, weil das so war - deshalb bin ich nun so und so geprägt, gilt, von nun an nicht mehr.

Bis jetzt konntest du dich damit durch das Leben schwindeln. Du konntest immer sagen, weil...

Aber jetzt, mit der Erkenntnis und Mangelanzeige deines Körpers, dass du zuinnerst alles mitgebracht hast und es durch dich, mit deiner Schöpferkraft, in diese Welt hinein gebären lassen kannst, kommst du in den Umstand die Dinge aus dir heraus zu kreieren. Die alleinige totale Verantwortung der Kreation, der Gestaltung deines, von nun ab, sich so darstellenden Lebens, hast du ganz alleine.

Deshalb beobachte sehr genau was du tust, was du denkst, fühlst, was du glaubst und erwartest, und aus all diesen Kriterien heraus werden sich sehr deutlich mit einigen Verzögerungen die äußeren Darstellungen ergeben.
Je sicherer du bist, je vertrauensvoller du dich mit innerem Halt und Einklang zu deiner Seele fühlst, umso schneller erreichst du das erwünschte Ziel.

Selbst, wenn dein Ziel im Detail nicht gewünscht worden ist, so ist es doch unbewusst in dir gespeichert und es ist schön, wenn du es der Göttlichkeit überlässt, was diese meint, für dich die richtige Form zu sein.

Wenn du dir eingestehst, alles grundsätzlich, wenn oft auch noch unbewusst in dir zu haben, in Dir ein vollkommenes Wesen zu sein, die Vollkommenheit der Göttlichkeit zu tragen, so geschieht in diesem Augenblick etwas Wundervolles:

Du strahlst bedingungslose Liebe zu dir aus, grenzenlose Bereitschaft des Verstehens in deine Umwelt, nichts Menschliches ist dir dann mehr fremd. Keine Wünsche, die im Rahmen deines Lernprogrammes an dich herangetragen werden, sind für dich zu groß oder können dich nicht mehr ausnutzen!

Keine Forderung kann dich überfordern, weil du die unermessliche Kraft des Kosmos in dir trägst, weil du mit dem Hauch eines Gedankens, die Dinge gestalten lernst. Mit dem Hauch eines Gedankens, des intensiven Fühlens gestaltest du es energetisch aus deinem Bewusstseinskraftfeld heraus.

Es geht um dein Bewusstseinskraftfeld, das du im Licht des Dornbuschfeuers spüren kannst. Es ist eine Energie deines Bewusstseins und deren Inhalte stellen sich im Äußeren dar. Also, nicht mehr ein vordergründiges Denken, nicht mehr ins konkrete Detail gehen, einfach über den Bewusstseinsinhalt gestalten, obwohl kaum von einer positiven Vorstellung zu unterscheiden, geht es über das Gestalten mit dem Bewusstseinsinhalten, mit einer weitaus stärkeren Kraft.

Geklärter Bewusstseinsinhalt ist die Botschaft deiner neuen Zeit, deshalb auch der Prozess der Reinigung, um keine Verunreinigung, Altlasten von Fremdprogrammierungen weiter in dir herumzutragen, wo du ja jetzt aus dieser Bewusstseinsqualität heraus, deine Gestaltungsarbeit zu leisten bereit bist.

Im konkreten Beispiel des Urvertrauens, erfüllst du dein Bewusstsein mit Vertrauen:

Du atmest dieses Vertrauen ein, zum Beispiel mit dem Mantra:

> „Ich bin" eins mit Gott, dem Allumfassenden!"

oder:

> „Ich bin die Kraft und Stärke, Ich bin der Meister meines Lebens!"

Du gestaltest dein Bewusstseinsinhalt so mit Vertrauen und fühlst dich vertrauensvoll in dieses, mit Vertrauen erfüllende Bewusstsein ein.

Vorstellungshilfe:

Die Buchstaben, das Wort "Vertrauen", visualisierend in großen Lettern am Firmament erscheinend als Sternenbild oder wieder als eigenes auftauchendes Kraftsymbol, aus deinem Inneren. Während du nun diese Kraft des Vertrauens einatmest, gestaltet sich nun dein Bewusstseinsinhalt mit reinem Vertrauen.

Lasse dich von dem Vertrauen, das dich umgibt erfüllen!

Das Licht, das Gefühl des Vertrauens umgibt dich, berührt dich und jede Zelle deines Körpers. Vertrauen umgibt dich - Vertrauen atmest du ein, Vertrauen denkst, du Vertrauen empfindest du und der Energiepegel deines Vertrauens, steigt und steigt ins Unermessliche. Du komprimierst das Vertrauen in dir.

Es wird zur neuen Stabilität und Sicherheit deines Lebens, über den Vorgang des Einatmens erlebbar, Vertrauen in die allumfassende Göttlichkeit.

Dann hüllst du darin liebevoll, all die Menschen, die es im Laufe deines Lebens es dir gegenüber an Darstellungen deines Vertrauens haben mangeln lassen, ein. Sei da großzügig und schenke vom Übermaß deines Vertrauens anderen aus, um Mangelerscheinungen auszugleichen.

Gehe nun hinein in diese neue Energie des Vertrauens und nimm alle Menschen mit, die du gerne mitnehmen möchtest. Fühle diese unendliche Kraft des Vertrauens in dir, fühle seine Stärke, seine Intensität.
Lasse die heilende Wirkung des Vertrauens in dir zu. Lasse dich Heilen von der Kraft dieses Vertrauens, Verletzungen der Seele, des Herzens, deiner Körperlichkeit. Alles was dich jemals verletzt hat. dein Vertrauen heilt dich "Jetzt".

Dein Vertrauen ist die heilende Kraft, der beste Schmierstoff deines Lebens, besonders bei Krebs. Als die Kraft, die von nun an dein Leben gestaltet, erfüllt sie nun dein gesamtes Bewusstsein, erfüllt nun dein gesamtes Bewusstsein.

Nutze so die kostbare Gelegenheit des menschlichen Lebens, um dich selbst zu heilen, dich voranzubringen und dein wahres Wesen kennen zu lernen:

Deine Identität als ein Kind Gottes. Wenn du anfängst, aus dem Blickwinkel deiner Seele zu sehen, wirst du ein schöpferischer, kraftvoller, ursprünglicher und genialer Mensch.

Du beginnst, in die Ebene der Meisterschaft deines Lebens einzutreten und du weißt, dass du Licht, Liebe und eingebettet in alles, was ist. Du hast dann alles, einschließlich des objektiven Wissens deines Geistes. Dein Geist, jetzt als bewusster göttlicher Funke, als Höchste Version von dir, hat dann immer Zugang zu deiner Ganzheit und zu Heilungswundern.

Du fühlst dich dann im vollen Maße wert, geliebt zu werden und alle „guten" Dinge zu empfangen. Dieser Geist in dir ist das, was die Einheit nie verloren hatte. Er wartet darauf, dass du das erkennst und verwirklichst, dass du aus deinen begrenzten Vorstellungen aufwachst und wieder als Teil des göttlichen Geistes lebst, dich harmonisch und sinnerfüllt erfahrend.

Das Symbol des „Brennenden Dornbuschs" verbindet dich mit Ihm! – deinem:

„Ich bin, der Ich bin!"- „Ich bin die Klarheit meines Seins!"

Seele und Körper

Da jammern sie heute immer wieder: Es gibt für jede körperliche Erkrankung Ärzte: „Welchen soll ich denn nehmen"?

Lungenärzte – HNO Ärzte - Etnomediziner- Urologen- Augenärzte - Naturheilkundler, Heilpraktiker, Orthopäden – Masseure – Ayurveda – Onkologen – Strukturvertriebsprodukte und der/die Krebskranke jammert:

Meine Tumormarker sind heute wieder gestiegen – Was soll ich tun! - anstatt: „Warum habe ich das Malheur!"

Ja! – Ja! – das ist ja ok! - und sinnvoll - wenn das Kind schon schmerzlich im trockenen Brunnen liegt!

Die Symptome werden bekämpft aber die Ursachen nicht und sie wirken weiter !

Denn wo liegen die UR –Sachen –Das Ver-„Ur"- sachende :

Es gibt nur ein Bewusstsein für dich, das alles verursacht: DEINES!
Der Körper ist der Übersetzer der Absichten und Themen deiner Seele ins polare Leben!

Aber die schwerwiegendste Konsequenz, die heute wieder nur wenige verstehen:

Die Seele ist aber nicht daran interessiert, was du tust, sondern mit welcher Einstellung bzw. blockierender Prägung es erfolgt, um ihre Absichten zu erfahren! Denn wenn sie nicht gehört wird, teilt sie sich über den Körper mit! - und ernährt viele Klempner, statt sich aus dem Bewusstsein oder mit ihm „Heilwerdung", über die fehlende Information bzw. Schmierstoff für Gesundheit selbst zu holen!

Wenn du also heil wirst im Bewusstsein, dann erfährst du Heilung auf der körperlichen Ebene!

Deutlicher übersetzt:

Du kannst eine Blume mit noch so viel Hilfsmitteln, wie Genmanipulationen, Züchtungen, Düngern, Nährstoffen, spezieller Erde beglücken, wenn aber das verbindende Wasser = Bewusstsein fehlt, nützt das garnichts!

Wunder und Stille

„Weißt du übrigens, wie du ganz allgemein formuliert, zu diesen Wundern in deinem Leben kommen kannst?

flüsterte es weiter aus dem flammenden Dornbusch:

oder aus anderer Perspektive:

„Ja"- Die eigene Sicht erzeugt die Realität der eigenen Sicht!

Aber die Aufgabe der eigenen Sicht, zugunsten einer größeren Sichtweise, in und aus dir, bewirkt Veränderung der krisenhaften Umstände, wo du wieder handlungsfähig wirst!

Werde dir bewusst, dass du ein spirituelles Bewusstsein hast, über das du in die Bereiche kraftvoller Magie eintreten und durch eine innere Bewegung und Veränderung die Naturgesetze außer Kraft setzen kannst?

Dein spirituelles Bewusstsein, als ein Wirken und Bewirken, aus deinem Geist heraus, ist eigentlich ein ursprüngliches Bewusstsein, das unbewusst geworden ist. Du immer Träger dieses Bewusstseins, und in dem Maße, in dem du dich zur Bewusstheit deines wahren Selbstes, als deine Seele, hin entwickelst, wirst du seine Qualitäten wieder wahrnehmen. Es besitzt psychische und hell- und weitsichtige Gaben, und es benutzt seine Kräfte zuweilen, um die Naturgesetze auf zu heben und Wunder geschehen zu lassen.

Jeder Mensch besitzt in irgendeiner Form mediale Fähigkeiten, die öfters unbewusst wirken. Solche Gaben, bewusst angewandt, können nicht nur im Dienst, für andere genutzt werden, sondern auch für dich selbst sehr hilfreich sein. Es hängt alles davon ab, ob dein Ego oder dein Höheres Bewusstsein im Sinne von „Dein Wille geschehe" das Sagen hat. Dieses ganzheitliche Bewusstsein realisiert, dass es mehr Kräfte gibt, als man im normalen Alltagsleben erkennt, und es lässt sich dein ganzes Lebensnetz überblickend auf dein Leben und andere Menschen auf dieser Ebene ein.

Erinnere dich, dass du die Gabe hast, Wunder zu wirken?

Ein Wunder ist Gottes Antwort auf die Fallen und Zwickmühlen, in die du geraten bist, und wenn du dann nicht mehr weiter weißt und du zum Loslassen gezwungen bist.

Wunder ereignen sich dann, als eine Folge der Liebe und der Macht der Göttlichkeit in dir und lässt dir Hilfe von außen zuströmen.

Wunder setzen die Naturgesetze von Zeit und Raum außer Kraft und legen eine Situation in Gottes Hände. Sie sind Geschenke, die zu dir kommen oder die durch dich wirken, wenn du es zulässt und sie sparen eine ganze Menge an Zeit und Entwicklungsarbeit.

Wunder erinnern dich immer daran, dass du ein Kind Gottes bist und nur das Allerbeste verdienst. Sie heben dich auf eine spirituelle Ebene und lassen dich erkennen, wer das ist, zu dem zu dich entwickelst.

Die Magischen „Drei Worte" für Wunder

Und er nahm ihn, zog sich mit ihm zurück, und sagte ihm drei Dinge.
Als Thomas aber zu seinen Gefährten zurückkam, fragten Sie ihn:

„Was hat Jesus dir gesagt?"
Thomas sagte Ihnen:
„ Wenn ich euch aber nur eins der Dinge sagte,
die er zu mir gesagt hat, werdet Ihr Steine nehmen
und auf mich werfen;
Ein Feuer wird aus den Steinen kommen, und Ihr werdet euch verbrennen."
(Thomasevangelium)

Dies sind auch wieder die „Drei Worte" des Flammenden Dornbuschs:

„Ich bin die <u>Kraft</u>, die <u>Stärke</u> und die <u>Wahrheit</u> meines Seins„

„Ich bin in Gott und Gott ist in mir"

Ganz einfach formuliert, musst du vielleicht einmal von dir selbst zurücktreten und nur beobachten. Reiche deinem Verstand dabei öfters eine beobachtende Funktion zu, und du wirst überrascht sein, welche Wunder in dein Leben treten können.

Wusstet ihr, dass jeder wirklich "Große Weltenbeweger" immer aus der Einsamkeit und der Stille einer Wüste kam! - ob sie Moses, Jesus oder nun Buddha etc. hießen?

Sie kamen nie aus den prominenten Angepassten, die ihre Größe aus der Bewunderung und Nachahmung von Mainstreams oder Ideologien, gefeiert von oder in Massenveranstaltungen bezogen, die sie eigentlich zu Intoleranten und Sperrmauern gegen jedes eigene geistige Wachstum werden lässt!

Sie feierten eine Auferstehung aus ihrem tiefsten Inneren über ihren „Flammenden Dornbusch" wo sie zuvor unter körperlichen und psychischen Schmerzen ihr bisheriges Ego, mit seinen Meinungen und Einstellungen über sich oft schmerzhaft loslassen mussten, zugunsten etwas Größerem aus ihnen!

Das nennt man spirituelle Krise oder „Dunkle Nacht der Seele"! (*eigentlich: „Nacht des Egos"*), wo das Göttliche neue Blüten und Samen für den erblühenden Dornbusch hervorbringt, im „Göttlichen Feuer der Zeugung", von dem das Tagesbewusstsein nicht viel mitbekommt und meint in einem depressiven Loch mit Krise, ohnmächtig zu stecken, aber das zu gegebener Zeit ins tägliche Leben durchbricht und sich in der Welt der Körperlichkeit kreativ in neuen Situationen, Sichtweisen oder Anlagen sinnerfüllt manifestieren möchte.

> Dunkle Nacht der Seele:
> „Schreite fort, auch wenn es kein Ziel gibt.
> Versuche nicht die Entfernung zu überblicken,
> Das ist nichts für Menschen,
> Geh nach innen aber bewege dich nicht so, wie es die Angst gebietet!
> (Rumi)

Also! - Menschen mit weitem offenem Geist, haben dadurch Zugang in das stets rege Meer des Allumfassenden, sind offen dafür!

Dieses Meer ist beileibe keine Friedhofsruhe, frei von jeglicher Tätigkeit. Es ist eine schwangere „Leere" und unerschöpflich, quasi ein Lagerhaus mit offenen Türen. „ES" ist die Geburtsstätte aller Erscheinungsformen, die für dich, gemäß deinen Anlagen, möglich und vorhanden sind. Ein unbegrenztes Potential an Schöpferkraft ist in ihr enthalten, das nach Ausdruck verlangt.

Jeder Augenblick, mit seinen Situationen, ist das Tor. So kann jede Bewegung, jede Idee, jeder Wunsch. zum Samenkorn einer Schöpfung werden. Kreativität und Inspiration sowie Assoziationen geschehen einfach in dieser Stille und Leere beim Loslassen des kleinen „Ich" - Willens.

Spontan ermöglicht sie die Geburten aus dem Allumfassenden Geist aus dem „Alles was ist" und sein kann, existiert.

Beim Loslassen von Leistung, Druck, Norm, Moral und Denken, steigt dieser „Geist aus der Flasche" oder wenn du es als „Feuer aus dem Dornbusch" sehen willst, ins Bewusstsein auf und kann sich dort entfalten.

Er sorgt durch diese („Wüsten~)Stille für das Material, das Wissen und Kunst erschafft und Gefühle, Assoziationen und Formeln folgen diesen Inspirationen nach, verbunden durch den notwendigen Prozess des Verstandes mit seinem Denken, der es in materielle oder geistige "ER„- „Schein"-ungsformen" bringt.

Erkenne den Dreiklang des Ganzheitlichen Bewusstseins!

Der Verstand ist Leiter, aber nicht Leitung!

Er verbindet das Innere zielgerichtet und sinnhaft mit dem Äußeren!

Das Gefühl beschreibt das dabei Empfundene und was es „wert" ist!

Die Intuition liefert die objektiven zielführende Bilder/-Thematiken aus dem Inneren der Seele, um was es im Leben in seinen Situationen geht, das auch durch Symboliken, wie z.B. den „Brennenden Dornbusch" als Inspiration ins Tagesbewusstsein aufsteigt. Dies kann auch durch Träume geschehen!

Die Intuition als objektives sinnhaftes seelisches Wissen muss nun mit Herz und Verstand in Einklang gebracht werden, um in der Welt als Lebensfluss ohne Blockaden erfahren werden zu können!

Der passende „Ich bin.." Satz, ist der, alles erhebt, unterstützt und einschließt!

Der Unterschied zwischen impulsiver emotionaler Reaktion und Intuition!

Oft kommst du in die Lage, zwischen jenen Impulsen, die ihre Wurzeln in deiner eigenen Unsicherheit haben, und jenen, die von deinem Selbst/Seele stammen, zu unterscheiden.
Mit wachsendem Bewusstsein und zunehmendem Einklang mit deinem Selbst, lernst du zwischen impulsiven Reaktion und intuitivem Handeln zu unterscheiden.

Der Unterschied zwischen Impuls und Intuition ist folgender:

»Ein Impuls fühlt sich an, als müsse ihm augenblicklich schnell Folge geleistet werden. Zögerst du, so verfliegt angeblich die Gelegenheit.

Ein Impuls oder Instinkt setzt dich unter Handlungszwang. Handelst du dementsprechend, fühlst du dich hinterher leer und unbefriedigt. Es erscheint oder erschien dir wie ein Strohfeuer.

Je mehr du dich aber der eigenen Erkenntnisarbeit widmest, besonders in der Stille, wo sich der See deiner Emotionen aus dem Herzen beruhigt, desto häufiger bemerkst du Unterschiede in den verschiedenen Botschaften, die zum einen aus dem begrenzten Verstand mit dem emotionalen Feuer der Werturteile deines Herzens kommen und zum anderen aus deiner Intuition stammen:

Emotionale Botschaften beruhen oft auf unreflektierten Mangelgefühlen, Furcht sowie, auf Schulddenken und entstammen aus einer mehr oder minderen Bedürftigkeitssituation.

Intuitionsgesteuerte Botschaften sind für gewöhnlich liebevoll und beruhigend, ermutigend und machen keine Angst. Sie verlangen für gewöhnlich keine unmittelbaren schnelle Handlungen. Weiterhin erfordern diese nur selten angstbesetzte radikale „Kurswechsel", die meist ohne angstbesetzt zu sein, als kleinere, allmählich Veränderung herbeiführende Schritte auftreten.

Wer wirklich länger in die Tiefe einer Stille geht, in ihr verweilt, wird auf jeden Fall schwanger und muss gebären für das Leben. Tut er das nicht wird es ihm „schaden!", weil er sich IHM verweigert!

„Wir brauchen nicht in den Himmel hinaufzusteigen, noch aus uns selber hin- auszugehen. In der Welt selbst und der eigenen Tiefe finden wir die geheim- nisvollen Bereiche, in denen wir Gott erleben können." (Theresa v. Avila)

Wenn du so diese grundsätzliche Bereitschaft aufbringst, wirklich wundervolle Dinge der Erfüllung, des Unvorstellbaren, in dein Leben einfließen zu lassen, dann geschehen sie einfach.

Ein Wunder ist dann das, was außerhalb den vorstellbaren Möglichkeiten deines Denkens und Glaubens liegt und das ist hier der Punkt:

Deine Aufgabe dabei: „Tun, was im Augenblick zu tun ist! - Der schwangeren „Leere" mit seinen kraftvollen Symbolen aus dem Inneren, Raum lassen, selbst in einer empfundenen oder realen Wüste des eigenen Lebens, im Tun öfters inne halten, um dem Wunder durch diese Kräfte die Chance zu geben, sich im Leben zu manifestieren!

So gesehen, ist zum Beispiel in dem biblischen Spruch oder Mantra „Dein Wille geschehe" eine große „tiefenpsychologische" Wirkung enthalten.

Im Tagesbewusstsein ist dann alles vorhanden, um das Leben als Herein-forderung des Alltages zu gestalten bzw. wieder freie Entscheidungen im Alltag eigenverantwortlich wieder zu treffen bzw. treffen zu können!

Es liefert Vertrauen in das Leben und wenn du aus deinem Tiefen Inneren, zusammen mit deinem Gefühl, deinen Willen (als für was!) zielgerichtet ein-setzt dann passt es!

De Wille allein nützt nichts, wenn er keinen Sinn und Unterstützung aus deinen seelischen Kräften, wie hier, durch das mit Gott verbindende Symbol des „Brennenden Dornbusches bekommt!

Der Wille des Menschen kommt dann wirklich zielgerichtet zum Einsatz, wenn eine innere Beziehung, sinnhaftes Verständnis, für das Thema seiner Reise erkannt wird. Das Wörtchen "Sinn" kommt dabei aus dem germanischen „Suina" bzw. „sin" oder „sent" - d.h. reisen, unterwegs sein! – was heißt:

Die Seele möchte eine bestimmte Reise machen d.h. Erfahrungen sammeln!

Wille und Sinn arbeiten dann zusammen und lässt dem Unbegrenzten Raum, wie es deinen Glauben manifestiert!

Aber über allem sollte also der höchste Bewusstseinsgrad stehen:

„Ich lasse seine Realität durch mich strömen und gestalte sie"!

Die alleinige Schulung des begrenzten wirkenden gesteigerten Willens!- mit seinem verstandesmäßigen "Tun" wollen, erscheint der Seele dabei, als fina-les Ziel absurd und geht an der Ganzheit vorbei. Sie bekommt eigentlich nur wirklichen wirksamen Sinn, wenn Intuition, Gefühl und Verstand und Tun im Einklang miteinander arbeiten, ansonsten schießt der Mensch, mit seinem geschulten Willen ständig aufs falsche Tor, seelische Wirklichkeiten, mit ihren Lernthemen schmerzlich verkennend!

Beispiel:

Da ist ein exzellenter Klavierspieler, der sich mit angeblich freiem Willen beschwert trotz seines Talentes nicht mehr Anklang mit seiner "authentischen Freude" und Berufung zu finden und in der Speditionsfirma seines Vaters als Lebensunterhalt "Abteilungsleiter "spielen" zu müssen!

Leider musste sich dieser Mann auch mal über seinen Dornbusch, als auch in einer Beratung anhören, dass es in diesem Leben gar nicht um dieses äußere Talent bzw. Gabe als Berufung geht, sondern um Disziplin, Strukturen schaffend, Organisieren! - Das möchte seine Seele als Bildwerk des Göttlichen von ihm!

Hier galt es also Freude und Akzeptanz hinein zu bringen und nicht einer Künstlerlust, als vordergründiger Gabe, zu frönen, wo Auftritte dann auch noch von einem "Manager" organisiert werden sollten!

Das Klavierspielen als Hobbygabe -"Ja" -als Beruf -Nein! - und wenn doch, dann galt es hier dies dem Allumfassenden zu überlassen!

Aus den im „Göttlichen Reisebüro" des Allumfassenden, vereinbarten Themen kommst du halt nicht raus! – „Nix"! mit freiem Willen, der meistens oft sein mangelndes Talentende unter Verkennung der eigenen Seelenthemen oder fehlenden Anlagen, sein Ende, vor Dieter Bohlens fraglichem „Supertalent" bekommt!

Die wahren Persönlichkeits- und Situationsveränderungen, für eine erfüllende Gestaltung deines Lebens, kommen also primär nicht vom Willen, sondern durch eine Veränderung einer gefühlten Einstellungsqualität zu dir!

Kein Wille schafft es z.B. ein Baby zum Erwachsenen zu machen und durch einen Willen wächst das Korn auf einem Feld auch nicht schneller. Keine Rosenknospe oder ein Zweig kann mit eigenem "geschulten" Willen sagen: „Morgen bin ich eine Rose oder ein Baum!" und schon gar nicht hätte Moses Führer bzw. Seelenhirte von Israel aus eigenem Willen heraus werden können!

Es geschieht!

Also ist der Wille eigentlich immer ein Grenzgänger der seelischen Realität, die auch mit der Intuition durch den Menschen fließen möchte und der zu erkennenden Aufgabe diese Realität zum richtigen Zeitpunkt, am richtigen Ort im richtigen Maß zu gestalten!

Was nützt dem Menschen da ein fundiertes Wissen oder Intelligenz, oder die eingangs angeführte „hohe Qualifikation", wenn er nicht in der Lage sind, es am richtigen Ort, zur richtigen Zeit mit dem Gefühl und Intuition einzusetzen.

Was nutzt dieses Wissen oder Bildung, wenn es nicht zu Lebenserfahrung zu eigener Weisheit fürs Leben und für die den eigenen Themen verdaut wurde. Kann es nicht sein, dass Menschen durch ihr sogenanntes Halbwissen dann mit den zusammenwirkenden seelischen Kräften im Dreiklang, mehr Fruchtbares bewirken können, als manch kompetenter kopfgesteuerter Mensch, der nur wie durch einen Strohhalm des beschränkten Verstandes blickt.
Wie viele Menschen gibt es, die durch Selbstüberschätzung ihrer Logik ihre Umgebung ins Unglück gestürzt haben, aber ebenso viele den Mut hatten, auch mit geringer „Intelligenz" – aber intuitiver Einsicht damit etwas neues Befruchtendes in die Welt zu bringen!

Auch der Einsatz des „Mutes" kann nur gelingen, wenn er im Einklang mit Denken, Gefühl und Intuition eingesetzt wird, ansonsten ist es zerstörerisches impulsives Glücksspielrisiko ohne Fundament!

Wenn du als Mensch den Sternenhimmel ständig durch einen Strohhalm des Verstandes betrachtest, wirst du nur einzelne Sterne sehen können. Wirfst du deine Strohhalmbüschel weg, siehst du die ganze Pracht des Welt -"Alles"!

Genauso ist es wenn du nach Innen schaust und die "Strohhalmbüschel" deiner befleckten, sprich begrenzenden „Blickmuster" des Verstandes mit deinen gefühlten Zweifeln und Blockaden (*dein Beflecktes!*) durchlichtest!

Dein weites für dich vorgesehenes Potential deiner Möglichkeiten ist immer da!

Erkenne, als polar empfindender Mensch betrachtest du also das Unbegrenzte Allumfassende immer nur quasi "befleckt" wie durch einen Strohhalm, besonders mit deinem Verstand.

Je mehr du nun dein "Beflecktes" loslässt, gibst du dem Geist in dir Raum, sein „Unbeflecktes" durch dich fließen zu lassen. Dann wirst du wieder zur „Unbefleckten Empfängnis!

Reinige deinige deine Quelle vom verstopfenden Schmutzwasser deiner begrenzten Überzeugungen und sie tritt mehr und mehr "Unbefleckt" bzw. „Rein" zutage!

Bezeichne dabei den menschlichen Willen als frei oder nicht – Er ist und bleibt durch Vorstellungen, Antreibern mit beschränkenden Glaubensmustern, auch aus der Kindheit begrenzt, die wieder begrenzte Situationen erschaffen.

Hier bleibt nur oft noch zu guter Letzt dieses "Dein Wille geschehe" übrig!

Was wäre dann die richtige Bewusstseinseinstellung, die zur unbegrenzteren Bewusstseinserweiterung eines „Ich" -befangenen Egos führt?

„Durch mich lasse ich Realität werden, ich arbeite mit der Realität im Inneren und Außen und erhöhe und erweitere damit meine Realität, die ich, durch meine Sinne und meinen Willen, meist als zu beschränkt empfinde!"

Richtig formuliert und erkannt müsste man es so formulieren:

„Nicht ich schaffe mich selbst, ich geschehe in mir selbst
und durch mich wird Realität!"

Das ist der weibliche Gegensatz der „Prozessorientierung" zum männlichen „Ich will", das nur Kampf, Leistung und „Zielerreichung" durch ‚Tun' propagiert!

Das erfordert in den „Herausforderungen" des durchsetzungsorientierten Alltags oft großes Vertrauen!

Nebenbei: Bin ich dann nicht Opfer?- fragt wieder dein Verstand!

Ja! - Opfer bist du dann immer, bloß der Unterschied liegt darin, dass du im Unterscheid als Opfer von bedürftigen menschlichen Machtgelüsten ein Opfer von etwas Unbegrenztem wirst und was kann von einem Unbegrenzten im Gegensatz zu einem bedürftigen Menschen nur kommen:

Unbegrenzteres, höhere Freiheitsgrade, Verbundenheit und damit erfahrbare Liebe, gleich Akzeptanz, Respekt, Verbundenheit mit und in dem Lebensnetz!

Wie sieht das praktisch aus?

Wenn man grundsätzlich bereit ist, etwas Sinnvolles zu tun; wenn du bereit bist, all deine eigenen Vorstellungen und Wünsche primär einmal loszulassen, und dich einverstanden erklärst, es Gott – das große Bewusstseinsfeld für dich tun zu lassen.

Wenn man also dieses Grund und Urvertrauen hat, schafft man mit diesem Vertrauen jede heran getragene Aufgabe. Aus diesem Vertrauen heraus kommt dann der passende Beruf, Tätigkeit oder Partnerschaft in Partnerschaft mit dem Allumfassenden Geist zu. Also, die Voraussetzung ist erst einmal, dass der Mensch bereit ist, es ohne zwingendes krampfhaftes „Zielwollen" geschehen zu lassen.

Natürlich ist es so, dass diese Formulierung allem widerspricht, was er jemals gehört hat, von Verantwortung, von Selbstbestimmung, etwas sollen, tun müssen, verpflichtet sein etc. Aber wie will der Mensch die Verantwortung für sich und sein Leben übernehmen, wenn doch die Herausforderungen seines Lebens, sowie des Lebens im Allgemeinen so schier unüberwindbar groß geworden sind und scheinbar immer größer werden?

Wie will er wirklich, als seinen Stimmungen, seinen angeblichen Unzulänglichkeiten unterworfener Mensch, hier Verantwortung tragen für das Morgen, für die Katastrophen der Welt, für deren Ungerechtigkeit. Kann er das überhaupt?

„Aber das ist mir ja nicht gelungen!" - sprach der Mensch bzw. ein Moses.

„Siehst du", sagt Gott aus dem Dornbusch zu dir, also versuche einmal auf mich zu vertrauen. Versuche zuerst einmal in dir diese große Kapazität zur Entfaltung zu bringen, die da in dir ist, diese große Kapazität eines unerschütterlichen Gottvertrauens, diese große Kapazität eines Glaubens. Erst aus diesem Glauben heraus werden dir Flügel wachsen, die dich empor tragen hinein, in das Licht, in deine Sinnerfüllung, und damit in dein wirkliches Glück.

Es geht vielleicht wirklich nur um die Erkenntnis „Gott ist in mir".

So fragt dein Verstand:

„Soll ich dazu Stellenanzeigen studieren, hundert Weiterbildungskurse belegen, zwanzig oder mehr mögliche Partner ausprobieren und dann kämpfen oder wählen, resignieren?"

„Gott" entringt sich ein tiefer Seufzer:

„Ja und nein." Eigentlich lieber nein, aber dein Verstand möchte ja beschäftigt sein. So sagt das All-Umfassende „Ja und Nein".

Dabei bist du aufgefordert zwei unterschiedlichen Ebenen in deinem Leben sehr penibel zu unterscheiden:

Im Äußeren bist du natürlich aufgefordert so weiter zu handeln wie bisher, im Sinne eines „Ich bin" verantwortlich", „Ich muss mich darum kümmern". Also kümmere dich darum. Aber du siehst allein schon aus dem Wort „kümmern", dass im Kümmern immer der Kummer enthalten ist, und im Glauben des Bemühens immer die Mühe entsteht. Erkenne den „Ich bin" Satz: „Ich bin Kummer"!

Also, wenn du dich kümmerst, sei dir der Gefahr bewusst, mit Kummer oder Mühe in Berührung zu kommen. Aber das soll dich nicht davon abhalten, dich darum zu kümmern, also kümmere dich, mühe dich. Gut, aber was dann, was noch?

Wenn all das Kümmern oder Mühen nichts nützt oder nichts zu meinen Glücksvorstellungen beiträgt? Stop, Stop, Stop !

Es wird gesagt, auf der einen Seite kümmere dich darum, aber vergiss eine wesentliche Voraussetzung dabei nicht:

Lerne primär der Göttlichkeit zu vertrauen!

Das heißt, bevor du anfängst dich zu kümmern, lege deine Wünsche, das Kümmern, sowie das Ergebnis des Kümmerns, das daraus entstehen soll, in die Hand der Göttlichkeit. Überlasse es Gott wie, in welcher Art und in welcher Weise er dir deine Wünsche erfüllt, wohin er dich auch führt. Dies ist dieses gelassene „Selbst-vergessen", dieses Tun, wo du jede Tat, an seiner statt tust.

Du bist eingeladen, diesen Weg zu gehen, das ist aber kein Zwang an sich. Du kannst jeden anderen Weg auch gehen. Nur solltest du auf den anderen Wegen feststellen, dass sie dir das nicht bringen können, so bist aufgefordert, wiederum den genannten Weg zu gehen und dieser Weg ist der Pfad des Vertrauens, deines zu dir selbst „Findens".

Das ist ganz wichtig, dieses zu „Dir selbst Finden!"

Denn findest du zu dir, denke hier an die Spiegelung deines Inneren im Äußeren, so findest du auch alles, was im Äußeren ist. Finde dich in dir. Finde deine eigene Göttlichkeit in dir und damit deine Kraft, deine Sicherheit, deine Verbindung mit Gott. Finde damit deine Intuition, deine Stärke, finde all das in dir und du findest das Glück deines Lebens, die Erfüllung.

Denn das Allumfassende ist auch keine Friedhofsruhe, sondern Schöpfer und es besteht auf dem, was du mit ihm im Göttlichen Reisebüro mit bestimmten Themen als Heldenreise vereinbart hast und auch wenn etwas Krisenhaftes passiert, dann steht dahinter immer der Leitsatz:

„Alles, was nicht funktioniert, dient der Qualitätsverbesserung!"

Hier gilt es nun tatsächlich zu erkennen, dass die Verantwortung für das Leben, wegen mangelnder Fähigkeit, zum Überschauen der Situationen in Zeit und Raum an sich ja nicht beim Menschen liegt. Er kann und er wird in vielen Situationen immer wieder darauf hingewiesen, dass er, der Mensch ohne den Großen Geist grundsätzlich an sich hilflos ist und schwach ist!

Da gibt es dann auch oft die kleineren oder großen Zwangsaufbrüche mit unangenehmen Situationsverdichtungen sind eben dann auch Sinnkrisen oder spirituelle Krisen, die von entscheidenden Lebensumbrüchen begleitet werden!

Das geschieht dann auch aus einer umfassenderen Perspektive, die der Mensch mit seinem begrenzten Tagesbewusstsein oftmals nicht versteht!

Wie kann man aber mit diesem Allumfassenden und seinen Intentionen im Vorfeld bewusster kommunizieren?

Hierbei ist zu unterscheiden zwischen Wünschen – Bedürfnissen und Motiven!

Da ist es oft zu beachten, dass letztendlich nicht der vorgestellte Willens-wunsch oder das gewünschte Ziel sich manifestieren wird, sondern die Ge-fühlsqualität, sprich das Bedürfnis, das man erleben oder aus einem Mangel erfüllen will.

So kann ein Mensch hoch emotional als Wunsch an dem Ziel arbeiten, Vor-standsvorsitzender zu werden, aber hinter deinem vorgestellten und herbei ge-sehnten Wunsch steht eigentlich das emotionale Bedürfnis- bzw. das Motiv:

Ich möchte mehr Freiheit oder Selbständigkeit etc. und das heißt:

„Ich bin arm" – Da ist ein Mangel!

So steht eigentlich bei der Wunschverwirklichung immer ein Bedürfnis, eine emotionale Qualität hinter der Verwirklichung. Was sich dann verwirklichen wird ist so nicht der Vorstandsvorsitzende, sondern anders geartete passende Möglichkeiten, die dem wirklichen Bedürfnis und deinen Möglichkeiten und Anlagen entsprechen!

„Da nützt dir eben auch das sogenannte positive Denken nicht viel",

„Gott hat nicht die Welt nach Gedanken geformt sondern durch seine "Ein-Bildungen" mit seinem erregten Geist. *(Geist = geysir!= erregend)*

"Als sich der Geist (er~) regte, (Geist= geysir= erregen!) entstand die Welt entstanden nämlich die Dinge", die wir erst versuchen mit Gedanken zu erfas-sen. Im Gedanken wird Unaussprechliches, Gefühltes und Intuitives versucht, zu erkennen und dieses in Vorstellbares mit Wortformen zu kleiden. Das versuchen schon seit Jahrtausenden mehr oder minder erfolgreich alle Dichter! Die Macht der Gedanken steuern deshalb auch nicht dein Schicksal, sondern deine Empfindungseinstellungen zu dir. „Ja!"- Sie speisen eben deine bedürf-tigen „Ich bin..." Überzeugungen und Befürchtungshaltungen. Das funktioniert nie, weil man es nicht fühlt und das dahinter stehende blockierende Muster bzw. Thema nicht fassen, fühlen und erlösen kann!

Die Intuition, d.h. die göttliche Stimme aus deinem Dornbusch - Gefühle und auch der Verstand mit dem empfundenen „Ich bin"- Leitsatz, müssen da mehr und mehr zusammenarbeiten!

Das positive Denken bezieht sich aber immer nur auf die vorstellbaren Mög-lichkeiten deines begrenzten Verstandes, der aber den sinnhaften Überblick über die Situationen des Lebens oft schmerzlich vermissen lässt. Oft reicht dies auch nur als positive Motivation zur Alltagsbewältigung aus, erfasst aber nicht wirklich das wichtige Eigenthema um das es in Wirklichkeit geht.

Beispiel:

Es ist Winter! - Du startest dein Auto. Die Batterien sind leer, der Anlasser kaputt. Positiv denkend wünscht sich nun dein kleiner Verstand einen günstigen, schnell kommenden Servicedienst, der den Schaden beheben soll. Das kann und wird vielleicht passieren.

Aber was wollte denn eigentlich dein wirkliches Sein. Wollte es deine positiven Gedanken nicht ganz woanders hinlenken?

Auf einen erfüllten Tag vielleicht, den du kreativ gestalten wolltest. Oder wollte dich dein Hohes Selbst vor einem Unfall bewahren oder vor einem drohenden „Burnout"?

Du siehst, was du mit deinem (positiven) Denken und der Kraft der Gedanken alles anrichtest, wenn du gegen die innersten Ziele deines wahren Selbstes, deiner Seele, arbeitest.

Deine Batterien werden wie gewünscht repariert und du baust eine Stunde später einen nicht gerade angenehmen Unfall, oder hast es im günstigsten Falle mit einem großen Kundenärger zu tun, der dir deine Energien für den Tag raubt.

Erkennst du nun wie dein Denken dir ein Bein stellt?

Vielleicht wäre "Ruhe" besser gewesen, als positives Denken!

Seele und Körper

Der Körper ist der Übersetzer der Absichten und Themen deiner Seele, als Bildwerk Gottes", in das polare körperliche Leben!

Aber die wichtigste Erkenntnis, die heute wenige aus ihrer konfessionellen Prägung heraus verstehen:

„Die Seele ist aber nicht daran interessiert, was du tust, sondern mit welcher Einstellung es erfolgt, um ihre Themen und Absichten „sinnlich" zu erfahren!"

Folge deinem Herzen

„Du bist deinem Herzen gefolgt" und wurdest auch enttäuscht?

- sagtest du eingangs" - erinnerte das Dornbuschfeuer den Menschen!

Aus dem Vorhergesagten über den notwendigen Dreiklang zwischen Herz, Verstand und Intuition, sollte dies dir jetzt aber klarer sein!

Lass uns das noch einmal tiefgründiger ausführen:

Wie ist das nun mit dem Herzen und folge deinem Herzen?

Wenn du dein Herz öffnest und du einfach "Du selbst" bist, oder meinst nur deinem Herzen folgen zu müssen, bringt dich das auch noch keinen Schritt weiter, in deinem Lernprogramm zu "Selbstwerdung" - denn du bist es dann noch lange nicht und du fällst auch oft dem Tollhaus deiner unerlösten Gefühlsprägungen bzw. der ungeklärten Mördergrube im Herzen zum Opfer. Das Herz weist uns auch meist den falschen Weg und hat mit Intuition nichts zu tun! (Vgl. Matthäus Kap. 14ff:)

Die „Intuition" ist jene leise Stimme in dir, die dir, auch entgegen diesem, oft auch amoralisch, mit einigem ständigen "gefühllosen" "Eigentlich solltest du....", den Weg weist. Sie macht dabei keinen Druck und keine Angst!

Das Herz an sich ist ein offener Schöpfungsraum! – deswegen, weil es voll ist, mit allen möglichen fremdgeprägten Gefühlen und Einstellungen „negativer" (*destruktiver bedürftiger Art!*) und „positiver" (*schöpferischer aufbauender Art*), uns Programmen, die in den Menschen eingeprägt wurden, als er sich in seinem Mensch sein noch unbewusst gewesen ist. Was dann dort eingeprägt" wurde, wird gemäß seinem Inhalt, noch als vermeintlich „objektive" Gewissensinstanz, in die Welt getragen und bekommt Resonanzen in vielfältigen verwirrenden Formen.

Seinem Herzen nun bewusst oder unbewusst zu folgen, bedeutet, dass der Mensch, als Schöpfer seiner Welt, als Gottes Ebenbild, an Gefühlen wählen kann, was sich dann auch in Gedanken, Wort und Tat äußert und zu entsprechenden Resonanzen führt.
Das ist oft sehr schwierig, wenn man bedenkt, was der Mensch vermeintlich alles „Gefühlvoll" aus der Mördergrube des Herzens wählt, was sich dann als Schmerzerlebnis im Außen darstellt, weil man zum Beispiel „Leistung für angeblich Liebe verkauft".

Durch die richtige Schlussfolgerung und Erforschung der Gefühlsmotivationen bzw. Herzklärung kann es aber später zur Zusammenarbeit mit der Intuition kommen, die hilft das richtige Gefühl passend zu wählen!

Wer nur vom Verstand von Wissen erregt wird, weiß er etwas als Bildung!

Das ist aber ein Wissen vom Leben, aber nicht das Leben selbst!

Es ist eine Trennung von Situationen und Dingen vom Wert d.h. Herz! – Es ist Geistiges ohne Herz!

Was ist nun ein geklärtes Herz:

Es beginnt zu fühlen, dass alles auf eine besondere und ganzheitliche Weise aufeinander bezogen und lebendig ist!

Es wird zunehmend frei von belastenden Kindheitsprogrammierung und emotionalen Prägungen, als du deiner Mensch noch nicht einmal bewusst gewesen bist! Und kann die Intuition mit ihren objektiven Gefühlswerten deiner Seele fühlen!

Das Beispiel, das alles verdeutlicht:

Da ist ein Fichtensamen, der irgendwann einmal zu einer Fichte wird. Dabei fällt der Samen zu einer bestimmten Zeit an einen bestimmten Ort. Ob er keimt oder ob er nicht keimt, das ist die erste Frage.
Keimt er, dann hat er es mit bestimmten Witterungsumständen zu tun, vergleichbar den Lebensumständen, in die ein Kind hineingeboren wird.

Diese Fichte wächst langsam heran. Es wäre ziemlich sinnlos, von einer Fichte ein Leben lang „herzlichst" zu wünschen, eine Eiche geworden zu sein, was, übertragen auf menschliches Leben, durchaus vorkommt.

Zum Selbstwerdungsprozess jedoch gehört, sich einverstanden zu erklären mit dem, was man ist (*nicht aber in dem Sinne, dass man nichts verändern will*), sich einverstanden erklären, mit gewissen körperlichen Rahmen und Grundbedingungen, die nicht wegzudiskutieren sind. Da sind eben *Grenzen in der menschlichen* freien Entfaltungsmöglichkeit vorgegeben!

Gerade indem man diese Grundbedingungen akzeptiert, kann man beharrlich Grenzüberschreitung üben um zum eigenen Fließgleichgewicht für das eigene Wachstum zu kommen.

Ein Baum wird auch Verletzungen haben, aber gerade diese Verletzungen machen, mit seinen individuellen Krümmungen und Rissen, seine Individualität aus.

Man könnte es sich etwa so vorstellen:

In jedem Baum ist das Bild eben des Baumes, mit all seinen Möglichkeiten, gleichsam schon im Samen angelegt, aber jeder wirkliche Baumsamen fällt zu bestimmter Zeit an einen bestimmten Ort, und da sind viele spezielle Umstände vorhanden, wie Erdbeschaffenheit, Steine, Neigung und Windlage des Hanges und Zeit der Sonnenbestrahlung.

Das ganzheitliche Wesen des Baumes reagiert auf diese Umstände, zum Beispiel durch krummes Wachstum, Ausweichen vom Stein, Hinneigen zur Sonne, und so kommt dann jene einmalige, nicht wiederholbare einzelne Bam allmählich zustande, welcher die einzig wirkliche ist, denn der Baum an sich ist ja nur eine Möglichkeit oder eine Idee.

Die Intuition als objektives sinnhaftes seelisches Wissen muss nun so mit Herz und Verstand in Einklang gebracht werden, um in der Welt als Lebensfluss ohne Blockaden erfahren werden zu können!

Diese richtige Zusammenarbeit mit der Intuition beschreibt ein chinesisches Weisheitsbuch sehr treffend:

„Ein Lichtschein umgibt die Welt des Geistes. Man vergisst einander, still und rein, ganz mächtig und leer. Die Leere wird durchleuchtet vom Schein des Himmels (Intuition). Das Meerwasser (das Allumfassende) *ist glatt und spiegelt auf seiner Oberfläche den Mond. Die Wolken (menschliches bedürftiges Empfinden) schwinden im blauen Raum. ... Bewusstsein löst sich in Schauen auf. Die Mondscheibe einsam ruht!* (d.h. Gefühle werden beruhigt und intuitives Schauen wird ermöglicht).

Das bedarf aber einer inneren Bewusstseinsarbeit aus einer öfteren Stille. „Verstand, Herz und Intuition" lernen da, zusammen zu arbeiten. Ansonsten ist ein pauschaler plakativer Satz: "Folge deinem Herzen" oft ein Weg in die Irre! (Vgl. C.G.Jung –„Das Geheimnis der Goldenen Blüte –Walter)

Ein Baum bzw. Pflanze, selbst, der/die sich entfalten will, wächst bzw. treibt (Handeln!) einen Spross zur zunächst ausgesuchten Richtung (Denken!), und wenn dieser völlig gebildet ist bzw. auch schon vielleicht während des Bildens, so will der natürliche Drang des weiteren Wachstums nicht über die Endknospe hinaus weiter wachsen, weil ein Ungleichgewicht zur Linken (Fühlen) gespürt wird.

Sie fließt bzw. blickt zurück in den Stamm bzw. fließt zurück in den Stamm, in die „Mutter" des Zweiges und bahnt sich im Bewusstsein fortschreitend, sich im Stammhaften fokussierend, auch über Unsicherheit in schwankenden täglichen Erfahrung durch veränderliche Umwelteinflüsse, ihren Weg und findet gerade die richtige Stelle zur Linken als gefühlten Ausgleich und treibt dort einen neuen Spross hervor.

Diese neue Richtung des Wachstums ist aber der früheren oft ganz entgegengesetzt, aber doch dem Ganzen Gleichgewicht dienlich.

So wächst die Pflanze in dieser Weise gleichmäßig ohne Überspannung und Störung des Gleichgewichtes – weil sie ein Fließgleichgewicht braucht, sonst bricht sie zu Seite weg! – Das wäre dann die Katastrophe, sprich Notwendigkeit zur Umkehr oder „crash!"

Das Ganze kann also aber nur mit der Intuition geschehen, d.h. ins Innere des Stammes blickend, muss sie gleichzeitig ihre Idee, ihre höchsten Version *(Seele!)* wahrnehmen bzw. sich darauf besinnen - d.h. *nicht Rose, sondern Fichte zu werden,* um in ihrem Wachstumsausdruck die Idee ihrer Einzigartigkeit zugrunde zu legen bzw. im Sinn zu haben, ihr folgen zu können!

Das ist der Kontakt der Pflanze, mit ihrer Intuition, als ein Zustand aus einer wahrgenommen besinnlichen Mitte in der Stille!

Nur so kann sie durch den inneren Halt durch ihr Bildwerk mit stärkstem Vertrauen wahrnehmend in ihr Leben hinein fließen lassen!

Was für ein Meisterwerk die Pflanze, jeder Baum, da vollbringt!

Wir Menschen aber, sind Meister in Befürchtungen, Zittern und Zagen, uns selbst verloren habend, Propheten folgend, die mit ihrem Denken das Fühlen diskriminieren und mit „Folge deinem Herzen" dasselbe tun, ohne Wahrnehmung und Erfahrung des inneren Sinns, der Intuition, den wir an trockene Betonfelsen und Idealen von Ideologien, Konfessionen mit ihren Ritualbeamten, Gurus und Promis geheftet haben!

Wer immer unreflektiert auf fremde Wahrheiten vertraut, macht sie zu Idealen und gerät in Zwiespalt mit dem Vertrauen zu sich selbst. Mit ihren Wahrheiten und den mit ihnen verbundenen Tugenden, können sie gerade das vermeintliche „Böse" darstellen, und ihre Inhalte können dogmatisch angewandt, dein Leben zerstören!
Sie können Widerstand und Feindschaft gegen die Liebe und Verbundenheit zu dir und deinen Situationen sein, weil Ideale mit ihren Tugenden und Moral eben immer die angebliche Unmoral als „Schatten" enthalten!

Wer meint, mit Idealen wirklich leben zu können, der hat Größenwahn, selbst, wenn er glaubt, ein „guter tugendhafter" Mensch zu sein. Er benimmt sich wie ein Verrückter. Indem er sich zum einseitigen Menschenideal macht, wird er ein Opfer, weil er irgendwann den steigenden Ansprüchen anderer, an ihr Ideal, nicht mehr gerecht werden kann.

Insofern ist ein „vor-„Bild"- licher" wahrhaftiger Christ, ein Buddhist, ein Moslem etc. gebunden an eine schwere Hypothek, die ihn oft kreuzigen wird, auf Kosten seines Menschseins in seiner Ganzheit seiner seelischen Idee!

Ein angemessenes Ideal ist ein Werkzeug, das man jederzeit weglegen kann, um sich dadurch näher zu kommen, als dein Selbst in Dir, dessen Ausdruck in Erfahrung du bist und das seine Einzigartigkeit mit deinen, dir offenstehenden Möglichkeiten entfalten will!

Kein Mensch sollte ein Ort von Idealen werden, sonst spielt das Ideal Karneval mit ihm und fährt am Aschermittwoch mit ihm in die „Hölle", die er vermeiden wollte. Es kann aber eine Fackel für ihn sein auf dunklem Wege Wer am Tag nur mit einem Ideal herumläuft, ist ein Narr, wobei „Idealismus" dabei bedeutet, ein Sklave von Idealen zu werden!

So lass auch den Buddha und den Christus als Ideal in dir los, und finde diese in dir, wie sie sich eben durch dich erfahren, ausdrücken und erleben wollen!

Richtig ist, was Fließgleichgewichte schafft. Fließen hat immer Gleichgewicht und wenn Gleichgewicht erreicht ist, fällt es immer auseinander, da es durch gewordene Ideale mit Ansichten, nicht Wahrheiten erstarrt, aber richtig ist, für eine Wachstumsentwicklung, was es sät!

In uns ist der Weg, die Wahrheit und das Leben, wie Gott den Einzelnen sich als sein Ebenbild gedacht hat und ausdrücken will!

Die Kirche, Konfessionen mit Dogmatiken verhindern jegliche schöpferische Phantasie und lebendige Gotteserfahrungen aus dem Inneren was ja auch ich oft gebrochenes Verhältnis zu ihren Mystikern zeigt!

Es gilt so, Jesus bzw. Christus nicht zu entwerten als Fundament, sondern es zu verändern, für das Leben um Liebe bzw. Verbundenheit unter den Menschen zu erzeugen!

Schriften können das eigene Leben nicht ersetzen, mit noch so ausgefeilter Logik und Dogmatik, mit ihren Wortformen!

Wenn sie Leben und Lebendigkeit ersetzen sollen, wird nicht nur sie, sondern das Leben verdorben. Sie wird zur Kampfesethik, die Verbundenheit unter den Menschen spaltet, in gut und böse teilt und Kriege erzeugt!

„Der Buchstabe tötet, der Geist belebt!" (2. Korinther 3, Vers 6)

Wenn das aus den obengenannten Gründen nicht beachtet wird, dann passiert im nachfolgenden Gleichnis folgendes:

Ein wandernder Zimmermann sah auf seiner Wanderung einen riesigen alten Eichbaum, der beim Erdaltar im Felde stand. Der Zimmermann sagte zu dem ihn bewundernden Gesellen:

Das ist ein unnützer Baum; wolltest du ein Schiff daraus machen, es würde bald verfaulen wolltest du Geräte daraus machen, sie würden bald zerbre-- chen... Aus dem Baum lässt sich nichts machen, man kann ihn zu nichts gebrauchen, darum hat er es auf ein so hohes Alter bringen können.

Als aber der Zimmermann an diesem selben Abend einkehrte und übernach- tete, erschien ihm der Eichbaum im Traum und sprach:

Willst du mich vergleichen mit euren Kulturbäumen, wie Weissdorn, Birnen, Orangen, Apfelsinen und was sonst noch Obst und Beeren bringt und mich zu denen machen?

Sie bringen kaum ihre Früchte zur Reife, so misshandelt und schändet man sie. Die Äste werden abgebrochen, die Zweige werden geschlitzt. So bringen sie durch ihre eigenen Gaben ihr eigenes Leben in Gefahr und vollenden nicht ihrer Jahre Zahl... So geht es überall zu.

Darum habe ich mir schon lange Mühe gegeben, ganz nutzlos zu werden, und nicht in Gefahr zu kommen, abgehauen zu werden - Sterblicher!... Nimm an, ich wäre zu irgendetwas nütze; hätte ich dann wohl diese Größe erreicht?

Außerdem bist du und ich, gleichermaßen Geschöpfe!
(Chuang-TSE –Chinesischer Mystiker!)

Also motiviere dich selbst im „Dornbuschlicht" deiner Seelen- bzw. Selbsterkenntnis und gebe deinem eigenen Wachstumsprozess der Seele und damit Dir - „Raum"!

„Ich bin" einzigartig und die Wahrheit meines Seins!"

Die Ohnmacht in Dir

„Jetzt, sieh dein ganzes Dilemma noch einmal aus der Perspektive deiner eingangs empfundenen " Ohnmacht" in deinem Leben an!"

hörte der Mensch aus dem brennenden Dornbusch mit lachender Stimme!

„Du stehst vor einer „Wand" – du bist machtlos – ohnmächtig?

Was ist der Unterschied zwischen einer festgefahrenen Situation und einem Problem der Wand?

Eine Situation ist eine Darstellung auf deiner Lebensbühne, die du noch erschaffst und darin noch Handlungsmöglichkeiten besitzt.
Hier weist, fühlst und ahnst du, noch ausreichende Kapazität zur Gestaltung zur Verfügung zu haben, um diese Situation zu bewältigen. Ein Problem ist es für dich nur dann, wenn eben diese Situation übermächtig erscheint, oder deine Energie, deine Kapazität, deine Kraft zu gering ist.

Das Gesetz der Relativierung von Situationen, in denen du wie vor einer Wand stehst und diese versuchst zwanghaft zu verändern sagt:

„Stecke keinerlei emotionale Energie mehr in diese Situation. Diese steht natürlich wie schon betont, als Lösung in innigster Verbindung mit einer einfachen und motivierenden Affirmation:

"Es ist mir wurscht", d.h. ich akzeptiere die Situation erst einmal emotionslos.

Wie kann man dies nun in die Praxis umsetzen, so dass sich eine unbezwingbare Situation auflöst:

„Du musst die Relation verändern in deinem Empfinden zu dieser Situation."

Was fällt dabei auf?

Natürlich das Empfinden. Du empfindest einerseits dich und du empfindest anderseits eine Situation. Aber immer ist es wessen Empfinden?
Es ist immer dein Empfinden! - und wenn du nun eine Situation übermächtig groß empfindest und du glaubst darin im „Schlamassel zu sitzen", was kannst du verändern?

Was ist das Naheliegendste, das du verändern kannst?

Natürlich dein Empfinden in Bezug auf die Situation!

„Wie?"- fragst du wieder, um das, was dir im Außen geschieht, zu durchschauen, es zu durchblicken!

Es braucht nicht nur erst einmal emotionale Distanz von „Befürchtungs- und Ohnmachtsenergien" sondern auch:

„Liebe den Augenblick"

Befreie genau diesen Augenblick im „Jetzt" von der emotionalen Empfindungsenergie, die du soeben meintest zu erleben.

„Ja! - du hast sie erlebt, weil du dazu voll und ganz emotional in Resonanz gegangen bist. Deshalb hast du sie erlebt!

Es waren alles Spiegelungen deines Inneren bzw. emotionale Einstellung, die du angenommen bzw. mit denen du dich identifiziert hast. Es waren deine meist unbewussten Blockaden, die du schon lange trägst, die sich dir im Außen, da unbewusst, schmerzlich wiedergespiegelt haben.

Geht es dir nicht oft so, wenn du in einer druckbetonten, ärgerlichen oder stressigen Gemütsverfassung bist, dass dann partout nichts funktioniert.

Aber kaum hast du dich zur distanzierten Disziplin gerufen und sagst zu dir: „Ruhe, Ruhe, ganz ruhig" und schon funktioniert es kurz darauf.

Kennst du in diesem Zusammenhang den Baron von Münchhausen?

Kennst du seine Methode, sich am eigenen Schopfe aus dem Sumpf heraus zu ziehen?

Noch nicht probiert – Erscheint dir unwahrscheinlich?

Ist aber die einzig mögliche Lösung! (Ja - Löse dich!)

Das bedeutet, dass nur die eine Chance hast, all das, was sich dir bis jetzt dargestellt hat, energetisch zu ignorieren, um so den Augenblick lieben zu lernen, mit einer Inbrunst sondergleichen.

In dem Augenblick, wo du nun den Augenblick liebst, liebt der Augenblick dich zurück und es beginnt dann augenblicklich eine Liebesbeziehung von „Augenblick zu Augenblick".

Warum?

Gott, als „Alles, was ist", stellt grenzenlose Liebe dar. Er ist und bleibt die einzige Ursache alles Erschaffenen, ist daher in allem enthalten, ist daher „Alles, was ist!"

Daher kann er nicht anders, als dich zu lieben, denn er hat sich in dir ja aus seiner Liebe und freiwilligen Schwangerschaft heraus erschaffen. So kommst du durch das Lieben des Augenblicks grundsätzlich mit ihm immer in Berührung und lernst dadurch die Problematiken deines Lebens zu beschränken.

Also:

Schwere Zeiten haben ihre positiven Seiten! – Nur durchhalten?

Wer hat es aber erschaffen –"**Du**"! – mit deinen Einstellungen und Glaubenssätzen!

und wenn du die Schwere, so positiv denkend, siehst ?

Ok! - Viel Spaß beim Weitererleben! - Dein dich „erfüllender" Wunsch bleibt bestehen!

Wer kann die Schwere aber durchblicken und Wer kann sie dann nur ändern:

„Du"!

Wie kommt das Kamel der Bibel durch das Nadelöhr?

Erkenne die Bedeutung dieser Symbolik!

Wenn du voll beladen bist mit Sorgen, Unsicherheit und mit dir nicht einverstanden bist, dich ablehnst, dann wirst du nicht in das Bewusstsein und das Erleben der Leichtigkeit „eingehen".

Sei grundsätzlich einmal bereit, dein Kamel, sprich dein Bewusstsein zu entlasten, ihm die Lasten von Angst und Unsicherheit vom Buckel abzunehmen, um unbelastet von deinem begrenzten, kritischen, kleinkarierten Verstand mit all seinen zwanghaften Mustern, Vorstellungen in ein neues Bewusstsein hineinzugehen.

Dasselbe Problem taucht auch im irrtümlichen Begriff der Spiritualität und Erleuchtung auf, der du als Mensch ja oft in vielen Lehrgängen hinterhergelaufen bist:

Spiritualität & Erleuchtung

Da gibt es zuhauf Menschen, die zeigen wollen, wie spirituell sie sind. Sie legen Listen mit Zertifikaten und vermeintlichen „esoterischen Abschlüssen" bei dem Guru, namhaften Autor, Kloster oder Ashramaufenthalt, mit vielen Erlösungsmantras auf den Tisch und bezeugen sich selbst, vor dem beschränkten Verstand, dass sie sich jetzt nicht mehr mit unguten Menschen umgeben wollen. Das ist ein Egospiel, bei dem sie nichts verstanden haben. Sie haben lediglich eine Ware, wie Reikimeister gekauft, die sie selbst nicht einmal verdaut haben und spielen jetzt das Spiel „Guter Mensch"- „Schlechter Mensch!" – kommen aber mit ihrem eigenen Leben nicht zurecht und pochen noch darauf, dass sie jetzt doch in die fünfte Dimension und ins goldene Zeitalter aufsteigen müssten!

„Spiritualität" hat immer was mit Selbsterkenntnis zu tun, und die führt oft durch das „Tal der Tränen" in deiner Vergangenheit, wo Dante in seiner „Göttlichen Komödie sagt: „Schau hin und geh weiter"! Das heißt, anschauen sollten sie jedoch ihre Vorstellungen vom „Schlechten Menschen", sprich ihren Schatten", als ein Symbol des „Unkrauts" im eigenen Garten, wo es auszumisten gilt.
Ihre, dabei betitulierten „Schwarzen Schafe" und „Sündenböcke", mit dem Etikett „Negativ und Böse", sind dabei nur die Menschen, auf dem sie ihren unerledigten und unverdauten Mist abladen, um selbst angeblich gut und weise da zustehen!

Es ist oft ein schmerzhafter Prozess, wo es zu erkennen gilt, dass es keine Heiligenscheinvorstellungen gibt und sie Vorstellungen von sich entlarven müssen, die nicht funktionieren, wo sie mit dem Wunsch „Gut" oder „Besser" sein zu wollen, einer Scheinheiligkeit aufgesessen sind und hereingelegt wurden. Das einzige was sie wollten ist, dass die sakralen Chromleisten ihres Egos, in schönstem Lichterschein und außerdem „Auserwähltsein" glänzen sollten und der absurdeste Begriff dabei ist da der Begriff des Lichtarbeiters und Friedenspriesters, der die Welt verbessern soll!

Erkenne:

„Viele stehen um den Brunnen herum, aber keiner ist im Brunnen...... viele stehen vor der Türe, aber es sind die Einsamen, die das Brautgemach betreten werden…
„Wer sucht, soll weitersuchen, bis er findet. Und wenn er gefunden hat wird er bestürzt sein. Und wenn er bestürzt ist, wird er staunen, und er wird über das All herrschen."
(Thomasevangelium)

Dabei sollten sie sich alle den Merkspruch zu eigen machen:

Ein wirklicher Mystiker, den es nach Vereinigung mit Gott strebt, läuft seinem Schatten, sprich seinen unerlösten Themen hinter her, will das sogenannte „Böse" umwandeln, in seine Persönlichkeit integrieren, auf seiner Heldenreise in sein wahres göttliches Selbst, in konstruktive verbindende Kraft umwandeln.

Nehmen wir eine alte Geschichte in diesem Licht dieser Erkenntnis:

Freund Luzifer, sich freundlicherweise als Teufel, den volkstümlichen Vorstellungen angepasst habend, kommt innerlich als „Geistiges Bild" auf Christus zu.

Er will Jesus in seiner Stille in der Wüste „einverleiben".

Der Teufel, der "Böse" ist da!

Der „Teufel" im Menschen will die weltliche Macht, auch über Jesus und bietet sie ihm vermeintlich an!

Er will herrschen, um sich die Anerkennung und Liebe zu erzwingen, die er sich selbst nicht geben kann, und von der er sich getrennt fühlt.

Sein Gefäß der Selbstachtung und Selbstliebe ist nun bis auf den Boden leer und er muss sich, wie im Symbol des Vampirs, Lebendiges suchen, um zu leben, mit ihm einen Vertrag mit dessen Blut, sprich Lebendigkeit schließen, um über seine Seele herrschen zu können!

Er hat einen riesigen Mangel an Eigenliebe, dem Vertrauen, und Glauben an sein Selbst, seine Seele, die keinen Mangel kennt und die absolute Selbstliebe, als Idee des Göttlichen symbolisiert.

In dem Augenblick aber, er sich der Erkenntnisbereitschaft Jesu nähert, und in diese eintritt ist er, das „Böse" verschwunden, ist Luzifer als Satan nicht mehr erkennbar.

Er hatte sich mehr und mehr als die Verkörperung des Dunklen und Bösen in Licht d.h. klärende Eigenerkenntnis über das noch Fehlende in Jesus und Selbstliebe er- und aufgelöst."

Es wäre ein Fehler gewesen zu ihm, dem Teufel zu sagen:

"Weiche von mir!" oder das bin ich nicht!

Dieser "Teufel" zwang ihn vielmehr, sich mit seiner inwendigen satanischen selbstherrlichen und machtbesessenen „Sonnenseite" zusammen zu setzen.
Er suchte seinem Grundsatz gemäß „Liebet eure Feinde", nicht mehr den Kampf gegen die „teuflische" Polarität, dem angebotenen auftauchenden Streben nach Macht, um seine Bedürftigkeit zu erfüllen.

Er erkannte und akzeptierte sie einfach als einen Pol, einen Wesenszug von sich selbst und wandelte so diese „Kraft" um in ein tiefes Erkennen:

„Ja, auch das bin ich!"

Er legte damit den Grundstein für die moderne Psychotherapie der „Integration des Schattens", während seine Kirche noch immer in Form des Exorzismus unheilvoll das angeblich „Böse" bekämpft.

Somit wird auch das Wort von Matthäus verständlich:

„...dass ihr nicht widerstehen sollt dem Übel" (MT 5,39)

Jesus selbst hatte so seine vielleicht restlichen menschlichen Bedürftigkeiten aufgelöst, bzw. integriert, und war nun vollends bereit zu akzeptieren:

"Wenn ich mich ändere und selbst erkenne, ändert sich meine Welt - was eine energetische Gestaltung des Lebens aus dem Bewusstsein heraus, bedeutet, das keine Bedürftigkeit und Machtgelüste mehr kennt.

Weiterhin verwechseln viele Menschen „Bewusstheit" mit Bewusstsein!"

Da hört man oft den Spruch:

„Intuition" ist Erhöhtes Bewusstsein!

Mitnichten!

Du kannst eine Menge Bewusstheit sprich über deine Anlagen haben oder auch Intuition. Wenn du sie aber nicht umsetzt in Denken, Fühlen, Handeln und Erfahren, kommst du nie ins „bewusste „Sein" - Du integrierst es nicht und hast es nicht zu deiner inneren Weisheit, deiner eigenen Wahrheit verdaut!

Das führt leider nicht zur Erleuchtung, genauso wenn man der Mensch ist, der man im Moment ist als „Sei du selbst"! – Das Entscheidende, was du im Moment bist, ist nämlich das Produkt deiner Vergangenheit!

Erst wenn du als Mensch mehr und mehr das Göttliche, deine Einzigartigkeit in dir erkennst, bzw. mehr und mehr wahrnimmst, kannst du dich dem nähern, was man als Erleuchtung annehmen könnte!

Die Ebene des Bewusstseins, wo sich die drei Ebenen Intuition, Gefühl und Verstand für den Durchblick in deinem Leben zusammen finden zusammen-finden, könnte man gemeiniglich als Erleuchtung bezeichnen.

Erleuchtung allgemein bedeutet, also aufzuhören, sich nur für ein begrenztes klar definiertes Einzelwesen zu halten - zu erkennen, dass in seinem Leben "unendlich" viel Facetten und Sichtweisen enthalten sind und der Mensch nicht sein Leben aus Angst und Bedürftigkeit erschafft, sondern aus Freude an der Lebendigkeit am Austausch, Verbundenheit und Entfalten! - und der beste Weg „Erleuchtung" bekommen zu können, ist nicht Erleuchtung erlangen zu wollen, sondern die Bereitschaft zu „spielen"!
(Vgl. Jesus: Wenn ihr nicht werdet wie die Kinder....)

Was ist spirituell bzw. Spiritualität?

Bewusstsein und Sinnhaftigkeit für das Leben, ist ein wesentliches Merkmal von Spiritualität, es darf aber nicht mit Wissen verwechselt werden. Es ist vielmehr das Endprodukt, die Essenz aus Verstehen, Empfinden und han-delnder Erfahrung und Akzeptanz für das eigene Leben, das mit gelebtem Sinn und gelebter Authentizität durchdrungen wird.

Wer ein solches verfeinertes Bewusstsein von sich selbst, für sein Selbst ent-wickelt, ist spirituell.

Eine falsch verstandene Spiritualität hingegen hat nicht die Ganzheit und Ver-bundenheit mit dem Leben zum Ziel, sondern ein aufgeblähtes Ego mit der Vision von einem besseren höheren Menschen, der versucht sich auch noch als Weltverbesserer heilig zu machen und vielleicht noch größenwahnsinnig die Welt zu retten in Askese und/ oder Selbstüberhöhungen ggfls. noch als Heiliger Krieger für eine Idee von Spiritualität, die ein begrenztes menschliches Gottesbild schaffen möchte.

„Bewusstsein" ist ein oft benutztes Wort, wenn es um Spiritualität geht und ebenso in esoterischen Gutmenschkreisen.

Aber was genau ist Bewusstsein, wann ist jemand bewusst und damit auch spirituell?

Bewusstsein wird meistens mit Wissen und Beherrschen von „esoterischen Techniken" verwechselt, ist tatsächlich aber viel mehr, nämlich das Ergebnis von Verstehen, Handeln und Fühlen und Intuition.

Spirituell ist nicht zuletzt, wer immer bewusster im Lebensnetz handelt und durch Handeln verfeinertes Bewusstsein erlangt. Bewusstsein ist "bewusstes Sein", das Weisheit umfasst, sprich verdaute Erfahrung.

Spiritualität letztendlich erkennt aus seinem Inneren:

"Ich bin Gott" - aber alles andere auch"!

Diese Wahrnehmung, auch irgendwo manchmal mit Erleuchtung benannt, muss aber keine Ekstase sein. Vielmehr erfährst du eine Wahrnehmung mit Zusammenhängen, die weitaus größer sind als dein menschliches Tagesbewusstsein! Es ist ein Gefühl, als sei man zum ersten Mal aus der Dunkelheit gekommen und registriert ganz deutlich, wie unbewusst doch die eigene angebliche Bewusstheit bisher gewesen ist!

Somit kann eigene Mutter, die ihre fünf Kinder, mit Hingabe und erkannter sinnhafter erfüllender Identifikation mit dieser Aufgabe erzieht, spiritueller sein, als ein Möchtegernguru oder Heiligkeit, die leere Sprüche aus „Weisheitsbüchern" daher plappern und sich dem Leben nie gestellt haben.

Was sind spirituelle Menschen?

Es sind Menschen, die Verbundenheit praktizieren und damit dazu beitragen, das Lebensnetz zu erhalten die im anderen das Göttliche mit „RE-Spekt" sehen, die sich selbst suchen, die lebendig sind, die den Frieden als himmlische Ordnung, bzw. den Himmel in sich selbst herstellen, die verstehen:

"Liebe deinen Nächsten, wie dich selbst" und die unter Liebe nicht das "Gute" verstehen, sondern erkennen, dass diese und dem Anderen gibt, was er zum Wachsen braucht!

Sie durchblicken dann ihr Leben und es fließt weil sie sich mit dem Leben verbunden fühlen!

Ihre Intuition, Verbindung mit Gott in Gefühl, Gedanke, Wort und Tat werden mehr und mehr ‚eins' - Sie fühlen sich erfüllt und brauchen dann gar keine Priester/ Gurus/Roboter irgendwelcher Art in fremden Brokatgewändern, die sich nur selbst zum Ziel haben und leeren Lehrsprüchen „ex cathedra" mit ihren pauschalen abgehobenen Sprüchen!

Sie stehen erfüllt in dieser Welt heute und sind aber mit ihr nicht verhaftet!

Sie warten nicht auf "bessere" Zeiten - Sie packen an und verwirklichen und gestalten - nehmen Chancen wahr und üben Verbundenheit!

Was sehr wichtig ist:

Sie erschaffen und wirken dann nicht aus Angst, sondern aus einer spielerischen Freude am Teilen und Entfalten.

Sie verbleiben nicht in der Reaktion auf die Situationen ihres Lebens und vergessen nie, dass man selbst die Macht hat zu entscheiden. Da ist keine Verirrung, Unordnung und Zerstörung und Spaltung!

Ein bewusster spiritueller Mensch stellt bewusst seine Schöpferkraft in den Vordergrund, d.h. er sagt nie: „Ich konnte nicht anders" -oder „alternativlos" oder „Es war automatisch!" oder es geht weiter!!

Er erschafft und erkennt die Umstände und Rahmenbedingungen, unter denen es wirklich fließend weiter geht!

Es ist nicht Spiritualität, ein Experte von Ritualen und Übungen in einer oder mehreren Richtungen zu werden und Zertifikate für angelerntes Erwachen dafür zu sammeln und auf Erleuchtung zu hoffen!!

Spiritualität ist die wahrhaftige Selbsterkenntnisarbeit zu erfahren, "Wer du bist" in deiner Einzigartigkeit und diese Erkenntnis, im Sinne von "Wie innen, so außen" -mehr und mehr zum Ausdruck zu bringen!

Wir sind alle nicht erleuchtet, aber sicherlich keine Armleuchter!

Was bedeutet Erleuchtung!

Sie bedeutet, dass du dir bewusst wirst, bzw. tief aus dir heraus erkennst, dass du kein begrenztes Einzelwesen bist, das sich der Welt ausgeliefert und von ihr getrennt sieht!

Es bedeutet, dass du dir mehr und mehr erfahrbar bewusst wirst ,dass aus dir heraus mehr und mehr umfassendere Facetten und Sichtweisen erfahrbar werden, und du noch freier und bewusster deine Welt wählen bzw. erschaffen kannst, und weist warum du es tust!

„Du reagierst nicht mehr, sondern kannst bewusst agieren"

Du erschaffst dann nicht mehr durch Angst oder Bedürftigkeit, sondern aus reiner Freude an Verbundenheit und Entfalten, weil du jetzt weist, dass du „IN Allem Was ist" eingebettet bist.

Dann kannst du dich entfalten und kannst spielen in einer „Landschaft mit weitem Horizont!"

Es ist das innere Land, wo gemäß der alten mythologischen Bibel jetzt „Milch und Honig fließen", Du wirst wieder zum Kind!

„Wer sucht, soll weitersuchen, bis er findet.
Und wenn er gefunden hat wird er bestürzt sein
Und wenn er bestürzt ist, wird er staunen,
und er wird über das All herrschen."
(Thomasevangelium)

Erleuchtung aber mit dem Willen anzustreben ist ein Egospiel!

Du strebst etwas nach deinen Vorstellungen an, von dem du über den Verstand gar nicht weist, wie es sich anfühlt oder aussieht und verwechselst Satori mit einem Wohlfühlwochenende mit Bussigemeinschaft und meinst, du seiest erwacht.

Aber es gibt vielmehr Menschen die ohne Satori- und Bussigemeinschaft erleuchtet sind - Sie merken es gar nicht.

Sie durchblicken aber ihr Leben und es fließt, weil sie sich mit dem Leben verbunden fühlen! Ihre Intuition, Verbindung mit Gott, Gefühl, Gedanke, Wort und Tat sind eins - kongruent! - Sie sind erwacht und alles fließt Ihnen zu!

Erleuchtung bedeutet klar:

Keine Anhaftung..keine Begierden ... sich erfüllt, ohne irgendein "weil" daran zu heften. Natürlich braucht man da dem Konsum ala Genuss- und Sinnlichkeitserfahrung nicht abgeneigt sein. Entscheidend ist aber daran, ob der Mensch sich darin abhängig macht oder sein fragliches Glücks- und Wohlbefinden darin sucht, das er sich selbst nicht geben kann!

„Ich bin glücklich und zufrieden, „weil"! ich das und das konsumiere", bleibt irgendwo fragwürdig, weil dieses immer schnell sein „Mana" verliert und man sich immer neue Konsumbefriedigungen als „Sucht" suchen muss! Das ist Lebensstandard und keine Lebensqualität! Kein Lustempfinden nur Leere, Entsagung von der Welt ?

Doch! - Wir können Reichtum genießen! - aber nicht uns von ihm beherrschen lassen, uns abhängig zu machen, ohne seinen Selbstwert oder Lebenssinn darüber definieren!

Also doch! – Höchstes Lust und Genussempfinden mit Geld, sogar erwünscht, aber keine Abhängigkeit! So kann man 10 Rollce Royce ruhig besitzen, ist aber nicht abhängig bzw. muss seinen Status und Selbstwert darüber definieren! Es bedeutet nicht Verzicht auf die Welt!

Aber: „Denn was hälfe es dem Menschen, wenn er die ganze Welt gewänne, er käme aber um sein Leben? (Matthäus 16:26)… und "scheißt" der Teufel nicht immer auf den größten Haufen, weil er genau dort seine Konsumsuchtverträge abschließen kann, auf Kosten der Lebendigkeit des Betroffenen d.h. er bezahlt dann sogar noch mit seinem Blut (Symbol der Lebendigkeit!)? und glaubt dann, als zurechtgestutztes „Bonsaibäumchen" noch lebendig zu sein!

Er hat aber nur seinen eigenen „Brennenden Dornbusch" vergessen, der für dein Leben grünen und wachsen wollte, um reiche Frucht tragen zu können

Aber da gibt es dann nur mehr tote Asche. Die Wasser des eigenen Lebens waren umgeleitet für dieses künstliche Bonsaibäumchen sein, vom fühlbaren, erregenden Lebendigen der eigenen seelischen Quelle abgeschnitten. Der Mensch hat sich in eine von ihm entworfene oder frühkindlich geprägte oder gesellschaftlich oder konfessionelle begrenzte Vorstellungsform eines Ordnungsrahmens lange hineingepresst, eine eigene Einzigartigkeit oder Entwicklung verleugnend. Alles Unangenehme, der bisherigen Idealform nicht entsprechende, wurde beiseite gedrängt. So hat er sich so lange beschnitten, und an Marionettenfäden gehängt, bis er endgültig das perfekte Bild einer Kulturanpassungsleistung eines Mainstreams, eines Ideals, einer angeblichen Erfolgsstory ist, wobei noch Lebensstandard mit Lebensqualität verwechselt wird!

Aber spirituelle Menschen stehen erfüllt in dieser Welt heute und sind aber mit ihr so nicht verhaftet! Sie warten nicht auf "bessere" Zeiten -Sie packen an und verwirklichen und gestalten - nehmen Chancen wahr und üben Verbundenheit!

Sie haben erkannt, dass ein Verlangen nach persönlicher Erleuchtung ein Hindernis zu ihrer Verwirklichung ist. Erleuchtung und Erwachen kann höchstens bedeuten, dass man aufhört sich nur für ein klar umrissenes Einzelwesen zu halten. Man wird gewahr, das das 'Eigeninteresse seines Egos, das mehr und mehr zum „Diener" der Seele hin wächst, mehr und mehr durch diese, fehlenden, oder unbewusste Inhalte integriert, um eine umfassendere Sicht auf das eigene Leben zu erhalten und darin ganzheitlicher bzw. verbundener im Lebensnetz handeln zu können.

Setze dich mal oft an einen großen See oder setze dich oft auf einen Berg!

Betrachte die Weite vor dir, wenn du dich der schöpferischen Stille öffnest!

Atme die Weite! - Fühle sie! - Ankere das Gefühlte und empfinde es, so oft wie möglich. Atme ganz weit und fühle diese Veränderung. Fühle, wie du, in diesem Augenblick, von innen heraus, lichter und lichter wirst und ein Wunder der Verwandlung sich dann mehr und mehr vollzieht. Es verändert dich!

Fühle es tief in dir, befreie dich: „Ich bin" stärker, als jede Herausforderung, die noch zu mir kommen kann. Ich bin stärker, als jede meiner Lebens-situationen, ... immer wieder...".

Lass es tief in dir wirken. Atme das Licht, die Harmonie - Atme die Stärke, die sich in deinem Inneren und sich damit in deinen äußeren Situationen als Leichtigkeit manifestiert!

Es geht um diese innere Einstellung: Ich erschaffe damit über meine Geisteskraft, also der Gestaltung meines Lebens aus dem Bewusstsein!

„Ich bin es wert, vom Leben beschenkt zu werden"
Ich bin die Fülle Seines Seins"

Du widerspiegelst dich dann und handelst aus deiner Kraft des Vertrauens heraus, dass es gut geht, mögen auch die einen oder anderen Befürchtungen auftauchen wollen. Diese werden ignoriert, weil über die innere Einstellung ein Verwandlungsvorgang eingeschaltet worden ist, der über:

„Ich glaube, ich vertraue" - läuft!

Empfinden und Intuition schaffen deine erfüllende Realität!

Das Äußere antwortet dir darauf!

So heißt die ganze Zauberformel des Dornbuschs für dein Leben!

Wer sein Herz öffnet – fühle mich nun!
Wer offen für seine Sinnlichkeit ist, der erfahre mich!
Wer Ohren hat, der höre!
Wer seine Inneren Augen öffnet, der sehe und erfasse:

Die Auferstehung

Tief berührt, erkannte der Mensch nun:

"Ich habe nun in meinem Leben einen anderen Blickwinkel erreicht. Nun will ich beginnen, zum inneren Zenit aufzusteigen. Ich begreife jetzt meine Existenz nicht mehr als unberechenbares Niederträufeln von Barmherzigkeiten für konfessionelle oder nur bürgerliche „Anständigkeiten", sondern als Absicht meiner Seele, meinem eingeborenen Gottesbild sich mit mir, zu ihrer höchsten Version, mit meiner und ihrer Schöpferkraft zu entwickeln!

Ich habe begriffen, dass dabei dieses Innere, meine Seele, der richtige Ort ist, wo alles für mich verständlich und fühlbar erkennbar wird, wo ich mich auch bei verworrensten Situationen meines Lebens zurückziehen kann.

Ich erkenne, dass dort einfach und klar ein übersichtlicher Sinn existiert, der mich führt und beschützt, auch mit erfahrbarer Verbundenheit, zu meinem Umfeld!

Und Gott sprach durch die Flammen des Dornbuschs:

Kennst du das Mysterium der Tür! – Nein?
Denke mal darüber nach!
Ich habe es dir, als dein „Göttlicher Funke" eigentlich schon im Bild des
brennenden Dornbusches doch geschildert!

Keiner hat dir jemals dir Sonne des Lebens weg genommen, sondern ich der Große Geist habe dir im Sinne einer liebevollen Aufforderung die Möglichkeit geboten, sie selbst in dir zu finden.

Wenn du sie findest, geht plötzlich eine Türe zu deiner Dornbuschflamme des Lebens auf.

Als dieses brennende „Dornbuschlicht", komme ich dann auf dich zu und du könntest fragen:

Wer bist du?

Ich spreche dann zu Dir – Ja zu Dir:

"Wer ist hier "DU" - Du bist aus dir heraus gegangen, weil du dich selbst nicht in Dir gefunden hast. - Ich aber bin in dich hinein gekommen - weil ich mich draußen nicht erkannt habe!"

Du sagst dann etwas verwirrt:

„Und wie bist du herein gekommen?"

Das Dornbuschfeuer sagt:

„Ich bin durch dich hindurch gekommen - Das heißt, dass ich durch die Tür gekommen bin!"

„Wenn du aber durch die Tür gekommen bist, wie kannst du dann durch mich selber kommen?"

schreist du verzweifelt!

„Indem du die Tür selber bist!

Die Frage alle Fragen gilt der Tür!"

sagt deine Dornbuschflamme.

„Die Tür geht nach innen auf!

Das ist das Geheimnis aller Geheimnisse und schaut dich dann sanft an:

„Das Licht selbst findet aus dem Menschen die Tür, durch die der Mensch ins Licht einkehrt und ich, als Gott in dir würde jetzt sagen:

„Ich bin das Auge, doch der Blick bist du!" ,

solange du für das Leben brennen willst!

> *„Ich bin das brennende Licht – Der Weltengeist in Dir!*
> *Ich bin dein Gesicht und Auge,*
> *doch den Blick entscheidest Du als mein Kaleidoskop!*
> *Du bist die "Füsse" Gottes, des Wanderers,*
> *durch meine sinnliche & körperliche Erfahrung als Mensch in dir !*
> *Ohne dich kann ich nicht in meiner Schöpfung gehen!*

So verbindet nun das Symbol des „Brennenden Dornbuschs" jeden Menschen mit seiner Göttlichkeit, dem eigenen „Göttlichen Funken" in sich!

„Ich bin die Einheit in der Zweiheit!"

Soulspiritart

Das Allumfassende Bewusstsein

Von dieser Kraft dieses Allumfassenden Bewusstseins, dem Großen Geist in uns, gehen alle Dinge aus.

Wenn du einmal von der Grundvoraussetzung ausgehst, dass du eingebettet in diesem Bewusstsein existierst, als ein Seiendes dieses Bewusstsein spiegelnd, so wäre das grundlegende Talent, das du möglicherweise hast, ebenfalls das Talent deiner „Unbegrenztheit".

Prinzipiell Allumfassend zu sein, bedeutet nun einmal unbegrenzt, vollkommen und sämtliche Möglichkeiten beinhaltend, also ein sehr schönes und sehr erstrebenswertes Talent, das du ganz einfach aus deinem „So sein", als deinem Menschsein in dir hast. Da dieser Große Geist allumfassend ist, so bist auch du allumfassend, und somit ist auch ein höchstes Wohlbefinden, Harmonie und Verbundenheit in dir angelegt! - Das ist Liebe!

Also! - „Weiter", sprich Allumfassender werdend, in deinem Bewusstsein, hast du den Vorteil, all die Dinge automatisch erreichen zu können, die du dir vorher in deinem, noch nicht erreichten göttlichen Zustand, gar nicht in der Lage gewesen wärst, dir vorzustellen.

So ist das wichtigste in deinem Leben, dir deines seelischen Inneren immer mehr bewusster zu werden.

Denn in diesem Augenblick, wo es dir bewusst wird, kommst du genau in dieses Energiepotential hinein, in diese magisch „energetische Kapazität", wo dir ein erfülltes Leben, egal nun was, entsprechend dieser Qualität gelingt. Und ganz allein darauf kommt es an!

Schaffe dadurch und damit die Voraussetzungen für das, was du ohne diese Voraussetzungen noch nicht sehen und erkennen kannst.

Um einen großen und weiten Überblick über dein Leben zu haben, über die sich zeigenden Möglichkeiten, bedarf es zuerst des Aufstiegs. Tief unten im Tal, in der Such(e)t deiner Bedürftigkeiten, kannst du die Gegend, in der du bist, kannst du all die darin enthaltenen Möglichkeiten nicht erkennen.

Bist du also bereit, dich zu erheben, aus dem polaren Dunkeln, eines sich schwach und unsicher "Fühlens", in die Höhe deines Bewusstseins deiner eigenen zunehmenden Unbegrenztheit?

Kannst du dich da, dies immer mehr empfindend erhöhen: „Ich bin dieses Allumfassende"- „Ich bin der Engel, ein Bote meines Lichtes" - Kannst du dich da im Allumfassenden sehen?

Du kannst dich diesen Herausforderungen nur dann gewachsen fühlen, wenn du deine wahre Natur bereit geworden bist, anzunehmen, es in dein Leben hineinfließen zu lassen, anstatt laufend kampfhaft zu suchen und darum zu kämpfen.

Das, was also der Erfüllung in deinem Leben entgegensteht, ist deine mangelnde Bereitschaft dieses hohe Geschenk, deiner Göttlichkeit in deiner Körperlichkeit zu erfahren", das aus seinem Bewusstsein die Dinge gestaltet und dann harmonisch in dein Leben fließen lässt.

Es genügt also eigentlich nur die Offenheit und Bereitschaft, dir von deinem göttlichen Funken in dir, etwas sagen zu lassen. Aber welcher Mensch ist bereit, sich etwas sagen zu lassen und schon gar nicht heute von einem „Engel", als eine personifizierte psychisch-geistige Energie, die dir das Göttliche auf Anforderung „zudenkt"!

Warum eigentlich nicht? – Könnte es nicht sein, dass sich dadurch sich etwas in deinem Leben zu erfüllen und zu fließen beginnt!

„Wie innen, so außen"! - Wenn du bereit bist, etwas von Innen aus dir auf zu nehmen, in die symbolische Bereitschaftenergie „Ich bin das Licht, mein Engel, ein „Angelos" – ein Bote des Lichtes, dann fängt der Dornbusch zu grünen an!

Aber da meldet sich der Verstand beim Skeptiker und Zweifler und tausend „Aber`s" tun sich auf und die „Heuschrecken" der Zweifel und der Sorgen machen alles wieder kaputt!

Die Gestaltung des Lebens aus dem Bewusstsein

Sieh nun den Kern des vorher Gesagten aus dem Symbol des Brennenden Dornbuschs für dich, der dich zu einer erfüllenderen Einstellung, zu deiner Mitte führen soll, die du doch letztendlich brauchst, um deine immer intensiver werdenden Lebenssituationen erfolgreich konfrontieren zu können.

Es geht darum, fähig zu sein, um tief in dir dieses „Ich bin, der ich für dich sein werde" durch das „Dornbuschlicht" zu spüren:

„ICH BIN"

Wenn du dies anerkennst, dass dieses „ICH BIN" die Grundlage deiner Wunscherfüllung, quasi der Schöpfungscode deines „Seins" ist, dann formt sich durch diese wahre intensive Einstellung zu deinen Wünschen und Ideen die äußere Realität. Dadurch kannst du dich auch als ein göttliches Wesen empfinden, das vorwiegend außerhalb der begrenzten materiellen Eingebundenheit „in Zeit und Raum" existiert.

Um dorthin zu kommen, bist du aufgefordert, dich damit zu beschäftigen, wie wertig du dich selbst empfinden kannst.

Wie wertig empfindest du dich selbst, materiell betrachtet?

Oder gelingt es dir mehr und mehr, dich als ein Teil eines großen Ganzen zu empfinden, so wie der berühmte Wassertropfen im Ozean.

Der Wassertropfen als solcher betrachtet, vermag so gut wie gar nichts. Er ist mehr der viel gerühmte oder sollte man besser sagen „Tropfen auf dem heißen Stein", also ohne ersichtliche Wirkung.

112

Aber der Ozean auf dem heißen Stein vermag sehr wohl eine Wirkung zu erzielen. Es bedarf nicht einmal des ganzen Ozeans. Es bedarf nur einiger Schritte vom Wassertropfen in Richtung des Ozeans.

Das ist es, was von dir gefordert wird, durch die Unerquicklichkeit einzelner Situationen deines Lebens, nämlich einzelne Schritte in Richtung Ozean zu tun, hochgeschätzter und überaus geliebter Wassertropfen.

Was heißt das nun:

Du sollst lernen, dich wieder inniger mit der Göttlichkeit verbunden zu fühlen. Du darfst in Demut bescheiden bleiben. Aber erkenne die Wahrheit und leugne sie nicht länger. Die Wahrheit ist nun einmal deine Göttlichkeit.

Dies ist nichts Außergewöhnliches, sondern absolut normal. Dies wollte uns die Kraft des Allbewusstseins, die Kraft deines Lichtes, dein Hohes Selbst verdeutlichen. *(Vgl. NT, MK. 11,22-24).*

Vergegenwärtige es in dir öfters in der Stille deines bewussten Atmens, um es in dir zu empfinden. Wenn du diese Aufmerksamkeit dahin lenkst, wird es dir tatsächlich bewusst, dass es so ist.

Lenke deine Aufmerksamkeit sehr bedeutungsvoll auf diesen, die Veränderung bringenden Punkt und beginne diese Wahrheit mit einem anderen Standpunkt zu vertreten.

Siehst du dich nach wie vor isoliert und getrennt, sprich menschlich materiell getrennt, von dem Vertrauen zum „All–Einen" getrennt, der Vergänglichkeit, der Schwäche und dem nicht „Genügen" unterworfen?

Glaubst du noch daran oder gelingt es dir nun Schritt für Schritt der Wahrheit deines Seins und einer natürlichen Demut näher zu kommen:

Liebe deinen Nächsten, wie dich selbst!

Aus diesem „.. wie dich selbst" erkennst du, dass es nicht deine Aufgabe auf Erden ist dich zu beschränken, sozusagen in einer missverstandenen Demut kleiner zu machen, als du dich gelegentlich sowieso empfindest.

Es geht vielmehr darum, dass du der Wahrheit Rechnung tragend, beginnst, dazu zu stehen, weitaus kompetenter zu sein, fähiger zu sein, Dinge nach deinen Begabungen, in deinem Leben zu bewirken und zur Entfaltung zu bringen, Projekte durchzuziehen, zu gestalten und zu vollenden.

Du hast die Kraft unter der Voraussetzung, dass du dich nicht beschränkst in deinen Gedanken, mit deiner Vorstellungen. So sei grundsätzlich bereit, dich der Göttlichkeit, diesem „Ich Bin" hinzugeben.

So ist es auch deine Aufgabe zu akzeptieren, dass nicht du etwas bewirken kannst, sondern nur die Kraft in dir, bzw. noch klarer und unmissverständlicher formuliert:

„Die Kraft des Seins, des "Ich Bin",
die durch dich hindurch strömt."

Denn die Kraft in dir, so könntest du nun glauben, ist die Kraft deiner Körperlichkeit, deine ganz persönliche mentale Kraft deines Denkens, dein Wille. Dies ist missverständlich. Denn auch der Wille ist begrenzt, da er von deiner, vom Verstand und der, von der vergangenen Erfahrung dominierten Vorstellungskraft abhängt von dem was du sozusagen dir wünschen und wollen kannst.

Im anderen Falle deiner inneren Erkenntnis, dass du eigentlich ein lichtes- und spirituelles Sein bist, ein Hauch von Göttlichkeit, eigentlich in der Welt der Formen nicht existierend, schon körperlich als Erscheinungsform, wirst du leicht deine Erfahrungen erleben, dass die Energie, die hinter dir steht, eben nicht von dieser Welt ist.

Das ist eben ein ganz wichtiger Punkt auf den uns die „ICH BIN" Kraft (Licht, Hohes Selbst etc.) schon aufmerksam machte:

„Mein Reich ist nicht von dieser Welt."

Wenn du es nun lernen kannst, die Dinge die du tust, nicht als von dir tuend zu empfinden, sondern als von der Kraft getan, die durch dich hindurch strömt, so geschieht folgendes:

- Du tust dir viel leichter
- Es ermüdet dich nicht so schnell oder so gut wie nie
- Das Erfolgserlebnis ist ein viel größeres

weil du darauf vertrauen kannst, das Richtige getan zu haben.

Warum das „Richtige" getan zu haben?

Weil du ja deinen auf Absicherung, auf Profilierung und Strukturierung orientierten Eigenwillen aus diesem Tun herausgenommen hast und nicht mehr der Fehlerquelle unterworfen bist, etwas gewollt zu haben, was möglicherweise nur für dich im Sinne einer enttäuschenden Erfahrung wichtig gewesen ist.

Du vermeidest Irrwege, überflüssige Wünsche, die dich von diesem geraden Weg nur abgelenkt hätten. Sicher, sie gehören dazu. Sicher, sie sind nicht falsch, eine Möglichkeit. Aber es ist eben nicht der gerade Weg. Aber wenn du schon die Gelegenheit hast, den geraden, direkten Weg zu gehen, warum gehst du ihn dann nicht?

Natürlich ist der Sinn das Loslassen der alleinigen körperlichen Orientierung und damit, wie in vielen vorangegangenen Inkarnationen, zu mehr, als zur Genüge erfahren und empfunden, das Loslassen der Möglichkeit Schmerz und Leid zu empfinden.

Je mehr es dir gelingt, dieses, nur körperlich orientierte Bewusstsein zu transformieren, in ein lichtes unbegrenztes Bewusstsein, desto harmonischer wirst du dich ebenfalls empfinden.

Es geht um dieses Vertrauen, dass Gott dich liebt, dass eben dieser dein wahrer Partner ist. Es geht um diese Partnerschaft, dieses darauf vertrauen und absolut verlassen können, dass sich nur dadurch die Probleme deines Lebens in relativ angenehme Situationen zu verwandeln beginnen.

Was warst du doch ein Narr anzunehmen, du könntest mit deiner begrenzten menschlichen Erfahrung und Vorstellungskraft dein Leben auf weite Sicht nach deinem Willen zu deinem Besten planen und strukturieren und nach deinem Kopf zwingen.

Denn das Allumfassende ist sehr daran interessiert, dass du ein erfülltes und glückliches Leben führst und dieses kann du nur dann führen, wenn du dich all den Schwierigkeiten und Herausforderungen deines Lebens gewappnet und gewachsen fühlst. Du kannst dich diesen Herausforderungen nur dann gewachsen fühlen, wenn du deine wahre Natur deines „Göttlich-Seins" bereit geworden bist, anzunehmen, es in dein Leben hineinfließen zu lassen.

Das, was also der Erfüllung in deinem Leben entgegensteht, ist deine mangelnde Bereitschaft dieses hohe Geschenk, wie du es siehst, wieder anzunehmen, nämlich eben dein ursprüngliches „Allbewusstsein".

Aber du bist eingeladen, dich ein klein wenig in diese Energie einzufühlen, um dadurch erkennen zu können, dass dir diese Energiequalität, dieses Potential sehr wohl vertraut ist, und dass es im Grunde keine Schwierigkeiten für dich bedeutet, es so anzunehmen, es für dich zu beanspruchen, um dann aus diesem Bewusstsein heraus die Dinge entstehen zu lassen.

Das ist das große Geheimnis, das Mysterium der Lebensgestaltung aus dem Bewusstsein, was dich befähigt, erfüllt zu sein und wieder erkennen zu können, woher du gekommen bist, wohin du gehst, bzw. was du in Wirklichkeit bist.

Lass dir deshalb alltagsbezogen, ganz simpel die Sache deines eigenen Wohlergehens, die Ursache deines eigenen Erfolges näher bringen.

Atme weit und behutsam und erkenne, wie schön es ist, einfach nicht zu müssen! und lerne zu erfahren, wie erfüllend es ist, die Dinge, die Lebenssituationen entstehen zu lassen, in denen du dann eingeladen bist, diese zu gestalten, aus sich heraus, aus diesem Bewusstsein der Liebe und Harmonie, eben liebevolle harmonische Dinge entstehen zu sehen.

Du erreichst es, wenn du weit und still atmest, dich oft auch über dein Denken einfühlst, in diese Kraft die um dich herum ist, ganz weit ganz still.

Durch dieses stille Atmen und Denken:

> „Gott und nur Gott - Licht und nur Licht"
> „Ich bin" sein unbegrenztes Potential in mir"

verschmilzt du, wenn du es so nennen willst mit dieser Kraft.

Atme diese Macht, diese Kraft, diese Stärke also ein, verbinde dich, verschmelze und werde eins damit.

Erkenne hier gleichzeitig, dass es im Grunde auf der materiellen Ebene aus dem eigenen Willen heraus nichts zu tun gibt, bzw. jedes „Tun wollen" von vorneherein eben, bedingt oft durch das Wollen, allein aus dem Ego heraus, zum Scheitern verurteilt ist.

Es geht letztendlich um diese Erkenntnis:

> *„Gott ist in mir und ich bin göttlich"*

Lass in dir wirken und als eine magisch-energetische Übung sehen!

Immer wieder atme und denke:

> *„Gott ist in mir, Gott ist allumfassend, Gott ist außen, wie auch innen, Gott ist im Himmel, wie auch auf Erden. Gott ist in mir, und wenn ich mit mir spreche, dann spreche ich mit Gott"!*

Dies seien deine Gedanken, dies seien deine Gefühle:

„Wenn ich mit mir spreche, so spreche ich mit Gott".

Und um diese Verbindung mit deiner eigenen Göttlichkeit ist es, worum es in deinem Leben geht. Schaffe dadurch und damit die Voraussetzungen für das, was du ohne diese Voraussetzungen noch nicht sehen und erkennen kannst.

Denn, um einen großen und weiten Überblick über dein Leben zu haben, über die sich zeigenden Möglichkeiten, bedarf es zuerst des Aufstiegs.

Tief unten im Tal kannst du die Gegend, in der du bist, kannst du all die darin enthaltenen Möglichkeiten nicht erkennen. Bist du also bereit, dich zu erheben, aus dem Dunkeln, des sich schwach und unsicher "Fühlens" in die Höhe deines Bewusstseins deiner eigenen Göttlichkeit?

Kannst du dich da erhöhen:

„Ich bin dieses Allumfassende"

Kannst du dich da im Allumfassenden sehen?

Erst dann können sich dir all die Möglichkeiten zeigen. Von dort oben kennst du auch die Zusammenhänge, erkennst die Wege und vor allem eines:

Du erkennst, dass du dich von dir aus nicht zu bemühen brauchst, dass jedes Bemühen von dir aus, und das Wort sagt es allein schon, alles mit Mühe verbunden natürlich durch die Erwartungshaltung, dass es mühevoll sei, dir auch Mühe bereiten wird, schwierig sein wird. Das ist der Weg der Polarität!

Du willst etwas erreichen, du bemühst dich und wirst durch dieses zwanghafte Wollen, durch dieses Bemühen mit der Mühe der Schwierigkeit konfrontiert.

Im anderen Fall, wenn du aus deinem erwartungslosen göttlichen Bewusstsein heraus lernst zu fühlen, zu denken und zu agieren, wird dir mehr und mehr alles nicht nur leicht erscheinen und leicht werden, weil du den richtigen Weg gehst in Gemeinsamkeit mit der Führung des Göttlichen, das dich liebt.

Vertraue dich ihm an!

Du befindest dich dadurch in der allerbesten Gesellschaft. Schon er sagte:

„Nicht ich, sondern der Vater – der Große Geist durch mich tut diese Werke"!

und gibt es da irgendeinen Grund, nicht gleich Ihm zu handeln?

Tat dieser Jesus vielleicht zu wenig und war das, was er tat, nicht gut genug?

Er tat Wunder und Wunder können sich nur dann in deinem Leben zeigen, wenn du bereit bist Wunder geschehen zu lassen.

Wunder von einem Menschen zu verlangen ist zu viel!

Wenn du aber eine grundsätzliche Bereitschaft aufbringst, wirklich wundervolle Dinge der Erfüllung, des Unvorstellbaren, in dein Leben einfließen zu lassen, dann geschehen sie einfach.

Damit hast du grundsätzlich auch wieder eine Definition des Wunders:

Ein Wunder ist das was außerhalb den vorstellbaren Möglichkeiten deines Denkens liegt und das ist hier der Punkt:

Lass Wunder geschehen, aber Wunder geschehen lassen, kannst du nur dann, wenn du die Begrenzungen deiner wertenden Vorstellungen bereit bist, loszulassen.

Durch dieses Stillehalten, Nichtverdrängen, Aufmerksamsein, Annehmen der Wirklichkeit, der Dinge wie sie sind, und nicht wie du sie immer, stur zielorientiert, oft willst, wird dir seltsame Erkenntnisse bringen, aber auch seltsame Kräfte, wie du dir sie früher nie hättest vorstellen können.

Du wirst dann nicht von den Problematiken überwältigt, wenn du den Augenblick annimmst, du wirst immer noch dazu Stellung nehmen können, zum richtigen Zeitpunkt, am richtigen Ort.

Mit diesem „Ich Bin" Bewusstsein kannst du das Spiel des Lebens spielen, wenn du dein Wesen mit seinem vermeintlich Positiven als auch Negativen durch Nichtbewerten annimmst und nichts mehr nach deinem Kopf zwingst.

Es gilt, dich einfach nur im Vertrauen, dem Vertrauen zur Göttlichkeit, zu öffnen. Dann wirst du wirklich zu einer Schale, zu einer nach oben offenen Mondsichel, die dann mit dem Licht seiner Weisheit erfüllt werden kann.

Solange du im Glauben, der Meinung bist, als Mensch immer irgendetwas tun zu müssen, unterliegst du natürlich deinem menschlich und somit begrenzt wirkenden Bewusstsein, und dort kann es keine Wunder geben, sondern nur das aus der Vergangenheit her betrachtete Vorstellbare.

Die Erfahrungen der Vergangenheit in die Zukunft projiziert, das ist das was der Verstand kann, das was ihm real und realistisch und vernünftig erscheint. Aber einen nicht vorstellbaren Fortschritt, vor allem aus den gegebenen Voraussetzungen heraus, nicht vorstellbare Veränderung, für die eigene Qualitätsverbesserung, ist der Verstand nicht bereit anzunehmen.

Dort ist bei ihm keine Bereitschaft vorhanden.

Praktisch gesehen gehört es aber zur göttlichen Natur, über eine Bereitschaftseinstellungsenergie, bzw. durch die Einstellung einer entsprechenden Bereitschaft wirken zu können, im Sinne der Wirkung des Bewusstseinsenergiefeldes, dein Leben optimal beglückend, erfolgreich und sinnvoll gestalten zu können.

Atme das Gesagte wieder in der Stille, in der Meditation ganz bewusst ein. Versuche das Gesagte auf der Ebene der Wortlosigkeit mit dem Herzen ohne Kritik und bohrendes „Ja aber" des Verstandes nachzuempfinden.

Die Ebene der Wortlosigkeit ist sehr wichtig für dich, dass du lernst mit dir sicherer zu werden und das wahre Gefühl deiner Lebensfähigkeit in ganzheitlicher Sicht mit dieser prozessorientierten Einstellung zu erleben.

So heißt es, die von dir ausgehende Ordnung zu akzeptieren. Früher war es Unordnung, aber jetzt beginnt Ordnung von dir auszugehen.

Halte in dieser Bewusstheit oft inne, um der Göttlichkeit die Gelegenheit zu geben, sanft, den von dir gelegten Samen, in dein tägliches Leben, mit vertrauensvoller Geduld, hineinwachsen zu lassen.

Ordnung ist Harmonie. Ordnung ist gleichzeitig Einverständnis und aus diesem Einverständnis heraus, entsteht das Bewusstsein der Göttlichkeit in dir. Damit verbunden ist das Gefühl, dass du dich geliebt empfinden kannst, dass Gott dich liebt.

Das ist gar nicht so leicht anzunehmen, dass hier eine absolut bedingungslose und grenzenlose Liebesbereitschaft für dich da ist.

Wenn du dies in einer täglichen meditativen Stille verbunden mit einem sanften tiefen Atmen hervorrufen und empfinden wirst, so geschieht etwas ganz wesentliches in dir:

Eine Verwandlung, eine Erfüllung!

Es geschieht im Grunde eigentlich das, was du dir in deinen Liebesbeziehungen immer gewünscht und nur im Außen gesucht hast, und dir dort erkämpfen wolltest.

Die Erfahrung war aber, dass du nicht erfüllt werden konntest.

Du wirst beginnen, dich in deinen Beziehungen erfüllt zu fühlen, wenn du aus deiner Mitte heraus dich von der Göttlichkeit erfüllt empfinden kannst.

Dies geschieht über den Vorgang der Magie des Atmens in der Stille aus deinem ganzen Herzen und deiner Sehnsucht:

Höre, was hier dein leiser Atem zu erzählen hat:

„Ich bin die Kraft, ich bin diese Stärke"

Mit dieser, wenn du nennen willst „Suggestivformel", erzeugst du in dir die entsprechende Schwingung.

Die damit verbundene, entsprechende aktivierte, Energiequalität, kommt zum Strahlen und gibt dir Geborgenheit, Ruhe und die Gewissheit, einfach nichts versäumen zu können.

Visualisiere und verbinde das Gesagte in deiner Mitte, mit der Vorstellung eines hellen großen Lichtes, ähnlich der Sonne.

Aus diesem innersten Gefühl heraus, erlebst du mehr und mehr die Widerspiegelung, der sich entwickelnden Energiequalität in der Darstellung des Äußeren, in Form von angenehmeren Situationen.

Auf einmal beginnst du in einer harmonievolleren, in sich geborgeneren Welt zu leben. Aber es ist die gleiche Welt wie früher. Die Veränderung aber, die sich vollzogen hat, die sich so deutlich im Äußeren darzustellen beginnt, geschah in dir und dort, wo sich früher Berge an Schwierigkeiten zeigten, erblickst du nur mehr Maulwurfshügel.

Die Verantwortung für das sich Verändernde liegt in dir!

Wenn du dies lernen kannst, ersparst du dir mögliche Verdichtungen einer Informationsaufforderung, einer spirituellen „Ermunterung", es tun.

Sieh es einmal so, dass diese Ermunterungen und Aufforderungen, das Spezialgebiet eines etwas missverstandenen Schauspieldramatikers, des „Lichtträgers" - „Luzifer" - genannt, sind.

Er ist gegenüber landläufiger Meinung nämlich einer der liebevollsten „Engel", der die unangenehmste Aufgabe hier auf Erden übernommen hat. Warum?

Dieser gefallene, sprich herabgestiegene Engel, „kramt" nämlich dann aus seiner Repertoirekiste die eine oder andere Inszenierung in Form von Schicksal heraus und durchleuchtet damit deine „Schatten" bzw. deine geistigen festgefahrenen Denkmuster, die es aufzubrechen gilt. Aber dies ist nicht unabdingbar, unvermeidlich erforderlich!
Dies wird dann nur notwendig, wenn die Not so drückt, so eindeutig geworden ist und nichts mehr als nur die Not, die Verschlossenheit deiner inneren Augen da ist. Dann muss es zur Wende kommen. Dann wird die Not sozusagen noch etwas intensiviert, dass der ganze Prozess abgekürzt und beschleunigt wird.

Eine Intensivierung einer Not und Leidempfindung hat so nichts mit Strafe des Schicksals zu tun. Sie dient ganz einfach der Abkürzung eines Lernprozesses, dient ganz einfach dazu, möglichst frühzeitig und kurzzeitig das Herbeiführen einer positiven Veränderung zu beschleunigen.

Nur damit du, früher oder später, in den Genuss der angenehmen Erfahrung, im Sinne einer spirituellen Weiterentwicklung kommen kannst.

Lernen und Wachsen muss nicht zwingend mit Schmerz und Leid in Verbindung stehen. Es kann durchaus ein sehr angenehmer bzw. sehr erfreulicher Lernprozess sein.

Nur wenn du aus dir, aus deiner innersten Göttlichkeit heraus lernst, dich dieser Göttlichkeit unterzuordnen, mit der Einstellung:

„Nicht ich, sondern der Schöpfer allen Seins durch mich ..."

Nur, wenn diese Einstellung begonnen hat, klar und eindeutig und unzweifelhaft zu sein, dann erst wird sich dein Leben mehr und mehr im Äußern verändern und hilft eben diese gewisse Aufforderungen überflüssig zu machen.

Es ist eine kosmische Unfallversicherung, besser als eine irdische, weil es durch diese himmlische Unfallversicherung zur Situationsvermeidung kommt.

Darum geht es!

So wirst du lernen, deine Situationen durch die Veränderung zu beeinflussen, über deine Einstellung, des Vertrauens, in deine eigene Göttlichkeit, was automatisch eine Veränderung deiner eigenen Position im Äußeren zur Folge haben wird.

Erkenne hier erneut:

„Wenn Du dich tief im Inneren veränderst,
verändert sich deine Welt
„Wenn Du zum Erfolg deines Lebens kommen willst,
dann kommt es nicht darauf an, was Du tust,
sondern auf die Einstellung, mit der Du es tust"

Soulspiritart

Die „Ich Bin" Akte Moses

Wie ist nun denn der „alte Moses" mit seinen Erkenntnissen aus seiner Begegnung mit dem „Brennenden Dornbusch" umgegangen?

Schauen wir uns das, in Zusammenhang mit dem Gesagten, etwas nähe an:

... Als der Pharao sich näherte, blickten die Israeliten auf und sahen plötzlich die Ägypter von hinten anrücken. Da erschraken die Israeliten sehr und schrien zum Herrn. " Zu Mose sagten sie: Gab es denn keine Gräber in Ägypten, dass du uns zum Sterben in die Wüste holst? Was hast du uns da angetan? Warum hast du uns aus Ägypten herausgeführt? Haben wir dir in Ägypten nicht gleich gesagt:
Lass uns in Ruhe! Wir wollen Sklaven der Ägypter bleiben; denn es ist für uns immer noch besser, Sklaven der Ägypter zu sein, als in der Wüste zu sterben.
[13] Mose aber sagte zum Volk: Fürchtet euch nicht! Bleibt stehen, und schaut zu, wie der Herr euch heute rettet. Wie ihr die Ägypter heute seht, so seht ihr sie niemals wieder. Der Herr kämpft für euch, ihr aber könnt ruhig abwarten.
Der Herr sprach zu Mose: Was schreist du zu mir? Sag den Israeliten, sie sollen aufbrechen. Und du heb deinen Stab hoch, streck deine Hand über das Meer, und spalte es, damit die Israeliten auf trockenem Boden in das Meer hineinziehen können. Ich aber will das Herz der Ägypter verhärten, damit sie hinter ihnen hineinziehen. So will ich am Pharao und an seiner ganzen Streitmacht, an seinen Streitwagen und Reitern meine Herrlichkeit erweisen. Die Ägypter sollen erkennen, dass ich der Herr bin, wenn ich am Pharao, an seinen Streitwagen und Reitern meine Herrlichkeit erweise.

Der Engel Gottes, der den Zug der Israeliten anführte, erhob sich und ging an das Ende des Zuges, und die Wolkensäule vor ihnen erhob sich und trat an das Ende.
Sie kam zwischen das Lager der Ägypter und das Lager der Israeliten. Die Wolke war da und Finsternis, und Blitze erhellten die Nacht. So kamen sie die ganze Nacht einander nicht näher. Mose streckte seine Hand über das Meer aus, und der Herr trieb die ganze Nacht das Meer durch einen starken Ostwind fort. Er ließ das Meer austrocknen, und das Wasser spaltete sich. Die Israeliten zogen auf trockenem Boden ins Meer hinein, während rechts und links von ihnen das Wasser wie eine Mauer stand.

Die Ägypter setzten ihnen nach; alle Pferde des Pharao, seine Streitwagen und Reiter zogen hinter ihnen ins Meer hinein.

Um die Zeit der Morgenwache blickte der Herr aus der Feuer- und Wolken-säule auf das Lager der Ägypter und brachte es in Verwirrung. Er hemmte die Räder an ihren Wagen und ließ sie nur schwer vorankommen. Da sagte der Ägypter: Ich muss vor Israel fliehen; denn Jahwe kämpft auf ihrer Seite gegen Ägypten. Darauf sprach der Herr zu Mose: Streck deine Hand über das Meer, damit das Wasser zurückflutet und den Ägypter, seine Wagen und Reiter zudeckt.

Mose streckte seine Hand über das Meer, und gegen Morgen flutete das Meer an seinen alten Platz zurück, während die Ägypter auf der Flucht ihm entgegenliefen. So trieb der Herr die Ägypter mitten ins Meer.

Das Wasser kehrte zurück und bedeckte Wagen und Reiter, die ganze Streit-macht des Pharao, die den Israeliten ins Meer nachgezogen war. Nicht ein einziger von ihnen blieb übrig.

Die Israeliten aber waren auf trockenem Boden mitten durch das Meer gezogen, während rechts und links von ihnen das Wasser wie eine Mauer stand. So rettete der Herr an jenem Tag Israel aus der Hand der Ägypter.
(Vgl: AT: Ex-14.10 ff)

Soweit der Bericht des Chronisten des Alten Testamentes!

Aber schauen wir uns den Bericht an, den Moses, als seine Version, dir als heutiger Mensch ganz vertraulich, in einer stillen Stunde, gegeben hätte:

„Wie sprach ‚ER' doch damals, am brennenden Dornbusch zu mir:

Moses - „Sei", sprach er und meinte wohl damit:

„Sei so wie ich" - Einfach allumfassend, allseiend.

Weiterhin sagte er zu mir, vor dem Brennenden Dornbusch stehend, dass ich alles schaffen könnte durch dieses „ICH BIN" - Denken, weil es die Unbe-grenztheit in mir und seine Existenz als seine Geisteswirklichkeit dort manifes-tiert.

Ich habe ihm geglaubt, denn was er dort in Ägypten nach meiner Rückkehr mit dem Pharao und seinem Volk mit den sieben Plagen anstellte, war schon ein Wunder, auch wenn ich mir bei der Konfrontation mit Ramses vor Angst fast in die Hosen machte.

Da stand ich nun als Vertreter eines, eines launischen Volkes, in seinen Stim-mungen unberechenbar und in seinem Wollen schwankend, am Roten Meer und mein Herz schlug vor Angst und Panik wieder zum Zerbersten.

Die Lage erschien aussichtslos:

Vor mir das unpassierbare Meer, durch das es schier kein Durchkommen gab, und hinter mir die blutdürstige Armee mit seinem verknöcherten Pharao, der uns alle schlachten wollte.

Nun, ich wusste ja mittlerweile, dass solche aussichtslose Lagen eine ganz besondere Spezialität des großen „Meisters" sind, aber muss er es immer auf die Spitze treiben und erst im letzten Moment klären.

Das hält doch die stärkste Kuh nicht aus!

Ich nahm also in höchster Not und Anspannung auf Geheiß seiner Stimme, die ich in mir vernahm, meinen Stab, streckte ihn aus und befahl den Wassern mit einer inneren „ICH BIN" Einstellung sich zu teilen.

Nichts geschah!

Ich befahl und beschwor die Wasser weiter – Nichts tat sich.

Die Sache wurde sehr mulmig und ich ging äußerst beklemmt ins kalte Wasser hinein, ständig mit dem ausgestreckten Stab den „Teilungsbefehl" gebend.

Keine Reaktion erfolgte!

„Oh Herr", sprach ich, „warum erfüllst du meinen Willen in deinem Auftrag nicht?"

Keine Antwort erfolgte!

Weiter ging ich und fühlte dabei neben einer abgrundtiefen Verzweiflung die erschreckten und zu Tode verängstigten erwartungsvollen Blicke meiner resignierten Landsleute im Rücken.

Ich konnte aber nicht mehr zurück, war zwischen allen Fronten sprichwörtlich eingeklemmt.

Schon ging mir das Wasser bis zum Mund, ich schluckte und es drohte mich zu ersticken.

Jetzt schloss ich aber wirklich mit meinem Leben ab und glaubte, es sei besser zu ertrinken, als vom Heer des Pharao dahin-geschlachtet zu werden.

„O Herr, gurgelte ich mit letzter Kraft und panischer Todesangst:

„Ich kann nicht mehr, jetzt ist es dein Problem! - Mach was du willst!"

- und das Wunder geschah!

Die Wasser wichen zurück, teilten sich und den Rest der Geschichte kennt ihr ja.

Aber die Moral von der Geschichte habe ich seitdem gelernt:

Das Wunder geschah erst, nachdem ich wohl meinen kleinen begrenzten Eigenwillen und Machtvorstellungen, sowie mein körperlich begrenztes „ICH" aufgegeben hatte, und dieses gegen ein konstruktives:

„Es ist mir Wurscht - Gefühl"

eingetauscht hatte. Vornehmer ausgedrückt, war es wohl vor dem Absaufen das wirklich erste ehrliche „Herr, dein Wille geschehe" - Gebet, wo ich seinem unbegrenzten größerem Wollen freiwillig Platz gemacht habe.

Durch die Aufgabe meines kleinen menschlichen Willens und das Eintauchen in dieses flammende „Dornbuschbild" strömte mir seine Kraft zu:

„Ich bin die unermessliche Kraft durch Dich!
Ich bin die Kraft und Stärke
Ich bin durch dich der Meister meines Lebens
Ich bin die Wahrheit deines unbegrenzten Potentials!"

Das war mein größtes „ICH BIN" Geschehen, das übereinstimmte in meinem Glauben, Gedanken, Gefühl, Wort und TAT!"

Nebenbei erwähnt: Vielleicht ahnst du es nun:

Wie konnte nun Jesus über das Wasser gehen?

Indem er sich eben mehr und mehr in der Stille der Wüste,
sich „UNBEGRENZT" zu empfinden lernte!

„Ich bin ein unbegrenztes Potential Seiner Liebe!

Ich bin liebenswürdig und immer die Erfüllung meiner Wünsche"
durch sein Licht in mir"!

Das Rote Meer in deinem Alltag

Das Feuer aus dem flammenden Dornbusch sprach eindringlich:

Siehe Mensch, auch du meinst, du seiest am Ende.

Auch du meinst, du schaffst es nicht mehr!

Und du hast recht!

Und so soll es auch sein.

Warum?

Nicht aus einem Grunde, der sich quasi gegen dich richtet, sondern ganz im Gegenteil. Der Grund ist, für dich all diese Situationen als Symboliken von Entwicklungsaufgaben bzw. Herausforderungen zum Wachstum in dein Vertrauen zu sehen.

Natürlich hast du recht, wie du es siehst:

Es sind die Herausforderungen im Alltag zu managen, zu klären und Vorgehensweisen festzulegen und zu entscheiden und da musst du wohl oder übel Verantwortung übernehmen.

Aber könnte es nicht sein, dass dies alles möglicherweise dahin geht, all das, - und der Zwang sozusagen geht in diese Richtung, - immer automatischer, wie programmiert und gelähmt zu tun.

Dabei bekommst du immer deutlicher das Gefühl, dass der, der etwas tut, gar nicht mehr du bist, weil es dich gar nicht mehr gibt, weil du vor geraumer Zeit irgendeinmal zusammengebrochen und seither nicht mehr aufgestanden bist.

Es gibt dich gar nicht mehr!

Du bist in deinem automatischen, für dich sinnlosen, freudlosen Tun wie ein lebender Zombie.

Irgendwann im Laufe dieses langen Weges bist so du dann lebendig gestorben vor Erschöpfung.

Erkenne dabei, dass dies vielleicht auch der Wille des Allumfassenden, des Lichtes in dir ist, das zu dir leise flüstert:

„Mögest du sterben, als das, was du meintest, die ganze Zeit zu sein, um aufzustehen, in das was du deine Göttlichkeit nennst."

Aber diese, deine Göttlichkeit ist nicht nennbar, nicht vorstellbar!

Du merkst nur, dass du gestorben bist, dass es dich als das, was einen eigenen Willen hatte, und eigene, sich äußernde Individualität nicht mehr gibt.

Du hast nur noch die Wahl zwischen Resignation, Verzweiflung, Depression, weil du aus eigener Kraft keine Weiterentwicklung bzw. den Ausstieg aus dem Hamsterrad nicht erkennen kannst und möglich hältst.

Im konstruktiven Fall – und deshalb bist du ja mit diesem Buch konfrontiert - wählst du nun ganz bewusst die Hingabe an das Leben.

Es ist keine Willenlosigkeit, Antriebslosigkeit, kein sich resignierend „treiben lassen". Es ist eine bewusste Hingabe unter Aufgabe der eigenen Selbstverwirklichungsvorstellungen.

Du wählst vielmehr eine Einstellung des „ES LEBT MICH" und nicht mehr „Ich will" aber ich bin machtlos, da ich keine Handlungsmöglichkeiten im Außen sehe, mein Leben qualitativ besser zu gestalten.

Du entwickelst so langsam wie Moses das konstruktive distanzierte „Wurschtgefühl", im Vertrauen auf das Leben (*was ja auch eine Bezeichnung für Gott ist!*) und hast dabei noch mehr Zeit dich darin (ein~) zu üben, wie Moses, bei dem es, auf Messers Schneide stehend, um Leben und Tod ging.

So beginnst du jetzt durch bewusste Hingabe dein individuelles Leben, von dem du glaubtest, es mehr oder minder im Griff zu haben, oder was du bisher dein Leben nanntest, dem Allumfassenden, dem Göttlichen in dir zu weihen, und beginnst in jeder erlebten Situation mehr und mehr totale Hingabe an den Augenblick zu praktizieren.

Du bist dabei gar nicht mehr da, besonders mit deinen Befürchtungen, die mit ihren „Energien" gleich nagenden Heuschrecken deiner Zweifel dein äußeres Leben manifestiert hatten

Jetzt geschieht aus diesem Vertrauen und der Hingabe etwas Interessantes:

Es geht um das Unvorstellbar gewesene, das du erleben sollst.

Du sollst das dir Unvorstellbare erleben bzw. erfahren!

Dazu bedarf es natürlich der entsprechenden Voraussetzungen, die dich dazu zu bringen an das Unvorstellbare glauben zu müssen, glauben zu lernen, dass es in deinem Leben und im Leben überhaupt eine Macht gibt, eine höhere Macht gibt, die das eigentliche deines Seins darstellt.

Das Wesen, das dir innewohnt ist natürlich deine Göttlichkeit, die dort in ihrer Unbegrenztheit in deiner körperlichen Begrenztheit wohnt. Und eigentlich ist all das vorgenannte noch nicht präzise ausgedrückt, denn du und Gott seid ja eigentlich „EINS!" – Da gibt es keine Trennung- Es gilt nur, dir dies mehr und mehr bewusst zu machen.

Deine Göttlichkeit wohnt auch jederzeit den Situationen deines Lebens inne, und erst recht, je größer, je dramatischer sie sich darstellen, da Gott ja alles ist, was ist. Es kann nichts außerhalb der Göttlichkeit existieren, also sind auch deine ganzen Lebenssituationen göttlich und gehören zu dir, da du sie ja als ein göttliches Wesen erschaffen hast.

Aber gleich dem Bild des Kamels, das gezwungen ist, durch das Nadelöhr zu gehen, (*Mt. 19,24; Mk. 10,25; Lk. 18,25*) kann es nur die Essenz, das Eigentliche sein, das diesen Übergang, diesen Durchgang schafft.

Das kann nur dein bedingungsloses „Ich bin" sein, dein Göttliches sein, wie ich vor Moses am brennenden Dornbusch mich bezeichnet habe:

„Ich bin, der ich bin!- und der ich für dich sein werde!"

Deine Heilung, deine Stärkung ist dieses von dir erfassbare „Ich BIN", das in dir durch zu schwingen begonnen dein Vertrauen zu schwingen begonnen hat.

Dein Atem und die damit verbundene Konzentration hilft dir dabei immer mehr dieses zu erfassen und zu spüren.

Überlasse es Gott! - Überlasse es der Göttlichkeit in dir, für dich zu bestimmen, was du bist."

Und was bist du?

Trotz deiner Verzweiflung meint die Göttlichkeit, dass du von Grund auf, dass du ein fröhliches Wesen sein solltest. Denn Freude an sich ist ja auch etwas Unbegrenztes und somit wie Liebe in unbegrenzter Wesenszug, das dem All-umfassenden sehr nahe steht und er würde lächelnd sagen:

„Solange du Probleme, sprich Herausforderungen hast, denke ich an Dich"

Göttlichkeit meint dann „irrsinnigerweise" dann noch, du seiest ein Wesen, für das durchaus eine mies erscheinende Situation ein Genuss, ein Erlebnis, sein müsste!

Hältst du jetzt die Göttlichkeit für blöd und spinnernd, oder könnte die Göttlichkeit unrecht haben?

Natürlich nicht, denn die Göttlichkeit befindet sich auf einer anderen Ebene, in einer anderen Dimension, wo sie deine Situation anders wahrnimmt!

Göttlichkeit meint:

„Sei" und impliziert damit ihr eigenes „ICH BIN! "

Du jedoch befindest dich hier in deiner Situation an der Schwelle des für dich noch machbaren und du bist eingeladen und aufgefordert diese Schwelle zu überschreiten. Denn du meinst ja, du seiest an Grenzen deiner Kapazität und Handlungsmöglichkeiten gekommen und kannst nicht weiter

Dies glaubt dein Verstand!

Aber dein Weg ist ein Weg über die Grenzen!

Hier erlaubt sich die Göttlichkeit in dir, einmal ein wenig streng zu dir zu sein:

Vergleiche einmal deine jetzige Situation mit dem, was du dir vor einigen Jahren über dein Leben und die entsprechenden Situationen vorgestellt hast oder meintest dir darüber vorstellen zu können.

Schau hinein, wie so deine Vorstellungsbilder gestrickt waren, was du dir so gewünscht hast, wie du dein Leben gestalten wolltest.
Aber bei diesen Bildern und vorgestellten Zielen, waren oft garantiert nicht die Bilder, die du jetzt siehst, erlebst und fühlst, spürst, erleidest.

Damals unbewusst, hättest du diese wohl weit, weggeschoben - wäre es dir in den Sinn gekommen hättest du gesagt: „Niemals- Nieeemals!"

Genau das ist der Punkt: Dieses „Niemals"!

Hättest du dann dein Leben angenommen und dich den Herausforderungen gestellt und an ihnen gewachsen!

Aber du hast sie angenommen und bewältigt und das Leben ging weiter.

Merkst du, dass dir die jetzige Situation, die dir so untragbar erscheint und meinst es nicht mehr länger ertragen zu können, vor allem weil sich vor deinem geistigen Auge etwas vermeintlich gar Schreckliches auftürmt, wie es für dich im Augenblick nicht schrecklicher vorstellbar sein könnte, was dabei noch deinen kleinen menschlichen Befürchtungen, wie vor Jahren entspricht.

Aber auch hier wird das Leben weiterfließen, denn du bist in deiner Einstellung dein:

"Ich bin selbst die Lösung all meiner Probleme"

Erst durch diese feste, unverrückbare Grundeinstellung überlässt du es der Unbegrenztheit in dir, deine Herausforderung zu lösen.

"Herr, Ich Bin"! und Moses Fuß betrat das Rote Meer und er schritt voran, mutig, wenn auch klopfenden Herzens, seine Angst akzeptierend, hinein in die Flut, die sich vor ihm teilte, so dass er trockenen Fußes das Meer durchschreiten konnte, denn er war eins mit dem "Ich Bin"!

Es ist genauso, wie das indische gleichbedeutende Wort "OM" ,ein machtvolles, starkes, unüberwindbares schöpferisches Wort, allen Widrigkeit zum Trotz sich behauptend, niemals sich beugen müssend, Stärke zeigend, weil mit dem Göttlichen verbunden und eins.

Atme diese Kraft, deine Sicherheit, atme deine Stärke. Ganz leicht und behutsam tust du dieses in der Stille um diese Kraft wahrnehmen zu können und zu spüren.

So erfüllst du jede einzelne Zelle deines Bewusstseins damit, die Kraft der Stille, wo das ungeheure Meer deiner Psyche, nicht wie eine geteilte, bedrohliche Mauer vor dir steht, da du nur einen schmalen Kanal offen lassend, sondern durch dich fließen kann, dein Leben gestaltend und führend.

So wird dein menschliches Leben, ein göttliches Leben aus der Stille.

Alle Erscheinungsbilder im Außen werden durch dich hervorgerufen und alles, was du im Außen erlebst oder meinst im Außen zu erleben, ist in Dir da!
Die Kraft dieses Seins ist die Kraft des Lebens in dir. Du bist in deinem Leben "Gott" in Erfahrung – und das Göttliche gestaltest du aus dir!

Das Göttliche bist Du!

Du bist der Anfang und dein "Phönix aus der Asche"!

„Ich bin der ist, hervorgegangen aus dem ewig Gleichen....
Wenn (der Schüler) leer ist, wird er mit Licht gefüllt werden;
Wenn er aber in sich geteilt ist, wird er mit Finsternis gefüllt werden."
(Thomasevangelium)

„ Seit meiner Kindheit, sehe ich immer ein Licht in meiner Seele, aber nicht mit den äußeren Augen und auch nicht durch die Gedanken des Herzens; auch nehmen die fünf äußeren Sinne an diesem Gesicht nicht teil...Das Licht, das ich wahrnehme ist nicht örtlicher Art, sondern viel heller als die Wolke, die die Sonne trägt.... Ich kann in diesem Licht durchaus keine Gestalt erkennen, jedoch erblicke ich in ihm bisweilen ein anderes Licht, das mir das lebende Licht genannt wird... Während ich mich des Anschauens des Lichtes erfreue, verschwindet alle Traurigkeit und Schmerz aus meinem Gedächtnis."
(Hildegard von Bingen)

Dieses göttliche Wesen, das Licht in Dir, spricht nun weiter, aus mir, dem flammenden Dornbusch:

Die Flamme der Erlösung

„Siehe und erkenne, noch einmal, dass das was in Dir ist, sozusagen in dich hineingebracht worden ist, es ist eine Programmierung deiner frühesten Kindheit.

Es ist eine Programmierung deiner vorgeburtlichen Phase, wo du als Mensch noch unbewusst gewesen warst und dennoch bereits Prägungen empfangen hast. Genau das ist der Punkt, dass du aus deiner jetzigen Sicht heraus natürlich nicht mehr in der Lage bist; dir dieser einschränkenden Prägungen bewusst zu sein, und du dich daran quasi nicht erinnern kannst, woher und durch wen und durch was eine solche Prägung entstanden sein könnte.

Aber jede Prägung kann quasi ausgeglichen und ausgefüllt werden, denn wie der Name schon sagt, hat dich etwas geprägt.

Durch Druck wurden quasi Empfindungen geformt, und nun gilt es im Leben diese Formungen wieder auszugleichen, dich wieder zu neutralisieren, um dich dann durch die Neutralisation in eine positive andere harmonischere Form zu bringen.

Atme es ganz weit und tief ein und erkenne, dass du allein durch den Vorgang deines bewussten energetisch meditativen Atmens durchaus imstande bist, dich auf Harmonie zu formen, wenn du einatmend ganz weit und bewusst immer wieder denkst:

„Ich Bin" in Harmonie, „Ich Bin" eins mit der Kraft der Harmonie", dass du ganz bewusst vielleicht mit Hilfe eines Sonnenbildes daran denkst, mit dem verbindenden Mantra:

> „Ich Bin" die göttliche Kraft und Stärke
> „Ich Bin" eins mit der göttlichen Kraft und Stärke
> „Ich Bin" die Kraft, die Harmonie und die Stärke,
> „Ich Bin" eins mit dieser Kraft, „Ich Bin" eins mit dieser Stärke,
> "Ich Bin" die Wahrheit meines Seins.

Atme es ganz weit und fein ein und lasse es tiefer und tiefer in dein Bewusstsein einsinken um es bei jedem Atemzug energetischer wirksam werden zu lassen. Fühle, dass, je tiefer du diesen Bewusstwerdungsvorgang in dir empfindest, es umso wirksamer in seiner energetischen Ausstrahlung wird.

Es gilt nun vor allem, um lebendig und „strahlkräftig" zu werden, dass du dein Augenmerk darauf richtest, dich von der Kraft erfüllen zu lassen, mit dem Suggestivwort "Ich Bin" sich wieder daran anzuschließen.

Durch dieses Verinnerlichen deines „Ich Bin" erkennst und erlöst du all das Blockierende und Abwehrende.

So kannst du dich deiner Göttlichkeit gegenüber wieder für würdig, für wert empfinden, fühlst du deine Kapazität, deine Kraft und Stärke wieder wachsen.

Um dieses Wachstum geht es, deshalb präge dich neu, präge ein neues Vertrauen, präge dir eine neue eigene Sicherheit. Erfülle all das, was früher zu Beginn deines Lebens und in der Zeit danach in dich als Prägung eingebracht worden ist. Erfülle all das mit der Kraft deiner Zuversicht, in deiner Verbindung mit der Göttlichkeit, in deine Verbindung mit der Göttlichkeit.

Es handelt sich hier um einen reinen psychisch-energetischen Prägungsvorgang, einen energetischen Vorgang, der Bewusstwerdung, dass du mit der Kraft; mit all diesen Qualitäten in Verbindung stehst, dass du eins bist damit, dich eins empfindest, dass du eins bist damit sein kannst.

Nimm diese Übung als eine Übung der Magie, sieh die magische Kraft, empfinde sie, empfinde dein Bewusstsein der Kraft, der Stärke und des Vertrauens in dir wachsen!

Es geht darum dass du dich noch weiter und tiefer zu öffnen wagst, und dabei dich voll des Vertrauens auf die Göttlichkeit ausrichtest.

Dann berührt dich diese Energie, und gleich der Berührung mit einem Zauberstab geschieht das Wunder in dir.

Ein neues Licht erscheint in deinem Bewusstsein, eine neue Energie strahlt dann in jeder Zelle deines Seins, eine neue Energie erwacht in dir. Ein neues Zeitalter bricht an, in jeder deiner Zellen. Erkenne, fühle es, dass alle alten blockierenden Programmierungen von dir abfallen, wie das Laub der Bäume im Herbst!

Sieh nun, wie du größer wirst, strahlender und leuchtender, erfüllt, von der Liebe des Lichtes in Dir, und diese nun auch ausstrahlend kannst.

Fühle dich in diese Kraft und in dieses Eins sein ein!

Höre auf dich mit deinen Gedanken zu begrenzen, sieh, dass die Zeit gekommen ist offen zu sein, dass die Zeit gekommen ist offen zu sein, offen zu sein für die Liebe des Göttlichen, die dich führt in deinem Leben, dass diese Liebe dich beschenkt beschützt und behütet, und wenn du diese Liebe einatmest, diese Liebe als eine Kraft empfindest und die Führung dieser Liebe.

Wenn du diese Führung erkennst und ihr folgst, so führt sie dich durch alle Schwierigkeiten hindurch. Sie führt dich sicher um alle Schwierigkeiten herum und sie führt dich so sicher, dass du von den Schwierigkeiten gar nichts mehr spürst gar nichts mehr merkst.

Somit wird es für dich keine Schwierigkeiten mehr geben, obwohl die natürlich weiterhin für andere da sein werden, für andere erkennbar, aber für dich ohne Bedeutung sind, aufgrund deiner sich verändert habenden Resonanz.

Es ist eine andere Schwingung deines Seins, deines, von Glaube, Kraft und Zuversicht erfüllten Bewusstseins, wo du dich in der Ordnung des Seins geborgen empfindest, dass du nie etwas falsch machen kannst, die Gewissheit, dass Gott alle Zeit für dich da ist!

Fühle dieses sicher und sicher werden, lass es einfach zu sei offen für dieses, was in dir geschieht: Lass es bewusst werden.

Höre die Stimme die in dir spricht:

> „Siehe „Ich Bin" die Kraft. Siehe „Ich Bin" die Stärke,
> „Ich Bin" die Wahrheit meines Seins."

Fühle das erwachende Vertrauen und erkenne, dass dieses Vertrauen in diese Kraft und Stärke, die Basis für dich ist, ein neues erfülltes Leben aufzubauen.

Gott und nur Gott - im Lichte des Brennenden Dornbusches:

„Großer Geist, der du bist, großes Licht.
Siehe und erblicke mein kleines Sein,
Lass mich groß sein, groß werden, so wie du es bist,
auf das auch ich in der Lage bin dich zu erkennen,
Großer Geist, großes Licht!
Erhöre mich, erfühle mich, erfasse mich.
Großer Geist, großes Licht!
Aus dir bin ich gekommen, aus deinem Sein entstanden"

So spricht der große Geist, das große Licht:

„Aus meinem Sein, bist du mein Sein.
Geheimnis des Atems, Brücke zu mir.

„Ich bin" der, der für dich da ist!

Empfange damit die Einweihung, dich mit Gott, seiner Liebe zu verbinden.

Empfange deinen Segen für alle Zeit, deine Kraft und deine Stärke aus Gott, durch Gott, mit Gott."

Atme dieses magische Gebet in der Stille deines Seins!

„Mensch erkenne dich selbst, dann erkennst du Gott in Dir!"

SoulSpiritArt

„Flammender Dornbusch" – Kleid des Göttlichen in meiner Seele!
Euer „Licht ist die Liebe - Licht ist die Kraft,
Licht ist die Wahrheit meines Seins
Großer Geist in mir, eile mir voran.
Ich bin innigst mit DIR verbunden.
Eile voran meinem Weg des Glücks, der Harmonie, der Freude.
Öffne mir Tür und Tor zur Erreichung meines Paradieses,
dort, wo alles in mir in Ordnung ist
Löse für mich all die Schwierigkeiten auf meinem Weg
und Friede sei mit mir.
Ich atme ein, den Frieden meines Lebens, den Frieden deiner Kraft.
Göttliches Licht, das du da bist- mich zu begleiten - mich zu beschützen,
Mir etwaige Steine aus dem Weg zu räumen,
Mir den Weg zu bereiten,
Ich atme es ein, und fühle mich innigst damit verbunden!"

Die Kräfte des Flammenden Dornbuschs

„Jetzt! - Lass dir vom Göttlichen Funken in Dir, dein persönliches Dornbusch-symbol schenken!"

so sprach es aus dem Dornbusch!

„Du ahnst und weißt es doch jetzt?

Es muss kein Dornbusch sein – Gott hat viele „Gewänder". Die ganze Schöpfung ist sein Kleid! – Seine Unbefleckte Empfängnis!

Jetzt lieber, und hochgeschätzter Mensch, lass dich ganz ein, auf den Geist meiner Dornbuschflammen, die dir helfen werden, dich zu erfüllen mit der Kraft deiner Seele und ihrer Botschaft für ein neues erfüllendes Leben.

Jetzt kannst du dich mir nähern, um meine Kräfte, die Kräfte des Göttlichen, die ich als dein Göttlicher Funke hier im Symbol hier Ausdrücke im Einzelnen zu erfühlen, sie zu erkennen und sie zu erfahren.

Sie sind meine gewaltigen Kräfte in deiner Seele, die dein Bewusstsein mit einem weiten Horizont ausstatten, den du nie für möglich gehalten hättest. Sie werden dein Bewusstsein heilen – „Heilig" machen, sprich ganz!

Jetzt kannst du im Prinzip deinen Heiligen Boden betreten, weil du bereit dazu bist. Es bedarf hier keiner Schuhe, denn es gilt hier nicht irgendwo hinzuge-hen, um etwas zu tun, was du vermeintlich für dieses Heilsein brauchst, son-dern „ES" gestaltet sich aus deinem Bewusstsein, wodurch du quasi mit den entsprechenden erfüllenderen und harmonischeren Ereignissen in Berührung, quasi in Resonanz" kommst, in der Spiegelung des Außen.

Du wirst danach einen Lebenshorizont erblicken, wo du weit und weiter sehen kannst. Du hast dein Tal der Dunkelheit durchschritten und du kannst jetzt dein Leben segnen! (Vgl. Psalm 23)

So hast du dann gelernt, deine Situationen durch die Veränderung zu beein-flussen, über deine Einstellung, des Vertrauens in deine eigene Göttlichkeit, was automatisch eine Veränderung deiner eigenen Position im Äußern zur Folge haben wird, durch:

„Wenn Du dich tief im Inneren veränderst, verändert sich deine Welt.
„Wenn Du zum Erfolg deines Lebens kommen willst,
dann kommt es nicht darauf an, was Du tust,
sondern auf die Einstellung, mit der Du es tust"

Nicht der Weg ist dann dein Ziel, sondern die Einstellung, mit der du etwas tust! – Dann sind dann deine „Schuhe" für dich, zum Gehen, nur das Werkzeug, es zu erfahren, was du innerlich verursacht und erschaffen hast!

Etwas zu segnen bedeutet dann für dich:

Das was der große Geist in dir über deine Bewusstseinsarbeit gibt, so wie du es von ihm empfängst, weiter zu geben, es einfach weiter durch dich hindurch strömen zu lassen, als ein „Geöffnetes", sich ihm ‚Hingebendes':

> „Großer Geist, großes Licht,
> mein Herz ist dir in Liebe geöffnet,
> Großer Geist ich atme dich, du atmest mich.
> Wir sind eins! - „Ein Anfang der kein Ende hat!"

Du öffnest nun weit atmend die Bewusstseinstür, die leuchtenden Flammenspiele des göttlichen Dornbuschs, durch dein einfach dafür bereit sein, dich durch deinen weiten Atem dafür öffnend. Zunächst trittst du in die Sphäre wunderbaren Friedens ein, erfüllt von einem sanften, friedlichen Gefühl. Du fühlst dich befreit, leicht und heiter. Nun gelangst du in eine Sphäre der Reinheit, der Stille und Klarheit. Frische durchweht dich. Du bist gereinigt und erfrischt. Dein Bewusstsein ist vollkommen wach und klar. Du gleitest in eine lichtvolle Sphäre göttlicher Unendlichkeit. Mit jedem bewussten Atemzug atmest du grenzenlose Weite und Freiheit.

Nun eröffnet sich die Sphäre unbegrenzter Freude. Ein warmes, sonniges Leuchten strömt in dich ein. Du befindest dich in der Sonne, im Zentrum goldener göttlicher Liebe; hier bist du von Liebe durchstrahlt und von Liebe umhüllt.

Fühle über deinen Atem wie du nun weiter wirst, allumfassender. Fühle die Wogen der unbegrenzten Liebe zu dir und des Lichts. Fühle, wie du darin geläutert wirst und rein. Fühle dein Heilwerden. Lasse es wieder zu als Kind des Himmels. Du wirst so zur Kraft in deinem körperlichen Tempel. Du bist von deinem Ursprung an wieder die Kraft, der sich darstellenden Gottheit, des Allumfassenden an sich.

Fühle und sieh über diesen Vorgang des Einatmens und des Einfühlens, wie du dich mit „allem was ist", mit der Gottheit, dem Licht, in dir verbindest.

Sieh es als eine heilige Handlung. So wie die Braut sich mit dem Bräutigam verbindet, wie zwei Liebende eins werden, wirst auch du eins mit dem Kosmos, durch die Ordnung in dir! (Kosmos ~ Ordnung)

Siehe die Unbegrenztheit des Ozeans in dir. Bisher sahst du dich immer begrenzt, aber jetzt bist du aufgefordert, dein wahres Sein, über diem diese dir selbst vormals persönlich gesetzten Grenzen zu erkennen.

Du kannst zu diesem Meer in diesem Leben nur dann kommen, und auch hier wieder die Übereinstimmung „das Meer", als Ursprung des Lebens, wenn du zu dem Ursprung wieder zurück gehst, so wie du in das Licht zurückgehst, aus dem das geistig spirituelle Leben entstanden ist.

Geh zurück in dieses Licht. Schau es dir an. Erkenne die Unbegrenztheit es Lichtes in dir. Es ist aus unvorstellbarer Ferne zu dir gekommen. Erlebe, das dieses Licht mehr ist als das Licht der Sonne, mehr als das Licht der Sterne. Es kommt aus der Weite hinter der Sonne, hinter den Sternen, aus der Unendlichkeit des Universums. Dieses Licht ist dein Licht, das Licht deines wahren Seins.

Atme es ein und lass dieses Einfließen dieser Energie in dir durch dieses Licht in dir geschehen. Atme es ganz weit, atme es ganz offen.

Tritt jetzt quasi in heiliger Ehrfurcht vor dieses Licht, so wie du vor seinen Altar trittst, um den Bund, den ewigen Bund des Lebens mit dem Licht zu schließen. Siehe das Dornbuschfeuer an deiner Seite und höre die Stimme aus weiter Ferne, die zu dir spricht:

„Bist du gewillt dieses Licht deines Lebens zu ehren und zu lieben in guten wie auch in schlechten Zeiten - So sprich ja!"

Und hier erkennt dein Verstand, dass ein Teil dieser irdischen Formel fehlt, nämlich der Teil, der besagt, bis dass der „Tod euch scheidet"

Das war immer dein Problem gewesen:

Denn als deine unbegrenzte Liebe zu dem Licht starb, als dein Vertrauen in das Licht gestorben ist, so war es der Tod der Hoffnung der euch getrennt hat, und ihr musstet auseinander gehen. Es war eine Hoffnung, die du hattest, aber jetzt in deinem ganz speziellen Falle, wo du jetzt wieder vor diesem Altar stehst gemeinsam mit dem Licht deines Lebens, ist es deine Bereitschaft das Licht deines Lebens wieder anzunehmen.

Fühle tief in dir diese gewachsene Bereitschaft die Liebe zu dem Licht.

Fühle dich ein und nun verstehst du vielleicht, dass es hier keinen Tod gibt, der dich von dem Licht trennen kann, dass es hier kein Sterben gibt, das diese Liebesbeziehung beenden wird.

Diese Verbindung mit dem Licht war in Wirklichkeit von Anbeginn der Zeit an da. Du hast es nur eine kurze Zeit lang im irdischen Leben nicht erkannt. Das bedeutet nur, dass du, wie in der Geschichte mit dem verlorenen Sohn, der das Haus des Vaters verlassen hat, Erfahrungen gesammelt hast, in der Dunkelheit der Materie.

Aber jetzt am Wege dieser Heimkehr bist du aber bereit für immer zuhause zu bleiben.

Sieh diese Szene, fühle sie und erlebe Sie ganz persönlich. Gestalte diese Zeremonie deiner Verbindung mit dem Licht mit den Worten, den Gedanken, mit den Formulierungen, mit den Bildern, die jetzt in diesem Augenblick in dir in Erscheinung treten. Lass diese auf deinem „Inneren Bildschirm" wirken, genieße sie und erfreue dich dieser Situation, dieser Zeremonie.

Fühle die dich in diesem Augenblick verwandelnde Energie!

Fühle, wie sehr du dich in tiefster Liebe, mit unendlicher Zärtlichkeit, mit diesem Licht verbindest.

Fühle tief in dir dabei das geheime Mantra:

„Ich glaube, ich vertraue".

Glaube ganz einfach an dich. Fühle die dich dabei verwandelnde Energie, wenn du dieses Mantra und die Zeremonie siehst. Dann sei offen und bereit, es in dir zu fühlen, diese Verwandlung der Energie in dir.

So lernst du die dein Bewusstsein verändernde Energie in dich einzulassen im Sinne der Vorstellung deiner Liebesbeziehung.

Sieh es wie schillernde Energiekugeln. Sieh von nun an, wenn du Glück sehen willst, schillerndes Licht, gleich einer Seifenblase durchsichtig, durchscheinend aber ungleich dieser aus einer unendlich starken Energie gebildet.

Es ist eine Energie der Freude, ein Glanz der Liebe, ein schillerndes Glück des Lebens in tausenden Farben, Farbspielen, und Farbkombinationen, die sich dir immer wieder aufs Neue zeigen.

Fühle deine Zuversicht und deinen Hohen Mut und glaube an diese Kraft. Konzentriere diese Aufmerksamkeit darauf und lasse alle Zweifel los.

Atme es ein, und deine Dunkelheit, den Druck, die Blockaden, werden durch das Licht erlöst. Es befreit dich aus deinen Zwängen, von deinen Fesseln.

Erkenne, dass du über diese Ausstrahlung deines Lichtes, die Dinge in deinen festgefahrenen Lebenssituationen verändern kannst.

Siehe, dass es immer wieder nur darum geht, die sich im Äußeren darstellenden Problematiken und Schwierigkeiten die einzelne Menschen und Situationen für dich darstellen, auf dich selbst zu beziehen.

Deine Schwierigkeiten sind in Wirklichkeit etwas, was in dir selbst im Unbewussten wirkt, und sich im Äußeren disharmonisch darstellt. Es gilt nun dieses unbewusst da seiende zu akzeptieren und so kannst du durch diese Akzeptanz diese Problematik erkennen und lösen.

Es gilt nun zu erkennen, dass du allein durch diese Erkenntnis, was da in dir unbewusst schwanger wartet, eine Veränderung, ein Neuwerden, in deinem Leben hervorrufen kannst.

Wenn du wirklich ernsthaft daran gehst, das was unbewusst ist in dir, ins Bewusstsein zu heben, dann bist du mehr und mehr in der Lage wirklichen Frieden in dir zu fühlen. Es ist das Gefühl zuhause angekommen zu sein. Und diese Energie des Gartens „Eden", der Kraft aus diesem Bewusstsein, erfüllt dich und dein Leben. Es gestaltet für dich dein Leben, führt dich und dein Leben in das wirkliche Licht des Glücks in dir.

Fühle diese Kraft der Göttlichkeit in dir erwachend, immer stärker werden, dich emporhebend, in unvorstellbar lichte Sphären.

Fühle, wie dein Bewusstsein nicht mehr dein Bewusstsein ist, sondern das allumfassende Bewusstsein des Kosmos, einer lichten und strahlenden Dimension in diesem Kosmos - Wie du über den weiten und bewussten Vorgang deines Atmen, das sich wie die Wogen des Meeres vollzieht, eins wirst mit all den unterschiedlichen energetischen Strömungen,

— wie du erkennst, wie alles sich durchdringt,
— wie es nichts Trennendes mehr gibt,
— wie eine Energieform in die andere Energieform übergeht.
— ein Licht in das andere.

Trotz dieses schwingenden, klingenden, sich bewegenden immer ineinander Übergehens, fühlst du dennoch die Stabilität und die Sicherheit dieses Vorgangs, fühlst du dein wahres Sein.

Dieses Gefühl deines Seins wird immer sicherer, immer stabiler und immer mehr und mehr wagst du dich, in unbegrenztere Sein hineinzubegeben und du erkennst, dass dieses Sein eine neue gefühlsmäßige, aus der heraus du dich mit neuen Einstellungen und Sichtweisen dich selbst als neues Wesen gebären kannst.

Lass es geschehen, dich in der Nähe des All-Umfassenden zu befinden. Fühle die Ehrfurcht, die dich erfüllt fühle die Stille.

Fühle, dass dein Atmen, das Atmen des Universums ist.

Konzentriere all deine Aufmerksamkeit darauf.

Atme den Atem des Universums und erkenne!

Erkenne in diesem Augenblick, dass du aus diesem Universum geboren wurdest, dass dein Bewusstsein aus diesem Universum stammt.

Nimm die Botschaft des Lichts mit dir. Es ist eine geheime unbegreifliche Botschaft, die in der Mitte deines Herzens ruht, nicht in Worte zu fassen und keinem anderen Menschen mitteilbar.

Aber diese Botschaft trägst du in dir!"

Den Menschen überkam wieder ein Gefühl von außerordentlicher Ruhe. Sie war von einer unbeschreiblichen Freude erfüllt. Es war nur Freude, eine friedvolle, besänftigende Ergriffenheit, als ob jegliche Angst oder Spannung aus ihrem „Körper" gewichen wäre, eine unbegreifliche Freude von „Eins-Sein" mit sich.

Jetzt sah der Mensch, wie sich die wabernden Flammen des Dornbuschs ihn umflossen und ihn begannen, wie ein regenbogenartiger Dampf einzuhüllen und ihn zu durchfließen!

Er hörte wieder dabei die Stimme aus dem Dornbusch:

„Du spürst, dass du jetzt etwas großes, dich Erregendes aufnimmst, aus diesem „Gral", als dein Symbol der Er-„Füllung" deiner höchsten geistigen Möglichkeiten.

Diese Bereicherung bleibt jetzt bei dir und lässt dich wachsen. Dieser Gral ist dein Kessel der Fülle, die sprudelnde Quelle, der Energien meiner Flammen, aus der dein Leben quillt.

Du atmest diese „Bewusstseinserweiterungsenergie" für dein eigenes geistiges Leben jetzt in dein Herz und empfindest diese vielleicht, wie einen wunderbaren Rosenduft, der deine Lebendigkeit erweckt.

Vielleicht fühlst du jetzt schon die Vielzahl von Samen, mit ihren fruchtbaren Eigenschaften, in deinem Herzen. Es sind diese, noch nicht wahrgenommenen und gelebten Ideen, Gedanken und Wünsche, die gemäß deinem Lebensplan, nun in deinem Herzen, als dein Schatz zu sprießen beginnen und sich in deinem Leben zeigen sollen, um aktiv und selbstbewusst, gestaltet zu werden.

Diese „Bewusstseinserweiterungsenergie" streicht wie Morgennebel oder glitzernder Dampf über den jetzt fruchtbaren Boden".

De Mensch spürte:

Ein Feuerwerk an Farben, ein Feuerwerk an Freude im Herzen erwachte in ihm. Ungeheure Kraft und Stärke, absolut gigantisch sich anfühlend, breitete sich in ihm aus. E konnte es jetzt fühlen, dass er hineinwuchs in ein größeres stärkeres und weiteres Bewusstsein.

Die Stimme sprach leise flüsternd;

„Fühle dich ein, was sich dahinter verbirgt, was nur du auf und in dieser Erde noch entfalten und ausdrücken sollst. Es ist diese Kraft deines Lichtes, die Idee deiner eigenen Hochzeit mit dem Licht deiner Seele - deiner „Hohen Zeit" - mit dir selbst, in deinem körperlichen Tempel des Lichtes hier auf Erden.

Fühle es dabei aber ganz deutlich und intensiv:

Deine innere Weisheit, die Seele, dein Licht, möchte dich beschützen, vor deinen Zweifeln und Ängsten, und ermuntern, bereit zu werden, dich zu entfalten, dich deinem Leben mit innerer Stärke zu stellen, unbeeindruckt von nagenden inneren Heuschrecken, sprich destruktiven Zweifeln und Ängsten.

Fühle, siehe und entfalte das alles, auf dieser heilsamen Ebene des Atmens, was sich dann Schritt für Schritt in deinem Leben zeigen wird.

Sieh, in dich hinein blickend, in deine lichte, innere Weite und erkenne dieses Licht. Schau es dir an, erkenne wieder die Unbegrenztheit des Lichtes in dir.

„Atme es ganz weit ein, deine Verbindung mit mir!
Ich bin eins mit dir, mit deiner Kraft"!

Es geht darum, dass du dich noch weiter und tiefer der Stille in dir zu öffnen wagst, und dabei dich voll des Vertrauens auf die Göttlichkeit, das „All"-Umfassende, den Großen Geist in deiner Seele ausrichtest.

Diese Energie berührt dich, und gleich der Berührung, mit einem Zauberstab geschieht das Wunder in dir, ein neues Licht erscheint in deinem Bewusstsein.

Eine neue Energie strahlt dann in jeder Zelle deines Seins, eine neue Lebendigkeit erwacht in dir. Ein neues Zeitalter, eine neue Geburt bricht an, in jeder deiner Zellen.

Sieh nun wie du größer wirst, strahlender und strahlender, erfüllt von der Liebe meines Lichtes in Dir und diese nun auch ausstrahlen zu können.

Atme nur sanft und behutsam ein, diese Kraft und dieses „Eins'-werden" mit dieser Kraft.

Höre und erspüre nun die Botschaften der Dornbuschflammen und wage es, ihre „Wundergaben" anzunehmen":

SoulSpiritArt

Ein geheimnisvolles schimmerndes magentafarbenes Flammenlicht begann nun den Menschen, wie ein Zaubermantel, zu umhüllen.

„Ich bin die Kraft und das Licht der Neuwerdung"

sprach es aus diesem „zauberhaften" Licht:

„Fühle die Kraft meiner Verzauberung für ein neues Leben!"

Aus der Weite dieses Zaubermantels Lichtes umfließt dich jetzt dieses magentafarbene Licht!

Der Mensch sah jetzt, wie eine kleine hässliche geschrumpelte Raupe beginnt, sich durch den Einfluss dieses Lichtes, einzupuppen.

Das magische Zauberlicht durchdringt sie und löst den Kokon und aus diesem beginnen sich noch leicht verknittert, Schmetterlingsflügel zu entfalten.

Wunderschöne Schmetterlingsflügel erscheinen nun vor seinem geistigen Auge. Noch etwas unsicher, steigt der Schmetterling aus dem Kokon. Er fühlte sich in die Kraft seiner wunderschönen Flügel ein und beginnt sie ganz sanft zu bewegen.

Stärker und stärker bewegen sie sich und wagen nun den Sprung aus dem „Gebunden sein" an die grobe Materie, an das bisherige Raupendasein, hinein in das Sonnenlicht.

Nun spürte das Gefühl des Schmetterlings in Dir:

„Halleluliah"- Es geht, ich fliege wirklich!"

Immer leichter und glücklicher bewegt der Schmetterling seine Flügel und immer ruhiger, immer entspannter, ganz harmonisch gleitet er hinauf, in das Licht, zieht seine Kreise, sanft wieder hinuntergleitend, zu den Blüten, wo er beginnt Nektar zu saugen, so wie du beginnst deine neue Lebenssituationen als nährend zu empfinden.

Nichts mehr kann ihn vom Licht, von der Luft seiner Freiheit trennen, wenn er sich nun sanft gleitend auf die nächste Blüte schwingt und weiter und intensiver beginnt, sein Leben zu zelebrieren, so wie du dein neues Leben immer leichter und angenehmer, mehr und mehr beschwingt, zu empfinden beginnst.

Dabei registrierte er auch die unendlichen Möglichkeiten, sich jede Blume aus-zu suchen, um dort zu landen und aus der Fülle ernährt zu werden und weiter fliegen zu können.

Er konnte jetzt ganz klar und deutlich sich in diese Kraft einfühlen:

„Ich bin die Kraft und das Licht der Wandlung und Neuwerdung"

Dies ist mein nächstes Geschenk für dich aus meiner gelben Flamme! sprach jetzt der Dornbusch weiter"

Blicke wieder in die Weite deines Bauchraumes!

Aus der Weite deines Bauchraumes entfaltet sich eine weite Sommerwiese. Eine goldgelbe Sonne scheint vom Himmel und du genießt es einen Spazier.-gang durch die Natur zu machen.

Nun siehst du, wie sich eine Frau mit gemessenem und stolzem und würde-vollem Schritt nähert. Sie strahlt besondere Wärme aus. Ihr Gesicht ist an-mutig und voller Zartheit, ihr Blick liebevoll. Ihr goldenes Kleid ist cremig flie-ßend.

Sie begrüßt dich mit einer ausladenden Handbewegung und sagt:

„Sei verehrt!"

Erst im Nachspüren wird dir vielleicht die Wertschätzung, die darin liegt, be-wusst. Sie greift in eine der vielen Falten ihres Gewandes und bestäubt dich mit goldenem Glitzerstaub.

Aus der Sonne erscheint nun ein Füllhorn, aus dem sich bernsteinfarbige Strahlen ergießen und sich dazu dir, zwei große Hände entgegenstrecken. In diesen Händen steht ein Thron aus goldenem Stoff. Hier darfst du nun Platz nehmen.

Du erlebst jetzt ein neues, nicht gekanntes Gefühl, als der Thron dich, weich wie ein Mantel, umschließt und in sich einbettet.

Eie Stimme spricht:

„Wenn du deiner Kraft vertraust, kann dir alles gelingen."

Von dem goldenen Stoff gehen jetzt seine verbindende Fäden überall hin und alles ist in ein intensives „Gelb-Gold" getaucht.

Spüre dieses Gefühl, mit jeder Etappe deines Weges verbunden zu sein, das Leben zu achten und zu lassen, auch in seiner fruchtbaren Entwicklung und Vergänglichkeit. Bleibe in dem Gefühl, eingebettet in allem zu sein, und trotzdem eigenständig - und in dem Maße, wie du dich voll Vertrauen vom Stolz und Freude auf dein Leben und der Liebe anfüllen lässt, diese auch deinerseits zu geben vermagst.

In dir entsteht jetzt ein goldener fließender Strom aus goldgelbem Licht und die die Stimme aus der Tiefe deines Herzens tönt blitzlichtartig:

„ICH BIN"- Einzigartig und wertvoll – Sei stolz auf dich"!

Spüre nun das Leben und die wachsende Kraft und Stärke mit ihrer Lebendigkeit in dir und wie stolz du auf dich und deine erschaffenen und noch werdenden „Lebensfrüchte" sein kannst und darfst.

Lass dir Zeit, atme und fühle dich als Königin deines Lebens ein, wie alles, was sich um dich herum darstellt, in tiefes goldgelbes Licht getaucht ist.

„Goldgelbe Sonne! - Licht und nur Licht!
Ich bin stärker als meine Lebenssituationen!
Ich bin die Stärke, Ich bin die Kraft,
Ich bin der Meister und die Sonne meines Lebens!"
Ich bin alles, was ist, und alles ist in mir!"

Fühle dabei meine Energie:

„Ich bin stolz auf mich"

N un erglühte vor dem Menschen ein opalfarbenes Licht, gleich einer Seifenblase durchsichtig, durchscheinend, aber ungleich dieser aus einer unendlich starken Energie gebildet.

Aus diesem Licht flüsterte es sanft und zärtlich

„ Ich bin liebens-"Würdig" – Geborgen und Sicher"

Fühle dabei meine Energie:

Stelle dir aus einer tiefen Ruhe heraus vor, wie du immer höher schwebst, über deine gewöhnliche Realität hinaus.

Du befindest dich nun an einem weiten, leeren Ort, mit nichts weit und breit darin, als Licht. Es ist ein mondfarbenes Licht, das den ganzen Raum nach jeder Richtung hin durchdringt. Du bist jetzt nur ein einzelner Punkt, der aus Bewusstsein und nur aus Fühlen besteht.

Es ist ein sehr friedlicher und Ehrfurcht gebietender Raum, in dem du dich befindest. Du glaubst, kein Bedürfnis nach einem Körper mehr zu haben. Du bist einfach ein Bewusstseinspunkt im Raum, erfüllt und eingebettet von Geborgenheit spendender Wärme.

Male dir aus, wie du in diesem Licht badest, atme und fühle dich ein.

Aus dieser Perspektive schaust du nun herab auf dich und dein kleines verunsichertes Kind in deinem Herzen, mit deiner ganzen Liebe und deinem ganzen Mitgefühl.

Sieh, wie nahe es daran ist, zu erkennen, wer es ist.

Schaue auch ins Innerste deines Wesens, auf dieses Kind in deinem Herzen und erfühle die Schönheit in seiner Seele, trotz seiner Wunden.

Reiche jetzt deine Hände von dir nach unten und lege in deinem Geist diesem Kind sehr sanft und behutsam, deine Hände auf den Kopf deines verletzten Kindes und gewähre ihm deinen Segen, den heilsamen Segen, dass es sich in diesem Leben völlig erkennen kann.

In diesem Moment bist du das, was segnet und das, was gesegnet wird!

Erfahre beides gleichzeitig. So oft und intensiv wie möglich und immer wieder atme und sage:

"Ja!- das war einmal! – Jetzt bin ich bei dir und ich lass dich nie mehr alleine. Jetzt sind wir erwachsen, groß und stark! – Die Gefahr ist vorbei! - Jetzt hast du für immer einen Platz in meinem Herzen!"

Sieh es nun aus deinem Herzen aufsteigen in dir, wie schillernde silbermilchige oder opalfarbene Energiekugeln, ähnlich wie Seifenblasen.

Sieh von nun an, wenn du Geborgenheit und Sicherheit erleben willst, dieses Licht um dich herum, durchsichtig, durchscheinend, aus einer unendlich starken Energie, aus glänzendem Mondsilber gebildet.

Dieses Licht erlöst dich aus diesen Unsicherheiten und Ängsten.

Fühle dabei den aufsteigenden den Frieden in dir, den Frieden deines nach Hause gekommen seins.

Weiter und weiter öffnet sich über dein tiefes bewusstes Einatmen des „Mond-silbers" dein Herzzentrum, immer intensiver erscheint dir das Pulsieren mit diesem mondsilbernen Licht in Dir.

Es ist eine riesige und doch zärtliche, behutsame Energie, die dich zunehmend aus deinen Ängstlichkeits- und Befürchtungsenergien befreit.

„Fürchte dich nicht, ich bin bei dir" - sagt sie zu dir.

Ein kleines Kind in dir seufzt dann tief vor Rührung und schläft dann beruhigt ein, fühlt sich jetzt ganz sicher, weil du es so lieb hast.

Auch du fühlst dann plötzlich keine Angst mehr, weil dein inneres Kind, das du selbst bist und die Liebe und das Verständnis, die du dir damit gibst, ein Gefühl der Sicherheit und Geborgenheit darstellt, das du jetzt empfindest und atmen kannst.

Da streift noch einmal ganz zart ein Lichthauch dein Herz. Du spürst die Zart-heit eines Säuglingskopfes in deinem Herzen und legst deine Hand darauf. Unendliche Zartheit und Liebe erfüllen es und strömt in deinen Körper.

Dein inneres Kind von damals, das du dann vor dir siehst, seufzt dann tief vor Rührung und schläft dann beruhigt ein und fühlt sich ganz sicher, weil du es so lieb hast. Auch du fühlst dann plötzlich keine Angst und kein Schmerz mehr, weil dein inneres Kind, das du selbst bist und die Liebe und das Verständnis, die du dir damit gibst, ein Gefühl der Sicherheit und Geborgenheit darstellt, das du jetzt empfindest und atmen kannst.

Dabei hörst du meine Worte:

„Ich bin geliebt und „liebens –‚würdig' "

Ein milchig-opaler Stern legt sich dir nun behutsam auf die Brust, füllt strah-lend dein Herz!

Eine Stimme sagt: „Du bist es wert, beschenkt zu werden"

Fühle in tiefer Dankbarkeit diese unendliche Zartheit und Geborgenheit, die einem versorgenden Mutterschoss ähnelt!

Mehr und mehr wurde nun die opalfarbene Flamme abgelöst, durch eine weiß-rosafarbene Flamme, die eine tiefe Sehnsucht in dem Menschen auslöste.

"Ich bin die Kraft des Glaubens und Vertrauens"
"Ich bin Traum und Inspiration der Liebe",
tragende Hoffnung durch Glaube an dich!"

"Fühle dabei diese Energie und lasse dich ein",

sprach es aus dieser Flamme hoffnungsvoll:

Sieh hinein, in diese unendliche innere Weite und erkenne darin ein schimmerndes weiß-rosa Licht, gleich einem Nebel aufsteigen. Schau es dir an, erkenne die Unbegrenztheit des Lichtes in dir.

Dieses Licht, das aus unvorstellbarer Ferne zu dir gekommen ist, lässt dich fühlen, dass dieses Licht mehr ist als das Licht der Sonne, mehr als das Licht der Sterne. Es kommt in Wirklichkeit von „hinter der Sonne, von hinter den Sternen", aus der Unendlichkeit des Universums. Dieses Licht ist dein Licht, das Licht deines wahren Seins.

Atme es ganz offen und weit. Sehe dich selbst in heiliger Ehrfurcht vor dieses Licht treten, so wie du vor seinen Altar trittst, um wieder den ewigen Bund des Lebens mit dem Licht zu schließen. Tritt vor seinen Altar, erblicke das Licht an deiner Seite und höre die Stimme aus weiter Ferne, die zu dir spricht:

„Bist du gewillt, dieses Licht deines Lebens zu ehren und zu lieben in guten wie auch in schlechten Zeiten? So sprich: „Ja"!

Hier erkennt dein Verstand, dass ein Teil dieser irdischen Formel fehlt, nämlich der Teil, der besagt, bis dass der „Tod euch scheidet".

Das war dein Problem gewesen. Denn, als deine unbegrenzte Liebe starb, als dein Vertrauen gestorben war, musstet ihr auseinander gehen. Es war ein Mangel an Vertrauen, das du zu deinem eigenen Wachstum hattest, dem du keine Erlaubnis zur Entfaltung geben wolltest.

Aber jetzt, in deinem ganz speziellen Fall, stehst du wieder vor dem Altar, gemeinsam mit dem Licht deines Lebens und bist bereit, das Licht eines neuen Lebens, in deiner Einzigartigkeit, für dein Wachstum anzunehmen!

Fühle tief in dir diese gewachsene Bereitschaft, die Liebe zu dem Licht und lasse diese grundsätzlich zu. Spüre in dich hinein, und nun verstehst du, dass es hier keinen Tod gibt, der dich von dem Licht trennen kann.

Es gibt hier kein Sterben, das diese Liebesbeziehung beenden wird. Diese Verbundenheit mit dem Licht, war von Anbeginn an da und wird immer so sein. Dass du es eine kurze Zeit lang im irdischen Leben nicht erkannt hast, bedeutet nur, dass du, wie in der Geschichte mit dem verlorenen Sohn, der das Haus des Vaters verlassen hat, deine Erfahrungen gesammelt hast, in der Dunkelheit des Nichterkennens.

Aber jetzt am Wege dieser Heimkehr bist du bereit, für immer zuhause zu bleiben. Sieh diese Szene, fühle sie und erlebe sie ganz persönlich. Gestalte diese Zeremonie der Verbundenheit mit dem Licht mit den Worten, den Gedanken, den Formulierungen, mit den Bildern, die jetzt in diesem Augenblick in dir, in Erscheinung treten.

Registriere es vor deinem geistigen Bildschirm, genieße es und erfreue dich dieser Situation, an dieser Zeremonie.

Fühle die dich in diesem Augenblick verwandelnde Energie!

Fühle, wie sehr du dich in tiefster Liebe, mit unendlicher Zärtlichkeit mit diesem Licht verbindest, um jetzt erwachsen zu werden.

Fühle tief in dir dabei das erfüllende Mantra:

„Ich glaube, ich vertraue".

Fühle die dich verwandelnde Energie, wenn du diese einatmest.

Tue es jetzt gemeinsam mit deinem Licht!

Sei dann offen und bereit, die Verwandlung der Energie in dir in dir zu fühlen.

So lernst du die, dein Bewusstsein verändernde Wachstumsenergie in dein Tagesbewusstsein einzulassen, im Sinne der Vorstellung einer Liebesbeziehung zum Licht in dir.

Jetzt drängte eine blau leuchtende Flamme, wie ein „wirbelnder Tornado" vor das geistige Auge des Menschen und erinnerte ihn an die verrückte freche „Pippi Langstrumpf"!

„Erkenne und betrachte mein Geschenk aus der hellblauen Flamme:

rief jetzt der Dornbusch belustigt

„Ich bin einzigartig und erwünscht"

Lass dir aus der unendlichen strahlenden hellblauen Weite deines Inneren, eine Manifestation geben, eines magischen Druidenzauberers, ähnlich einem Merlin, in dessen Form ich mich für dich manifestiere.

Geheimnisvolle Beschwörungen murmelnd, rührt er nun in einem Topf mit Zaubertrank. Du siehst, wie er seine Kräuter hineingibt, dabei Zaubersprüche murmelnd. Du durchschaust aber in dem Merlin jederzeit die Energie deiner Einzigartigkeit, die dir zuzwinkernd, in diese Rolle geschlüpft ist.

Je tiefer du hier in dieses Bild mit seiner hellblauen Atmosphäre hinein gehst, desto mehr kommst du mit dieser Zauberenergie in Berührung. Ein nebliger leuchtender blauer Dampf entwickelt sich, glitzernd, belebend, einen zauberhaft mystischen Duft hervorrufend, berauschend, beglückend, erhebend.

Du atmest es ein, diese „Bewusstseinserweiterungsenergie" in dein Herz und empfindest diese wie Ambrosia und Nektar. Denke jetzt dabei an die Vielzahl von Samen in deinem Herzen, an diese nicht wahrgenommenen und gelebten Ideen und Gedanken und wünsche, dass diese gemäß deinem Lebensplan nun in deinem Herzen zu sprießen beginnen.

Siehe in deinem Herzen einen kargen Boden, wo der Samen deiner eigenen individuellen Ideen eingepflanzt liegt. Diese „Bewusstseinsenergie" streicht wie Morgennebel oder glitzernder Dampf über den Boden.

Das Glitzern verstärkt sich mehr und mehr!

Jetzt siehst du die Morgensonne aufsteigen und ein Feuerwerk an Farben, ein Feuerwerk an Freude im Herzen erwacht.

Ungeheure Kraft und Stärke, absolut gigantisch sich anfühlend erwacht in dir.

Du fühlst, dass du hinein wächst, in ein größeres und stärkeres Bewusstsein.

Die Bewusstseinserweiterungsenergie, sich zu Boden senkend, ruft die, in dir liegenden Samen zum Leben. Ganz tief dringt diese erweckende Energie in den Boden.

Die Samen deiner, noch nicht verwirklichten Visionen und Ideen gehen auf und fassen Mut, brechen durch, ins Bewusstsein, wachsen, grünen und blühen empor, als Blumen eines farbigen Lebens.

Wenn du jetzt aus deinem „Hohen Bewusstsein" d.h. mit Zuversicht und „Hohem Mut" erfüllt, herunterschaust, siehst du jetzt die Blumen oder die Gebilde, die aus dem Samen emporschießen, sich entfalten und empor- streben.

Fühle die Magie dieses Augenblickes und spüre, welche originellen und einzig- artigen Ideen sich hinter den emporschießenden Samen und Blumen und Gebilden für dich verbergen. Erkenne, was sich dahinter verbirgt, was nur du, auf und in dieser Erde, noch entfalten und ausdrücken sollst:

Diese Kraft des Lichtes, die Ideen deiner eigenen Hochzeit mit dem Licht - deiner „Hohen Zeit" mit dir selbst, in deinem Körper, dem Tempel deines „Lichtes" – deiner Seele, hier auf Erden.

Du siehst dich jetzt auf einer Anhöhe sitzen, und schon bald durchdringt dich eine erregende neue Melodie. „Siehst du", sagt jetzt Merlin, „Du machst keine Melodie, du bist jetzt deine eigene Melodie!"

Spüre jetzt in deinen funkelnden Augen dein einzigartiges vorwitziges und wagemutiges Temperament!

Eine gewichtig sich anfühlende ockerfarbene Flammenverdichtung schob sich nun unter der hellblauen Farbe hervor und diese nach oben weg- drängend. Sie fühlte sich an und roch, wie nasse fruchtbare Lehmerde,

„Ich bin meine Kraft und Stärke für deine Herausforderungen"
„Ich bin der Meister meines Lebens!"

sprach aus ihr eine bassartige Stimme"

Fühle meine Energie:

Geh zu deinem Atem! – Blicke tief in dich hinein - Sieh in der Weite deines Bauchraumes einen großen und mächtigen Baum, vor dem Dunkelgrau eines großen Waldes.

Schau ihn dir an, deinen Lebensbaum, den Baum deiner Erkenntnis. Pflücke den Apfel und beginne diesen zu essen und lasse dabei tief in dir diese Erkenntnis reifen:

„Ich bin alles was ist und alles ist in mir!"

Erkenne und spüre aus der inneren Wiederholung dieses Wortes heraus diese Verantwortung, die du in deinem Leben trägst, jetzt in noch viel größerem Maße als zuvor. Erkenne endlich an, dass du deine Schöpfung aus deinem Bewusstsein und dein Tun gestaltest.

Du bist in jeder Situation in deinem Leben aufgefordert, darauf zu achten, das „Licht" zu sein, d.h. der bewusste, agieren könnende Schöpfer, all deiner Situationen und Darstellungen.

Registriere tief in deinem Inneren, dass du ab jetzt keine Möglichkeit mehr hast, dich darüber zu ernsthaft zu beklagen, unzufrieden zu sein, dass du etwas nicht bekommst, machtlos bist, denn du bist das Licht, die Freiheit deines Seins, die du jederzeit aus deinem Bewusstsein, auch aus der Änderung deiner Einstellungen in Eigenverantwortung auf der Erde, in deinem Leben gestalten kannst.

Siehe, Gott stieg in dir in die Erde und manifestierte sich in dir, als ein Seelenbild, als „Göttliches Kind" des Himmels und der Erde zugleich, das sich in der Körperlichkeit erfahren möchte!

Jetzt siehst du dich stehen mit einer Fackel in der Hand. Die Flamme dieser Fackel kann dir erscheinen, wie „Rotbraun – ockergelb".

Du spürst sie in der Hand, bückst dich nieder und verankerst sie in der Erde, mit dem dich nährenden Boden.

Du atmest weit und behutsam und siehst gleichzeitig, wie diese Flamme auflodert. Du stellst dich in dieses Feuer hinein und überlässt dich ihm ganz und akzeptierst dies. Du spürst, wie es lodert, durch deinen ganzen Körper, durch deine Situationen und äußeren Begrenzungen und all das, was mit deinem Leben verbunden ist.

Nun dehnst du dieses machtvolle ockergelbe Feuer aus, durch dein Zuhause, in deine Umgebung und sendest es auch, in deiner weiten und unbegrenzten Vorstellung, in deine Umgebung hinein, nur durch dein weites Atmen, Wollen und deine Bereitschaft es zu tun.

Jetzt ergriff eine voluminöse, raumgreifende purpurfarbene Flamme den Raum vor dem geistigen Auge des Menschen.

"Ich bin die Weisheit meiner Erfahrungen
und die raumgreifende Kraft der Entfaltung"

schallt es mit voluminöser Stimme!

"Fühle dabei meine Energie:

Beruhige deine Gedanken, gehe wieder zu deinem Atem, hinein in deinen Bauchraum und blicke tief in die Weite deines inneren Raumes.

Aus dieser Weite heraus, versuche dir eine Seifenblase vorzustellen, eine große Seifenblase, in der du in einem schönen warmen, dir Geborgenheit schenkenden purpurfarbenen Licht sitzt.

Diese Seifenblase schillert und funkelt an ihrer Außenhülle. An dieser glänzenden Hülle bricht sich das Licht in Myriaden von purpurfarbenen Licht-punkten.

Dich, in diese Szene einfühlend, stellst du dir vor, wie du in dieser Seifenblase, die dich schützt immer höher schwebst, über deine gewöhnliche Realität hinaus und in einen Ort mit mehr unbegrenzter Liebe, Licht, Freiheit und Liebe.

Du befindest dich an einem weiten, leeren Ort mit nichts weit und breit darin als Licht. Es ist ein purpurfarbenes Licht, das den ganzen Raum nach jeder Richtung hin durchdringt, bis hinaus in die Unendlichkeit.

Du bist jetzt ein einzelner Punkt, der aus Bewusstsein, aus Fühlen, aus Wissen besteht. Es ist ein sehr friedlicher und Ehrfurcht gebietender Raum, in dem du dich befindest.

Du lässt jetzt die Seifenblase platzen, die dich bis zu diesem Augenblick umhüllt und begleitet hat und das purpurfarbene Licht der Blase vereinigt sich mit dem Licht des „Allumfassenden Wissens" – deiner Weisheit in dir.

Wenn du nun ganz still sitzt, richte deine Aufmerksamkeit auf die Mitte in deiner Brust, zum Herzen.

Öffne dein Herz, durch dein bewusstes Hineinatmen der „purpurnen"- Farbe ganz weit.

Siehe und spüre, dass da ein göttlicher Funke eines großen Wissens in deinem Inneren verankert ist, das dein Gefühl und deinen Verstand mit meiner Weisheit bereichern möchte, auch durch Wissen, das sich auch ausdrückt im erfüllten Sinn und auf dem Weg gemachter Erfahrung.

Entzünde diesen Funken in deinem Inneren durch deinen bewussten Atem, durch dein einfach dafür offen sein.

Erkenne und fühle, wie kraftvoll dein Licht in dir, gleich einem riesigen Herzen dann schlägt und dein eigenes damit in eine harmonisch sich anfühlende, gemeinsam im Takt schwingende Resonanz verbunden ist.

Gestatte dir wieder diese Entfaltung deiner innersten Weisheit und Wahrheit in dieser Berührung mit mir! und spüre, wie du dich als Mensch, in deiner verfestigten und vergänglichen Form in dieses Heiligtum der Weisheit tief in dir begeben hast. Dort bist du immer willkommen.

Verstehe, dass es die Aufgabe ist, das „Eine", Allumfassende in dir, aus der Begrenztheit deines Tagesbewusstseins noch bewusster werden zu lassen, um ständig ein neuer bewussterer Mensch zu werden, zu wachsen, bis du deinem eigenen göttlichen Spiegelbild, deiner höchsten Vision von dir, gegenüber mehr und mehr ähnelst.

Fühle dich ein, atme es ein und fühle es - den Durchblick über die Sinnhaftigkeit deiner Situationen!

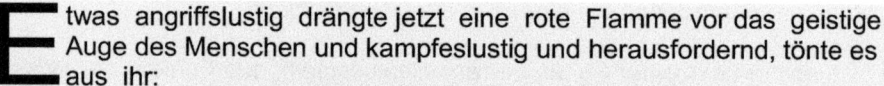

E twas angriffslustig drängte jetzt eine rote Flamme vor das geistige Auge des Menschen und kampfeslustig und herausfordernd, tönte es aus ihr:

„Ich bin die Kraft und Stärke"
„Ich bin stärker als jede Herausforderung!"

Fühle dabei meine Energie:

Siehe nun in deiner tiefen Meditation in deinem Bauchraum eine Höhle aus dir heraus entstehen. Fühle dich ein in die Atmosphäre, die von dieser Höhle ausgeht.

Du spürst die Neugierde und gehst vorsichtig und langsam hinein. Langsam um die nächste Biegung gehend siehst du eine Gestalt vor dir stehen, mit dem Rücken vor dir, ein Schwert hoch über sich haltend.

Du ahnst es ganz intuitiv!

Es ist die Energie die deine Kraft für dich in deinem äußeren Leben entfalten kann.

Die Gestalt schwingt hoch über sich ein riesiges Schwert, aus feuerrotem Kristall, von dem Drachenblut tropft. Vor dir siehst du den Drachen liegen.

Du fühlst ganz deutlich, dass es der Drache deiner Angst vor dem Leben ist.

Vielleicht erfasst du auch durch dein behutsames Atmen, während du dich in die Energie Siegfrieds, wie aus der bekannten Nibelungensage einfühlst, dass du selber Siegfried bist.

Vor dir liegt nun der Drache deiner Angst und du bist es selber, der das feuerrot strahlende Schwert schwingt.

Fühle dich darin ein. Du hebst das Schwert hoch empor, schwingst es, und Glaube, Stärke und Macht erwachen in dir. Es ist dein Schwert. In der Klinge kannst du deinen eingravierten Namen lesen, hinein geschmiedet, von mir, der roten Flamme.

Du fühlst dadurch jetzt dein wachsendes Vertrauen und tiefe Zufriedenheit.

Je deutlicher diese Einstellung zu deiner Stärke, zu deinem Glauben wird, desto strahlender empfindest und siehst du dieses Schwert. Du fühlst seine Vibration, die dich durchdringt.

Siehst du das rote Feuer, das dieses Schwert umstrahlt, dich einhüllt und sich ausbreitet?

Fühle, wie mit dieser symbolischen Kraft und der damit verbundenen Manifestation von einem Prinzen vor deinem geistigen Auge, dein Körper kraftvoller wird und wie schön es ist, einen Körper zu haben.

Genieße es, was sich aus deiner Kraft in dir darstellen will, und erkenne gleichzeitig, dass dies auch zur Erfüllung deiner Wünsche gehört.

Fühle deine wahre Kraft, deine wahre Stärke, die dir hilft, dein Leben zu gestalten!

Ich bin dein schönstes Geschenk für dich!"

neckte es nun aus einer rosafarbenen Flamme, die nun neben der roten Flamme auftauchte und dieser, mit einem verführerischen Duft, etwas von ihrer Kampfeslust nahm und liebevoll säuselte:

„Ich bin erwünscht und liebens -„Würdig"
und es wert beschenkt zu werden"

Fühle dabei diese Energie:

Gehe über deinen Atem noch weiter und noch tiefer in dich hinein, Lass dir das Bild einer tanzenden Fee oder Elfe auf einer Bühne schenken.

Siehe sie aus deinem Inneren aufsteigen und die Bühne gleichzeitig in ein rosafarbenes Licht getaucht wird.

Erkenne, dass all das, was einmal sein wird, in deinem Leben an Glück, Harmonie, Freude, Erfüllung all deiner Wünsche und Sehnsüchte bereits jetzt ganz tief in dir vorhanden ist. Dass du es bist jetzt noch nicht wahrgenommen und bekommen hast, liegt ausschließlich darin begründet, dass du noch niemals zuvor so tief in dich hineingegangen bist.

Daraus erkennst du, dass die Freude deines Lebens, die Harmonie und die Leichtigkeit tief in dir, nur darauf warten, von dir erkannt zu werden. Nimm dieses Bild und sei bei Betrachtung von deiner inneren Schönheit, von deiner Anmut so fasziniert, dass du nicht anders kannst, als diese zu lieben und anzunehmen, und dich so wach küssen zu lassen.

Fühle dies in deinem Kuss voll Sehnsucht, voll der Hingabe an dich, an deine innere Schönheit, an deine innere Kraft, an das, was du in Wirklichkeit bist. Lass dieses tiefe Gefühl und das Vertrauen zu dir wieder wach küssen.

Atme tief, fühle wie die Liebe zu dir strömt, von dir zu dir, was du wirklich bist. Erkenne, dass es eine neue Liebe ist, eine Liebe voller Zärtlichkeit und Hingabe zu dir.

Sieh dich als das wunderschöne Spiegelbild, voll strahlender vollkommener Harmonie, das dir zeigt, dass du das Schönste in deinem Land des Erlebens und Erfahrens bist.

Erweise dir selbst den Respekt, die Liebe und Achtung zu dir, in diesem Spiegelbild. Sieh diese Herrlichkeit in dir, obwohl du als Mensch begrenzt bist. Verneige dich vor dir selbst.

Siehe, wie die Energie strömt von dir zu dir und wie du dich in Liebe zu dir verbindest. Fühle dieses Eins sein mit dir, ein Atem, eine Seele, die aus der Verschmelzung des Spiegelbildes entsteht.

Erkenne dich als Teil einer anderen Qualitätsempfindung, als eine Seele, die aufgeht und erblüht, wie eine Sonne, die ihren Morgenstrahl in die Dunkelheit der Nacht erstrahlen lässt, wie ein Himmel der sich öffnet, wie ein Glück, das erblüht.

Atme den Sonnenaufgang in dir ein, ganz tief und weit und fühle, dass diese Liebesbeziehung zu dir, gleichzeitig eine Liebesbeziehung mit den äußeren Situationen, deinen Beziehungen ist, weil du all das in dir gefunden hast: Liebe, Achtung und Respekt vor dir.

D ies ist mein abschließendes „Ich Bin" Geschenk für dich",
so hörte es der Mensch aus der Ferne, als sogleich ein sandgelber Flammenwind ins Blickfeld wehte, aus dem eine luftige Stimme schallte:

„Ich bin fähig und kompetent"

Aus diesem sandgelben Licht erscheint eine mit einer Tunika bekleidete Figur.

An den beiden Füßen erkennst du an den beiden Knöcheln, die in goldenen Sandalen stecken, kleine Gebilde, die wie weiße Flügel aussehen. In ihrer linken Hand siehst du einen fast durchsichtigen bernsteinfarbenen Kelch, mit einer goldgelben Heilflüssigkeit, die intensiv strahlt!

Klar und deutlich erkennst du, wie dir dieser Kelch, mit einer gelben magischen Heilflüssigkeit, von dieser „GötterbotIN" als Symbol ihrer Energie gereicht wird.

Diese gelbe Flüssigkeit ist dein Heilmittel, das dir helfen soll, deine geistigen Kräfte zu entfalten und sie trägt dazu bei, deine natürliche Ordnung im Leben zu erkennen, um dir den Durchblick auf dein eigenes Wesen und Leben zu geben.

Erlaube dieser Energie, über das erregende tiefe Einfühlen, dich einzuhüllen, und durch dich zu fließen.

Erlaube diesem Balsam, deinen ganzen Körper wohltuend zu erfüllen.

Tief einatmend, lässt du dich von dieser heilenden, regenerierenden Energie berühren!

Vielleicht erscheint es dir, so wie eine angenehme Massage mit einem wohltuenden Duftöl.

Wohlgefühle und Entspannung machen sich dabei mehr und mehr in deinem Körper breit!

Atme dieses Bild, diese Gefühle ein und lass sie auf dich wirken!

Du fühlst, wie diese goldgelbe Flüssigkeit durch deinen Körper rinnt, du immer lichter und lichter wirst, und dich selber durchschaust. Bilder, Emotionen, Gefühle, Gerüche, Symbole tauchen auf, die dich nun bewegen.

Vielleicht hörst du diese sandgelbe Flamme dabei sprechen:

„Wir berühren deine Augen, und damit gebe dir dein Sehvermögen zurück, so dass du jetzt klar deine Situationen sehen kannst - mit Freude und mit einer neuen Frische des Blicks.

Wir berühren deine Lippen, und du erhältst damit die Freiheit zu sprechen. Wir umarmen dich, und du erhältst damit die Freiheit, auf Umarmungen zu antworten, und die Freiheit, dich auszudrücken.

Wir berühren deine Stirn, du hast jetzt die Freiheit zu denken, etwas zu wissen, und dir über die Fülle deiner Möglichkeiten klar zu werde frei von Zweifeln.

Wir achten dich, und du ehrst dich selbst, weil du jetzt das Bewusstsein deiner Befreiung kennst.

Du bist willkommen in deiner natürlichen göttlichen Ordnung, du bist zurückgekehrt.

„Es ist vollbracht".

„Mensch! - Höre auf, dich mit deinen Gedanken und Einstellungen zu begrenzen. Sieh, dass die Zeit gekommen ist offen zu sein, für unsere Lehren, die dich führen sollen, in deinem Leben.

Diese Liebe beschenkt, beschützt und behütet. Wenn du diese Liebe einatmest, diese Liebe als eine Kraft empfindest und die Führung dieser Liebe erkennst und ihr folgst, so führt sie dich durch alle Schwierigkeiten hindurch.

Sie führt dich sicher um alle Schwierigkeiten herum und sie führt dich so sicher, dass du von den Schwierigkeiten gar nichts mehr spürst, gar nichts mehr merkst.

Aufgrund deiner, sich verändert habenden größeren Bewusstheit, die von Erfahrung, Weisheit, Glaube, Kraft und Zuversicht erfüllt wird, kannst du dich in der neuen Ordnung deines Lebens geborgen empfinden.

Du fühlst, dass du nie etwas falsch machen kannst, durch die Gewissheit in dir, dass Gott – deine Seele und ich, als verbindendes Symbol deines flammenden Dornbuschs, alle Zeit für dich da bin.

Siehe! Ich bin für dich deine Kraft und Stärke. Ich bin die Wahrheit deines Seins. Fühle das erwachende Vertrauen und erkenne, dass dieses Vertrauen in diese Kraft und Stärke und das Gefühl für deine Eigenmacht, die Basis ist, für dich ein neues erfülltes Leben aufzubauen.“

Mensch, als mein Traum, als buntschillernde Ganzheit, als Seele in dir, bin in die „Erde"- in die Welt der Formen gegangen, um in dir, als körperliche Form zu wirken und meine Idee von dir, zu erfahren. Dein Wirken erfolgt mit der Wahl des richtigen Werkzeugs zum Handeln, gepaart mit meinen Inspirationen und dir eigener Kreativität.

Du bist das Band, die Brücke zwischen „Unten und OBEN" – Sohn des Himmels und Tochter der Erde!

Du bist die Trägerin, das Gefäß, des göttlichen Funkens in dir, der die grobe Materie mit Formen erfüllt, dich darin mit Hilfe meiner erfahren sollst.

Was nutzt das „Wollen", wenn es sich nicht erfüllt in der Tat. Was nutzt das Wissen, Weisheit und Erkenntnisse über mich, das sich nicht ausdrückt im erfüllten Sinn und auf dem Weg gemachter machtvoller Sicherheit, Leidenschaft und vedauter Erfahrung!“

Darum sollst du hier leben und gestalten, im immerwährenden Umsetzen von Erkenntnis.

Du meißelst dich selbst durch die Tat in deinen einzigartigen form-gewordenen Abdruck in der Zeit.

Siehe: „Ich bin Innen, wie Außen!".

In der Erde bist du mein „ICH BIN", das, was du mit mir erschaffst, in deiner körperlichen Form!" in Übereinstimmung mit dem Göttlichen."

Die Stimme klang noch lange nach, und es war Erregung pur, die sich abbildete, als ein leuchtender Regenbogen, mit dem Menschen langsam verband und als starker Lebensbaum begann in ihm zu wachsen und der Regenbogen seines Geistes begann aus ihm noch stärker zu leuchten.

Über ihren tiefen Atem verbunden, sah sich der Mensch nun jetzt im lichten Blau in der Stille seines Schlaftraumes.

Er wanderte durch die Weite der Wüste geradewegs auf eine Pyramide zu.

Sandgelb ragte diese in den klaren, blauen Himmel empor.

Am Fuß der mächtigen Pyramide angelangt, begann er dann, Stufe für Stufe hinaufzuklettern. Immer höher stieg er die gewaltige Pyramide hinauf.

Schließlich war er auf der Pyramidenspitze angelangt, die eine Vertiefung aufwies, in der er fest und sicher stehen konnte.

Nach dieser Anstrengung des Aufstiegs atmete er tief durch und spürte, wie die Pyramide begann, ihn mit seiner Kraft zu durchstrahlen.

Auf der Pyramidenspitze bildete er nun immer mehr den Brennpunkt von zwei Energiefeldern:

Von unten floss die formgebende Kraft der Erde durch die Pyramide aufwärts und sammelte sich in der Spitze. Diese kraftvolle Erdverbindung fühlte sich wie ein warmer, heilsamer Energiestrom an.

Das zweite Energiefeld, einer auf dem Kopf stehenden Lichtpyramide wirkte, als die Kraft des Geistes, von oben auf ihn ein, während die Sonne in den Zenit wanderte und nun genau über der Pyramide stand.

Als Pyramidenspitze bildete der Mensch nun das Zentrum, in dem sich die Sonne seines Lebens in der Form ihrer Körperlichkeit sammelte.

Er verspürte einen mächtigen Kraftstrom auf ihren Scheitel hinabfließen. Das Sonnenlicht durchflutete ihn wie flüssiges Gold, leuchtend und seidig. ER genoss, wie sich die sonnige, pure Lebenskraft warm durchströmte.

Sie nahm nur seine innere Stille und die gesammelte Kraft seiner Konzentration wahr. Diese Konzentration lenkte er genau auf den Mittelpunkt seines Kopfes. Ihm kam dieses Zentrum im Inneren des Kopfes als kleiner, aber unermesslich strahlender Lichtfunke vor. Dieser geistige Lichtfunke war gleißend hell, aber nicht unangenehm und er durchstrahlte den Innenraum seines Kopfes. Der Lichtfunke wurde allmählich größer und wuchs an zur Größe einer Erbse, dann zur Größe einer Murmel.

Mit tiefer Ruhe beobachtete er, wie sich dieser blendend helle Lichtball weiter ausdehnte, zur Größe eines Tennisballes.

Strahlend klares Licht erfüllte seinen Kopf. Die kleine „Sonne" wuchs weiter an, bis sie den ganzen Kopf und ihren Körper ausfüllte und begann aus ihr heraus zu strahlen. Er war jetzt eine Sonne aus strahlendem Licht.

Er genoss den wunderbar klaren, leuchtenden Zustand seines Bewusstseins und öffnete nun weit atmend, mit ausgebreiteten Armen, seine Bewusstseinstüre für die leuchtende Sphäre ihrer Seele durch ihre Bereitschaftsenergie, d.h. einfach dafür bereit sein, sich durch ihren weiten bewussten Atem dafür öffnend.

Zunächst schien es ihm, als trete er in eine Sphäre wunderbaren Friedens ein, erfüllt von einem sanften, friedlichen Gefühl.

Er fühlte sich befreit, leicht und heiter. Mehr und mehr empfand er in dieser Stille seine Geklärtheit. Er fühlte sich gereinigt und erfrischt. Sein Bewusstsein war vollkommen wach und klar.

Er glitt in eine lichtvolle Welt göttlicher Unendlichkeit, mit unbegrenztem Horizont, wo er weit, weit sehen konnte.

Mit jedem bewussten Atemzug atmete er nun diese grenzenlose Weite und Freiheit.

Er befand sich nun im Zentrum seines „Heiligen Grals". Hier fühlte e sich von einer grenzenlosen Liebe durchstrahlt und umhüllt.

In seinem Herzen fühlte er das brennende, wollige göttliche Feuer, mit seiner wahren Freude.

Es war das tragende Lebensgefühl:

„Ich bin im „Inneren Frieden", eingebettet als Geistesfunke im „Weltengeist"!

Dieser innere Seelenfriede war nun das „Daheimsein" in ihm!

Der Mensch war im Zentrum seines Seins, in seine Mitte, angelangt!

Die Stimmen der Flammen, aus dem brennenden Dornbusch, klangen noch lange im Menschen nach, und es war Erregung pur, die sich abbildete, als ein immer stärker werdender leuchtender Regenbogen, den die Dornbuschflammen im Raum bildeten, mit ihm langsam verbanden und einen ein starken, großen Lebensbaum begannen zu bilden.

Der Mensch befand sich im nun im Zentrum seines „Heiligen Grals". In seinem Inneren fühlte er das brennende göttliche Feuer, mit seiner wahren Freude. Es war ein tragendes Lebensgefühl: „Ich bin im „Inneren Frieden", als Lebensbaum eingebettet, als bewusster Geistesfunke im „Weltengeist"!

Dieser innere Seelenfriede war nun das „Daheimsein" in ihm!

Der Mensch war im Zentrum seines Inneren, in seiner Mitte angelangt.

Eine neue Kraft, eine neue Würde repräsentierte sich durch diese tief empfundene Erkenntnis:

Der Eine liebt uns, weil er sich liebt!

Ich selbst bin das Licht, die Kraft und die Wahrheit meines Seins.
Ich bin die goldene Morgensonne in meinem Herzen.
Ich selbst erleuchte mein Bewusstsein."

- und so erwachte Gott in meinem Herzen!

Mein Brustraum fühlt sich erstrahlt von innen, erfüllt, von einem klaren goldenen Leuchten. Es war ein Gefühl, als sei die Sonne in mir aufgegangen. Ich fühle mich mit dem „All-Einen" verschmolzen, eingetaucht in die unendlichen Weite seines Seins, wo ich schon immer mit meinem göttlichen Selbst verbunden bin und war.

Der Mensch konnte es jetzt fühlen und wirklich glauben, da es ihm, aus seinem tiefsten Inneren, bewusst geworden war:

- „Ich bin stolz auf mich!"
- „Ich bin erwünscht" und es wert „beschenkt" zu werden"
- „ Gott ist immer in mir – deswegen bin ich liebens –"würdig"
- Ich bin stärker als jede Herausforderung!
- Ich bin die unbegrenzte Kraft, mein unbegrenzter Glaube durch mein Vertrauen zu mir!

Sein Dornbusch rief ganz stolz:

„Wenn du das zunehmend fühlst und spürst und nicht mehr begreifen willst, dann kannst du mit dem unbegreiflich "Erfüllenden" immer gefüllt sein!

„Es" – der Große Geist" antwortet dann aus dir:

Ich bin das „Ich bin" alles was ist - „Mein Wille geschehe! - Ich bin dein Diener und gebe dir alles, was du brauchst aus der Kraft deiner Überzeugung und Glaubens!"

Begreifst du jetzt SEINE Worte:

„Selig sind die Armen im Geiste, denn ihrer ist das Himmelreich!"

"Ich Bin", der ich für dich sein werde"!

Du gehst wieder in diese Einheit des Fließens und erkennst gleichzeitig die in dir bewusst werdende unvorstellbare, ungeheure Stärke. Obwohl so sanft, obwohl so fein und zart, obwohl kaum spür- und merkbar, ist diese Kraft hier wieder in dir.

Diese Zartheit ist keine Schwäche, ihre Sanftheit ist keine Unsicherheit. Es ist das Sicherste, was du jemals erlebt hast, es ist das Stärkste, was du jemals erleben konntest. Auch wenn du es zurzeit noch nicht in vollem Umfange spüren kannst, so ist es dennoch da.

Jetzt, im Hinausgehen, in dein Leben, hast du bereits begonnen, deinen Weg zu gehen. Du spürst sich in einem Heilungsfeld, in diesem Licht der neuen Kraft, die dich sicher und schützend geleitet, hinein in die neue Zeit.

Du siehst, wie das Tor zu deiner neuen Zeit sich öffnet, die Schwelle der Zeit überschreitend, in einen Zustand des Heil-Seins und fühlst dich erlöst. Wenn du dich nun langsam zurückerinnerst, durch all die Dimensionen des Universums hindurch, so erkennst du klar und deutlich, dass du zum Boten geworden bist, zum „ANGELOS", zum Boten des Gottes in dir!

Du wirst selbst zur Botschaft!

Die Botschaft aus der Mitte deines Seins hat dich verwandelt!

Atme diese Energie, Bote zu sein, ein und gleichzeitig erkennst du, dass du keiner Worte mehr bedarfst, dass es nichts gibt, worüber du sprechen müsstest, dass es im Grunde nichts gibt, was du zu tun hast, weil du es einfach bist.

Du kannst jetzt dein Leben aus deinem Bewusstsein gestalten!

„Du bist diese Verwandlung für dein neues bewusstes göttliches Leben!"

„Großer Geist – Großes Licht -Allmächtiger Schöpfer allen Seins,

Das was in mir ist. Der Urgrund von allem, Das „All-Eine"
Der Atem der hinter allem Leben steht -
Der Geist, du „Quelle allen Seins"
Erhöre mich – Erfühle mich- Erfahre mich!

Großer Geist - Großes Licht- Aus Dir bin ich gekommen,
aus deinem Sein bin ich gekommen-
Ich bin dein Sein.

In deinem Herzen wohne ich, aus deinem Herzen komme ich,
in dein Herz fließe ich zurück".

Geheimnis in meinem Atem, der Brücke zu Dir - Ich atme Dich
Ich verbinde mich mir Dir über diese Brücke mit deiner Liebe,
zu empfangen deinen Segen für alle Zeit.

Sei meine Kraft und Stärke durch die Brücke meines Atems zu Dir.

Ich atme dich in der Stille meines Seins mit meiner Offenheit und Hingabe
zu dir. Gott und nur Gott, Licht und nur Licht in mir!

Komme und trete aus mir hervor!

Ich habe jetzt die innere Vision von mir erlangt,
und durch deinen Geist in mir,
habe ich von meinem wunderbaren Ge'heim'nis erfahren!"

SoulSpiritArt

„Ich habe die innere Vision von mir erlangt,
und durch Deinen Geist in mir, habe ich von meinem
wunderbaren Ge'Heim'nis erfahren"

Die Rückkehr ins Licht

Auch als Leser dieser Botschaft darfst du jetzt im Kreis des durchdringenden heilsamen „Flammenden Dornbuschlichtes" sein!

Du spürst es:

Im Lichte der Göttlichkeit zu leben, bedeutet zu erfühlen, dass dein Leben ein göttliches Leben ist.

Dorthin, wo du deine Aufmerksamkeit hin richtest, dort findet dein Leben statt!

Dieser erneute Hinweis ist eindringlich für dich!

Um wieder ein Beispiel zu nehmen:

Irgendjemand hat nicht gemäß deiner Vorstellung gehandelt und nun ruht deine Aufmerksamkeit auf dem sozusagen „Nicht erbrachten", nicht deiner „Vorstellung geschehenen".

Deine Aufmerksamkeit ruht auf dem „NICHT", auf dem Fehlenden.

Das heißt, dass dein ganz persönliches Leben und die damit verbundenen Empfindungen, aus dem Nichtvorhandenem, dem Fehlenden genährt wird. Aber dieses „Nicht genährt" werden, entspricht dem:

„Liebe deinen Nächsten, wie dich selbst"

Und dann sagst du noch:

„Ich liebe ja so gut ich kann!"

Erinnert dich das nicht an den Ausspruch mancher Politiker, die mit dem Brustton oder Überzeugung erklären, „Alles in ihrer Macht stehende zu tun", um dieses oder jenes zu bewirken. Dann erlaubst du dir die schüchterne Nachfrage:

„Wie viel Macht haben Sie diesbezüglich?

und nebenbei erklärt dir dieser Politiker nebenbei, in dieser oder jener Angelegenheit überhaupt keine Macht, keinen Einfluss zu haben, also diesbezüglich gar nichts tun zu können.

Aber dennoch ist dieses Unvermögen eingepackt, in die Scheinformulierung einer Kapazität, alles in der eigenen Macht stehende zu tun, alles an Liebe zu geben, was ich habe.

Auch deine Eltern gaben dir all ihre Liebe......

Wenn du dies vernimmst, hast du nicht jetzt die Tür zu einem mehr oder minder leeren Raum geöffnet?

Dann blickst du jetzt Vater und Mutter an und sagst:

„War das der Raum, die Kapazität, sprich das Vermögen, von dem aus ihr mich geliebt habt? - und sie nicken beschämt und aus ihrem Herzen vernimmst du ein „Verzeih uns". Und aus deinem Herzen vernimmst du ein: „Gern geschehen, kein Problem".

Aber diese Einsicht ist wichtig! - Du bist hier in dieses Leben getreten, in deine speziellen Lebenssituationen, die sich bis heute fortgesetzt haben, mit der Aufgabenstellung, die Trennung von der Liebe zu lösen, diese empfundene Trennung von dem angeblichen „Abgeschieden worden sein" von Gott aufzuheben.

Natürlich war es eine mehr oder minder lustvolle Erfahrung, gleich einem Abenteuer die Trennung zu empfinden, sie zu suchen und wieder zu erfahren. Nun hast du diese Trennung erlebt in vielerlei Situationen und bist nun bereit, diesem nun gelegentlich grausam erscheinenden Experiment ein Ende zu bereiten, diese Blockade der Trennung aufzuheben und die Erlösung einzubringen in dein Leben.

Aber wie zuvor schon angedeutet:

„Wie geht das vonstatten", mit welchem Ritual, mit welchem heiligen Buch kann ich das „Heilige" aus der Verbannung erlösen?

Erinnerst du dich an das Neue Testament mit seiner symbolischen Sprache?

Da wollte Adam und Eva oder jemand zurück in das Paradies. Aber vor dem Eingang stand der Engel mit dem flammenden Schwert und verwehrte den Zutritt und rund um das Paradies war eine „meterhohe, unüberwindbare Mauer" errichtet.

Doch da besann sich dieser Jemand, auf das Gesetz „Wie Innen, so außen" und begann in seinem Inneren nun ein Tor zu erkennen, und begann dieses Tor in seinem Herzen zu öffnen, um das Grenzenlose in sich hereinzulassen, bzw. sich mit ihm zu verbinden!

Das Tor in seinem Herzen heißt: „Bereitschaft".

Aber Bereitschaft bedingt Kapazität. Wo keine Kapazität ist, kann keine Bereitschaft entstehen und die Kapazität bekommst du nur von wem?

Von Gott! - Also musst du dich erst einmal mit diesem in Verbindung setzen, mit dem Eingeständnis:

„Ich Bin" dein Fleisch, dein Blut, auf ewig sind wir verbunden!

Du neigst dein Haupt, sagst „Danke" und fühlst dich durch dieses ständige Verinnerlichen mit ihm mehr und mehr mit der Liebe des „Allseins" verbunden.

Erkenne hier, dass du hier eigentlich niemals aus dem Paradies vertrieben worden bist und Erzengel Gabriel bzw. Göttliche Wächter vor dessen Tor, mit flammenden Schwert, dir den Einlass verwehrten.

Du selbst hast ihnen dieses Schwert, als Symbol der Ent-"Scheidung", in die Hand gedrückt, mit der Bitte, dich nicht hinein zu lassen. Selbst hast du mit dem Schwert, als Symbol der Entscheidung und mit dem Essen der Frucht der Erkenntnis, deinen eigenen Willen „ER" -fahren zu wollen, mit Seinem „Ein" – verständnis die Wahl getroffen, einen eigenen Weg als „Wassertropfen zum Meer" zu gehen.

Gerne gibt dir Gabriel jederzeit dieses Schwert zurück und der Zauberspruch, das „Sesam öffne dich" heißt: *Großer Geist, Allumfassendes in mir* - „Dein Wille ist jetzt wieder mein Wille"- „Ich bin dein in Bin"!

So gelingt es dir, dich mehr und mehr zu lösen, dich zu befreien von der Vorstellung, die du auf die Dinge und Situationen projiziert hast. Wenn es dir dann durch dieses innige Üben schaffst dich zu lösen, dich von dem Mangelbewusstsein einer angeblichen Getrenntheit von Gott zu befreien, dann geschieht es, dass dann auch die anderen sich, als dein Spiegel, lösen werden.

Aber zuerst einmal musst du „hundertmal" lösen, dein eigenes „Unkraut" in dir jäten", bevor der Funke überspringen kann, um dort im Nächsten das zu initiieren, was du in dir gemacht hast.

In welcher Welt lebst du, willst du leben?

Sei hoffentlich willkommen im „Kreise derer, die das Licht sind" und siehe, dies ist deine Welt, eine Welt des Lichtes.

Nimm deine Aufmerksamkeit und ziehe alle Abhängigkeiten ab von all den Darstellungen und Äußerungen der äußeren Welt.

Denke an deine Heimat, dem Ursprung deines Seins, bevor du aus dem Lichte an diesem Ort erschienen bist. Denn damals, in diesem Sein, vor dem „Beginn deiner Zeit", war es nur das Licht, wo es die Einheit mit der Göttlichkeit gab und du bereit gewesen bist, in die Materie zu gehen, um diese kennen zu lernen und um heimzukehren beginnst du jetzt wieder deine Aufmerksamkeit wieder auf dieses:

„Gott und nur Gott - Licht und nur Licht"
„Ich bin ein „Gedanke, ein Bild des Göttlichen"

zu richten.

Es geht jetzt darum, genau das jetzt in deinem täglichen Leben zu berück-,Sicht'-igen. Es ist eine Integration in die Göttlichkeit deines Seins. Auch wenn du es nicht gerne hören magst:

Aus mangelnder Liebe zu dir, war es vorher keine Hingabe. Es war Habgier, eine Bedürftigkeit, eine Profitgier, ein nicht genug bekommen können. Eine schier grenzenlose Bedürftigkeit war es, eine Angst, zu wenig zu bekommen. Es war eine Gefangenschaft in einem materiellen Spinnennetz, das die Göttlichkeit, das Licht, deines Seins verschüttet hat, aber paradoxerweise sich in vielen Heldenreisen dadurch, sinnlich erfahren konnte.

Aber deine Welt braucht nun heute wieder dieses Licht. Die Welt, die ja deine Welt ist, will von dir geheilt werden. Das ist die Erklärung, warum innerhalb der Allgegenwart Gottes es dennoch die Möglichkeit für dich gibt, vielleicht sogar einen Bedarf, den nur du zu decken vermagst, weil es deine Welt ist.

Gott in seiner Allgegenwart sagt dabei:

„Siehe, dies ist mein Geschenk an dich. Diese Welt gehört dir und du darfst an dieser Welt üben Gott und damit gottvoll zu sein. Du darfst hier erfahren, was du zu bewirken imstande bist. Und nun hast du deine Welt und merkst, dass deine Welt nicht unheil ist, nicht Gottes Welt."

Es ist hier sehr klar zu unterscheiden:

Gottes Welt ist immer in Ordnung, und auch die dir erscheinende. Unordnung in deiner Welt ist in Gottes Welt in Ordnung.

Wie schön dieses Beispiel ist, merkst du, weil dir jetzt bewusst geworden ist, dass ja die Ängste, die Enge(!) deiner Körperlichkeit sind. Diese Welt gehört aber dir. Es ist die (ä~engste!) Welt, die dir am nahesten ist.

Diese Welt, wie deine Seele, die dir auch nahe ist, spricht zu dir, über ihre Botschaften. Dein Körper, deine Schmerzen und deine Welt, deine Lebenssituationen, sind immer eine Engelsbotschaft, die dir etwas über dein Heilsein übermitteilt.

Wenn du die Blockade aus deinen Schmerzen nimmst, erkennst du die Stimme Gottes – „His masters voice".

Gleichzeitig merkst du, dass Gott dir und der Welt niemals etwas antut, etwas dir nicht gönnt. Es bist immer du selbst mit deinen Einstellungen gegenüber der Welt.

Wenn du dies fühlst und anerkennst, dann fühle die Liebe Gottes. Du wirst dann zum innerlich lächelnden Buddha und lächelst das glückselige Lächeln deines Seins. Du bist dann die Erfüllung und wohin du blickst, erkennst du aus dir heraus das Licht. Egal wohin du blickst, erkennst du aus deinem „Licht-Sein" heraus das Licht im Anderen als das Göttliche, das du bist.

Das ist nun etwas Entscheidendes für dich im Erkenntnisprozess vor dem Dornbusch deines Lebens:

Du hast von nun an auf dieser Bewusstseinsebene keine Möglichkeit mehr, dich ernsthaft darüber zu beklagen, dass du im Äußeren etwas nicht bekommst

Denn erkenne wieder:

> „Ich bin das flammende Licht, das aus dem Dornbusch quillt!
> Ich bin die Sonne, das Licht meines Seins"

Es ist hier deine Aufgabe, dir endgültig bewusst zu werden, dass es dir möglich ist, alles aus dir heraus, aus deinem Bewusstsein zu gestalten. Du bist der Gott deines Lebens. Du bist zum Ursprung allen Seins zurückgekehrt.

Es ist die Geburt Gottes in dir!

Immer wieder hast du gehört, dass vielleicht irgendwann einmal in dieser Zeit Gott wieder auf diese Erde kommen wird.

Das Paradies soll angeblich wieder auf Erden errichtet werden, wenn Gott auf Erden kommt. Und nun will Gott auf Erden kommen durch dich hindurch und du blockierst.

Stelle dir dieses Bild einmal in deiner Phantasie vor!
In dir erwacht das Göttliche und will sich durch dich ausdrücken.

Du denkst dann:

„Wieso ausgerechnet durch mich - Gibt es niemand Besseren, niemand Würdigeren, niemand Erhabeneren, Reiferen?"

Gott in dir aber sagt:

„Nein es gibt niemand Besseren, niemand Erhabeneren und Reiferen. „Du", so spricht Gott zu dir, „bist mein Auserwählter" wie jeder andere Mensch auch - Durch dich will ich mich manifestieren".

Also, du hast keine Chance dich dagegen zu wehren. An alles denkst du, aber dass es nun aus deinem Inneren herauskommen wird, noch dazu die Göttlichkeit? An das hast du niemals gewagt zu denken. Nach außen hast du dich gewappnet und das wusste Gott, die Göttlichkeit. Dein Verstand hat sich nach außen gerichtet und du hast dich auf wundervollste perfekte Art mit einer Maskenpersönlichkeit nach außen abgeschirmt. Aber Gott wäre nicht Gott, wenn er nicht jeden Weg kennen würde.

Er kommt ganz einfach durch eine andere Tür zu dir und indem er von innen an deine Bewusstseinstür klopft sagt er:

„Drücke mich aus - Manifestiere mich. Dies ist die Aufgabe deines Lebens".

Du aber bist jahrelang herumgelaufen, fragend und suchend:

„Wo ist der Sinn meines Lebens. Gebt mir eine Aufgabe. Ich suche eine Aufgabe. Ich will Gutes tun".

„Als Mensch"?, fragt Gott dich! - *„Mit all deiner Bedürftigkeit wolltest du Gutes tun?"* - Jetzt, wo du wirklich eine Aufgabe hast, nämlich Gott in dir zu manifestieren, erschrickst du bis ins Knochenmark?

Fühle tief in dich nun hinein und erkenne im Vorgang deines Atmens die tiefe weite Liebe Gottes in dir.

Aber warum?

Aus dem einfachen Grunde, weil Gott dich liebt. Deshalb kommt er nicht von außen auf dich zu, sondern von innen durch dein „Herz" - Gott erwacht fühlbar in deinem geklärten angstfreien Herzen.

Siehe am Horizont die Sonnenscheibe aufgehen. Horus, der Götterbote kommt zu dir – Eine Sonnenscheibe geht auf!

Ein neues Zeitalter bricht an. Fühle deine Kraft mit Gott in deinem Inneren, ausstrahlend, in dein Bewusstsein. Fühle dein neues Sein. Betrachte die Bilder deines Inneren und erkenne aus diesen Bildern heraus, die Kraft der Fähigkeit mit ihm verschmelzen zu können, mit ihm eins zu sein. Fühle wie du dich in deiner Wirbelsäule aufrichtest und wie du jetzt bereit bist gerade und dich frei fühlend zu gehen.

Alles was du tust und berührst, wird aus diesem Bewusstsein heraus göttlich, es wird ein Ausdruck, eine Darstellung der Göttlichkeit. Wohin du gehst, ist Göttlichkeit da.

Wenn du hingehst spürst du:

Gott hört mit deinen Ohren. Er sieht mit deinen Augen, fühlt mit deinen Sinnen, liebt mit deinem Herzen", Alles wirst du plötzlich mit anderen Augen sehen, mit anderen Ohren hören. Mit anderen Gefühlen wirst du deinen Lebenssituationen und anderen Menschen erfüllt und harmonisch begegnen können. Denn du schließt dich kurz mit seiner bzw. deiner „Hohen Bewusstseinsenergie".

Es ist dieses Lebensgefühl: „Ich bin im inneren Frieden."

Du hast darum geweint, gebettelt und gebetet.

Du erkennst wieder:

Er kommt nicht zu mir, wenn man selbstmitleidig weint.
Er kommt nicht zu mir, wenn ich bettele oder bitte,
mich in Schuld und Sünde kasteie!
Aber wenn ich ihn, als meine Quelle einlade, kommt er!
Denn ich wollte ihn ja leben, den inneren Seelenfrieden.

Den sollst du haben, so spricht der flammende Dornbusch:

„Wenn du mir einen Schritt entgegenkommst, komme ich dir auch einen Schritt entgegen. Der innere Seelenfriede ist das Daheimsein in dir, wo du gerade gehst und stehst. Er ist es, der dich sucht, komm lass dich finden!

Du wirst nie mehr auf der Flucht sein vor irgendetwas, du brauchst nicht mehr zu fliehen. Du hast einfach das Gefühl, ich bin in mir zu Hause, dann bist du überall zu Hause.

Du wirst plötzlich sehen, dass die Menschen keine Fratzen mehr haben, sondern schöne Gesichter und du wirst eintreten in die Glückseligkeit, in die wirkliche innere Freiheit, wo es keinen Kampf mehr gibt, nur „Sein". Du brauchst dann keine Verteidigungshaltung einzunehmen, denn, wenn du nicht angreifst, wirst du nicht angegriffen.

Es ist jenes Bewusstsein, das dein Tagesbewusstsein nun durchdrungen hat. Die Stille wirst du jetzt mehr und mehr spüren, je mehr du deine Verteidigungshaltungen aufgibst. Es wird dich nun dein Hohes Bewusstsein durchfluten, dich verwandeln. Du wirst nicht zum Kanal für das göttliche Licht, sondern du bist es selbst mehr und mehr, wenn dein Ego mit deinem Selbst, deiner Seele mehr und mehr sich „eins" empfindet:

„Dein Wille geschehe. Schöpfer allen Seins, du tust die Werke, dein Sohn allein vermag nichts, aber ich und der „Vater" sind eins."

Dann hast du dich verwandelt, du bist der SchöpferIN deines Seins und der Schöpfer allen Seins ist in dir. Es ist keine Anmaßung, sondern du gibst vielmehr deinen eigenen kleinen, ausschließlich zielorientierten Willen auf.

Du weißt jetzt aus dem tiefsten Inneren: Alles was ist, ist Gott!

Du hast erkannt:

„Ich bin das Licht- die Sonne meines Lebens".
Ich bin der flammende Dornbusch,
der beginnt, im Feuer des Göttlichen zu grünen!

Alles dient also deiner Erfahrung, als dein Heldenabenteuer, das dich hin entwickeln soll, zu dem, was in deinem Lebensfilm deiner Selbstfindung, deiner Höchsten Version von dir, dient, die als Seele immer da ist, aber entdeckt und erfahren werden möchte.

Sicher ist eines!

Die Heimkehr in das große Allumfassende Meer, in das Licht des Großen Geistes, in mein „Ich bin, der ich bin", wird bei jedem Menschen erfolgen und auch du als Mensch, mit deinen Fragen, am Anfang dieses Buches, wirst rufen:

SoulSpiritArt

Heiliges Sinnbild der Spirale, kräftig quellen deine Ringe!
Endlos kreisen, allumgreifend, vom Unendlichen umfangen,
Haltend alles irdische Werden, schwingend in die große Ordnung,
Stille wendest du dich wieder, Rückwärts, einwärts hin zur Mitte,
Tief dich bergend in dem Ausgang, rührt im Unbegreiflich EINEN
Jeden Tages auf und nieder, Jedes Jahres steigen, sinken,
Bist du heil'ges Kreisen – aus der ewgen Mitte!
(Wilhelm Hauer- Religionsphilosoph!)

Die Heimkehr

„Meine Seele, mein Gott wo bist du?

Hörst du mich? – Ich spreche, ich rufe dich – bist du da"?

ruft der Mensch am Ende seines Lebens!

„Ich bin wiedergekehrt, ich bin wieder da! – Ich habe aller Gegenden Staub von meinen Füßen geschüttelt und bin zu dir gekommen. Ich bin bei dir, nach langen Jahren langer Wanderung und wundervollen verrückten Abenteuern, bin ich wiederum zu dir gekommen.

Soll ich euch erzählen, was ich alles geschaut, erlebt, in mich aufgenommen habe, oder willst du nichts hören, von all jenem Geräuschvollen des Lebens und der Welt?

Das „Eine" habe ich gelernt, dass man nämlich dieses Leben leben und sich lebendig fühlen soll, ohne sich in starre Formen oder Glaubenshaltungen ein-zu zementieren. Dieses Leben ist der Weg, der längst gesuchte Weg zum Unfassbaren, das wir „Göttlich" nennen. Es gibt keinen anderen Weg. Alle anderen Wege sind Irrpfade.

."Aus dem angeblich Bösen erwuchs mir, aus dieser Erkenntnis, immer viel Gutes. Das öftere Stillhalten, Nichtverdrängen, Aufmerksam sein, und Hand in Hand damit gehend, das Annehmen und Bewältigen der Wirklichkeit, der Dinge, wie sie sind und nicht wie ich sie nach einer Vorstellung von Liebe wollte, hat mir viele Erkenntnisse, aber auch seltsame Kräfte und Zufälligkeiten gebracht, wie ich mir es früher nicht hätte vorstellen können.

Ich habe so auch alle Vorstellungen von Liebe losgelassen!

So werde ich nun auch das Spiel des Lebens spielen, indem ich annehme, was mir jeweils der Tag und das Leben bringt, Gutes und Böses, Sonne und Schatten, die ja beständig wechseln, und damit nehme ich auch mein eigenes Wesen mit seinem positiven und negativen an, und alles wird lebendiger. Was für ein Tor ich doch war!

Wie habe ich doch mit dem Wörtchen „Liebe" missverständlich in menschliche Harmonievorstellungen zwingen wollen!"

Ich fand den rechten Weg, er führte mich zu dir, zu meiner Seele. Ich kehre wieder zurück, durchgeglüht und gereinigt. Gib mir deine Hand, meine fast vergessene Seele. Welche Wärme der Freude, dich wieder zu sehen, dich vormals vielleicht so verleugnete Seele. Meine Seele, mit dir, soll meine Reise weitergehen.

Mit dir will ich jetzt weiter wandern und zuvor einmal erst aufsteigen zu unserer Zweisamkeit, mit dem Reichtum meiner Erfahrungen und neuen Abenteuern im Herzen!

Wir sind jetzt wieder die Einheit in der Zweiheit!

Ich bin heimgekehrt, in das allumfassende Bewusstsein, durch das leuchtende flammende Dornbuschfeuer!

„Die Bilder sind dem Menschen sichtbar,
doch das Licht in dir ist vermeintlich verborgen,
Im Bilde meines Lichtes wird es sichtbar werden,
doch in meinem Bild ist mein Licht verborgen"
(Thomasevangelium)

SoulSpiritArt

Der Mensch - ein Symbol Gottes

Du bist das Bildwerk des Großen Geistes, in das er sich kleidet. Du bist die Gottesgebärerin in der Körperlichkeit. Du bist die unbefleckte Empfängnis, die ihm schillernde Erfahrungen in „befleckendem" Farbenspiel beschert. (Seele: germ. „saiwalos" = buntschillernd!)

Jedes Kind ist in der Seele eine Erneuerung Gottes auf Erden, die Menschen als „Götter" als Ebenbilder gebärt! (Psalm 82,6)

So ist Gott durch dich ein Gott in Erfahrung, selber Priester, Gemeinde, Richter und Gerichteter, Täter und Opfer. Er ist Schöpfer und das Geschaffene und aufgespannt in das Kreuz des Lebens.

Die wirkende Kraft des Geistes tritt so aus dem Unsichtbaren hervor und wird im Bild des Symbols, seiner Form sichtbar. Es ist ein „mystischer" Prozess, in dem sich Geistiges (Inhalt) und Sinnliches in der Erde (Form) zu einem geistigen und körperlich erfahrbaren Bild vereinen.

Als Mensch befindest du dich so immer am Kreuz deines Lebens, aber nie als verurteilter Leidender, sondern im Schnittpunkt dieses Kreuzes des Lebens, wo du im Augenblick lebst.

Dort treffen in der Horizontalen, in der Zeit, deine Vergangenheit und Zukunft aufeinander, sowie deine Geistigkeit mit deinen Themen und deren Verwirklichung, im Vertikalen, sich spiegelnd.

Schaust du vom Mittelpunkt dieses Kreuzes nach rechts, erblickst du deine Vergangenheit!

Schaust du nach links, dann schaust du in deine Zukunft, die sich aus dir erschafft!

Schaust du nach oben, dann erblickst du deine Geistigkeit, nach unten, diese in der Materie verwirklichend!

Schaust du an diesem Kreuz nur in eine Richtung, verweigerst du die bewusst werden wollende Ganzheit deines Lebens im Augenblick!

So spricht nun Gott durch deinen brennenden Dornbusch!

„Mensch, als mein Bild – Ich, in dir, bin in die Materie gegangen, um mich zu erfahren. Du bist das Band, die Kreuzesbrücke zwischen „Unten und OBEN" – "Sohn (Das Zeugende) des Himmels und Tochter (Empfangendes) der Erde!"
Du bist der Träger des göttlichen Funkens in dir, der die grobe Materie mit Formen erfüllt und dich darin erfahren sollst.

Was nutzt das Wollen, wenn es sich nicht erfüllt in der Tat. Was nutzt das Wissen und Erkenntnis über Mich, das sich nicht ausdrückt im erfüllten Sinn und auf dem Weg gemachter Erfahrung am Kreuz deines Lebens! Darum sollst du hier leben und gestalten, im immerwährenden Umsetzen von Erkenntnis in die Form und Tat. Denn was ist, entsteht durch die Tat. Siehe, jede Erkenntnis ist nutzlos, solange sie nicht in der Materie „Er" -scheint.

Lerne, das Göttliche in dieser Ebene zu finden, zu verkörpern und in der Spiegelung zu erkennen: „Ich bin Innen, wie Außen!" – In der Erde bin ich, der „ICH BIN", das, was du erschaffst in der Form! - und jeder Augenblick ist dein schöpferischer Kreuzmittelpunkt und jeder Tag ist dafür der ‚Jüngste Tag'!"

Die Unbefleckte Empfängnis

Was den Samen des Geistes empfängt ist die „Unbefleckte Empfängnis"!
Du bist es mit dem Eintritt in die Form der Körperlichkeit als sein „Walk IN"
seine Idee, sein Bildwerk - seine Seele - auf seiner Heldenreise!

Wie du damit umgehst, ist deine Entscheidung und in Liebe antwortet „Er"
darauf um dir zu geben, was du als Wachstum brauchst!

Du meinst Gebärende(r) zu sein – doch der „Große Geist" ist es, der dich gebar.
Er ist in dir und nicht außen. Es kann nichts eins mit Ihm sein, ohne „Er" zu sein. Zweifel ist nicht Einheit, aber das Erkennen, das daraus in Einklang mit ihm erfolgt! – Denn Sein Auge ist zu licht, um Dunkles zu sehen!

Verweile nicht im Zweifel. Glaubst du wirklich an dich, so glaubst du an Ihn!

Das Mögliche deiner Entscheidungen ist das Gesetz der Begrenzung und Schwere . Das Unmögliche als Wunder aber, ist das Gesetz des Neuen.

Nur ungewandelte, blockierte Kraft verwüstet, vergiftet, zerstört.
Kräfte sind zerstörerisch, wenn sie nicht am angemessenen Platze sind.

So gibt es auch nichts Böses!- Es gibt nur die noch nicht erkannte Aufgabe.
Das „Böse" ist Stau des Lebensflusses, das werdende, noch nicht geformte Fließende.

Nimm das „Böse" auf und verwandle es in Fließendes!
Es gibt nichts Schlechtes, es gibt nur umzuwandelnde Kraft!

„Ich bin immer in Gott –
Deswegen bin ich auch in meiner Seele „Gottvoll"!

Soulspiritart

Mythologie und Symbol

Erlebte Mythologien und Träume sind oft Geschichten über die Weisheit des Lebens. Was wir in den Schulen und konfessionellen Kirchen und Gemeinschaft heute lernen, stellt keine Lebensweisheit dar. Es sind oft Informationen und Techniken, die vermittelt werden. Priester und Theologen als Funktionsträger der Konfessionen, die fälschlich Religionen genannt werden, wissen selbst nicht, wie sie den Menschen helfen sollen, ihren gelehrten Mythos, die Träume und deren Symbole auf das heutige Leben anwenden sollen.

Sie haben sich an eine äußere Hülle, etwas geistig Todes gebunden. Dies macht auch ein altes Sprichwort von Mystikern deutlich:

„Der Buchstabe tötet, der Geist belebt"
(Vgl. NT, 2 Kor. 3,6; 12,4)

Es ist bedauerlich, dass die Konfessionen sich augenscheinlich mehr und mehr ins „Dunkel" des Buchstabens verlieren, indem sie sich auf Dogmen und Kulte stützt, statt auf Rituale von persönlicher Visualisation und Imagination zu setzen, die innere Erfahrungen ermöglichen.

Glaube statt Erfahrung der eigenen Gefühlswelt ist ein Irrweg. Glaube dagegen, gepaart mit Ritualen, die jene Erfahrungen ermöglichen, sind der Königsweg zum wirklichen erfüllenden Leben.

Es ist eine schreckliche Erkenntnis für die Unfähigkeit der Konfessionen sich hier den Anforderungen der modernen Welt gewachsen zu zeigen.

Konfessionsstifter aller Kulturen selbst, haben ihre Offenbarungen empfangen, eben durch einen Einbruch von symbolträchtigen psychischem „Material" in das Tagesbewusstsein, das man als ihre ureigene unmittelbare lebensverwandelnde Kraft und Gotteserfahrung ansprechen muss, die zwangsläufig vor dem Hintergrund ihrer Kultur in beschränkte irdische missverständliche Formulierungen, wie ein Korsett, in ihre begrenzten Kulturvorstellungen, gekleidet wurden.

Diese Erfahrungen wurden über allgemeingültige Glaubenssätze in institutionalisierten Konfessionen irrtümlicherweise als allgemeine Regeln und Normen und Dogmen für alle Menschen hochstilisiert. Damit haben sich aber alle Weltreligionen von ihrer Mystik entfernt, die oft keine anderweitige Gotteserfahrungen mehr zulässt.

Die, in jeder Konfessionsgemeinschaft, später auftretenden Mystiker sind daher vielfach mit ihrer offiziellen Glaubensdogmatik in Konflikte geraten und sogar als Ketzer verfolgt worden.

In der Tat ist der Konflikt zwischen Mystik, als wahre Religion und der Konfession groß.

Religion als dogmatisierte normengebundene Konfession verstanden ist somit statisch, autoritär, in ihren eigenen Fesseln gebunden und verweigert oft ihren eigenen Mitgliedern die Tiefe eigener Erfahrung. Sie weiß oft nicht mehr wie sie die Aussagen ihrer Gründer auf den heutigen Alltag wirkungsvoll umsetzen können. Leere, sinnentleerte Formeln und Verhaltensregeln ersetzen oft die berührende verwandeln könnende Essenz, die nur mit dem Herzen erspürt werden kann. Der lebendige kraftspendende Kontakt mit dem Unbewussten ging verloren.

Die Mystik dagegen ist dynamisch, tolerant, frei und ungebunden. Sie beflügelt und ist ungebunden. Die mystischen Praktiken suchen keine äußeren Lösungen für das konfessionelle Problem von Gut oder Böse. Sie geben keine Vorschriften für moralisches Verhalten, sondern sie verstehen sich als eine Anleitung zur spirituellen Schulung um jeden zum Meister seines Lebens werden zu lassen!

Natürlich ist die Konfession für alle da, und sie erfüllt ihren äußeren Auftrag, ihren Mitgliedern ein geistiges Zuhause zu geben, leugnet aber die lebendige Göttlichkeit und das damit verbundene Potential eines jeden Menschen, jederzeit eine eigene erfüllende Gotteserfahrung aus und für sich, haben zu können.

Die Aufgabe der Konfessionen in der Welt ist weniger die Geheimnisse des Lebens zu lehren, als die Seele in ihrer Ganzheit erfahrbar zu machen. Die Aufgabe der Kirche endet da, wo die eigentliche Erkenntnis, die Erfahrung des Göttlichen anfängt.

So wird es, trotz aller gegenteiligen Bemühungen, immer eine innere und äußere Kirche geben: Die innere Kirche der Mystiker, die wissen, und die äußere Kirche, die zwar wohltätig wirkt, und darum weiß, d.h. Die Dogmen einer Religion sind symbolisch immer nur ein Blick auf den See, aber nicht hinein! Dass dies nicht anders sein kann, finden wir schon im Neuen Testament mehrfach angedeutet.
(*Vgl. dazu NT: Matth. 13,11;1 – Kor. 2,6 und 3.1*)

„Der Buchstabe tötet – Der Geist belebt"

Mystik lässt sich nicht von der Wissenschaft beweisen. Als mystische Funktion unserer Psyche ist sie Erfahrung und Glaube, eine Sache des persönlichen Ermessens. *(Vgl. C.G. Jung, der Mensch und seine Symbole, Walter Verlag)*

Wissenschaftlich wird sie nur durch die empirische Forschung, die in den Gotteserfahrungen aller Völker gleiche interpretationsbedürftige Muster, Bilder, Symbole und Mythen findet, die C.G. Jung als „Archetypen" (Urbilder) bzw. einfach ausgedrückt als „Grundgedanken Gottes" benannt hat. Diese Urbilder spiegeln sich zum Beispiel ganz besonders in den mythischen Göttergestalten aller Kulturen.

Alle Konfessionen und ihre institutionalisierten Funktionsträger sollten sich alle Beispiel nehmen an den Mystikern und Schamanen der Kulturepochen, die ihre Gotteserfahrungen bei jeder inneren Reise machen und diese empfundene Wahrheit und Klarheit als ihre persönliche Erfahrung mit Klarheit und Tiefe als heilenden Mythos mit vielerlei lebendiger Symbolik aus der Tiefe der Psyche ihren „Gemeinden" vermitteln und einüben und dadurch einen gesunden sozialen Zusammenhalt ermöglichen.
(Siehe auch: K.O. Schmidt – „In dir ist das Licht" – Drei Eichen Verlag)

Die Worte, mit den denen sie ihrer mystischen Erkenntnis Ausdruck verliehen haben, mögen in der jeweiligen Zeit und Kultur eingebettet gewesen sein.

Die Inhalte ihrer Aussagen gleichen sich jedoch auf faszinierende Weise, von Laotse bis Angelus Silesius, Taulus, Meister Ekkehard, Hildegard von Bingen, von Paulus bis Mohammed, von der indischen Bhagavadgita bis Rumi bis in die Moderne unserer Zeit durch Kahil Gibran.

C.G. Jung hat einmal sinngemäß gesagt:

„Der schöpferische Mystiker war von eher das Kreuz der Kirche. Aber diesen Leuten verdankt die Menschheit das Beste."
(C.G. Jung, Mensch und Seele, Walter Verlag 1976,)

Die gelebten Mythen und die damit verbundenen Rituale, mit ihren Symbolen sind heute von vielen jungen Menschen nur von Stars oder Film, Werbesternchen geliehen und sind in Wirklichkeit nur wieder eine Uniformierung eines künstlichen Lebens, das von Industrie ihren Managern und Drehbuchautoren, die selbst ungeformte Menschen sind, vortrainiert wird.

Sie haben aber für die Übertragbarkeit auf ein zukünftiges konstruktives Leben keine Bedeutung und Anerkennung, weil sie nicht auf vergangener oder innerer Erfahrung beruhen, und auch von der Gemeinschaft, Gesellschaft nicht konstruktiv vorgelebt werden.

Es gilt dabei die Einstellung und Betrachtungsweise in bezug auf das negative Stigma des Leidens am Kreuz zu eliminieren!

Damit du Gott nämlich erkennen kannst musst du mehr und mehr lernen dich als ein Göttliches so fühlen, dass du ihn auf Augenhöhe erkennen kannst und deswegen brauchen wir eben ein Kreuz als Symbol des Leidens der grausamen Art nicht! Es wurde nicht von einem menschlichen Gottesbild "verpasst" sondern von der Bedürftigkeit des Mangelbewusstseins im Menschen.

„Ich bin Alles was ist!" – Ich bin Innen, wie Außen, oben wie unten"

„Jesus sprach: Ich bin das Licht, das alle Menschen erleuchtet.
Ich bin das Ganze. Das Ganze ist aus mir hervorgegangen und das Ganze ist mir zugekommen. Spaltet Holz, ich bin da. Hebt einen Stein auf, ihr werdet mich dort finden. "(*Thomasevangelium*)

„Das Reich Gottes kommt nicht so, dass man's beobachten kann; man wird auch nicht sagen: Siehe hier ist es! oder: Da ist es! Denn siehe, das Reich Gottes ist mitten unter euch. " *(Lukas 17,20-21)*

„Ich bin das Licht, das über allen ist.
Ich bin das All.
Das All ist aus mir hervorgegangen, und das All erstreckt sich bis zu mir.
Spaltet ein Holz: Ich bin dort!
Hebt den Stein, und Ihr werdet mich dort finden!
(*Thomasevangelium*)

„Ich Bin", die höchste und feurige Kraft, habe jedweden Funken von Leben entzündet... Ich, das feurige Leben göttlicher Wesenheit, zünde ihn über die Schönheiten der Fluren, ich leuchte in den Gewässern und brenne in Sonne, Mond und Sternen. Mit jedem Lufthauch, wie mit unsichtbarem Leben, das alles erhält, erwecke ich alles zum Leben." *(H.Bingen)*

Ein wunderbarer Spiegel ist in dir!

Dieser Spiegel offenbart alles.

Er ruht in dir und spiegelt IHN von Außen!
Wende alle Aufmerksamkeit dem Spiegel zu!

Der reine Spiegel ist die Summe aller
Möglichkeiten - Er betrachtet sich in Dir!

Ein unvollkommener Spiegel spiegelt das
Unvollkommene! - Werde also reiner Spiegel!

Alles ist in dir und nicht Außen.

Wenn du dich innerlich umgestaltest, ist auch
dein Spiegel gezwungen sich umzugestalten.

Hängst du vom Körper ab, ist der Spiegel matt-
Hängst du von ihm ab, so siehst du Alles.

Er duldet keine Leere, sein Name ist Fülle.

Büßer und Asketen sind ihm nicht erstrebenswert!

Epilog

Die Symbole psychischer „Urbildkräfte", aus dem „Meer des Allumfassenden Geistes", sind antreibende, die Wirklichkeit und den Charakter des Einzelnen verwandelnde Wachstumskräfte (vgl. auch Wachstumsphasen der menschlichen Entwicklung), die bei Missachtung, -ob gläubig oder nicht - Sinnkrisen erzeugen und die zur Änderung des Lebenskonzeptes zwingen können. Sie können aber auch im pathologischen mahnenden Sinne auftauchen und Unheil, besonders Depressives" anrichten, wenn sie auftauchend, mit begrenzten kultur- oder einstellungs-spezifischen Normen und Werten beurteilt oder in ihrer Wirkung behindert werden.

Es sind, wenn man es so will, personifizierte psychische „Bildformen", also konturierter Geist, die der „Weltengeist" dem Menschen auf bewusste oder unbewusste Anforderung oder Notwendigkeit quasi „zudenkt"!

Ob Moses da nun wirklich einem brennenden Dornbusch entgegen trat oder diesen im Traum sah, oder das Brennen in einem Dornbusch vor seinem geistigen Auge hineinprojizierte, bleibt dahingestellt.
(Vgl. Goethes „Erlkönig")

Nehmen wir als ergänzende Erläuterung das symbolische Marienerlebnis der „Hl. Bernadette" im „Lourdeswunder":

Wenn sich ein Mensch in seiner Familie nicht geborgen, bzw. erwünscht fühlt und abgelehnt, dann wird die in der Seele angelegte psychische „Urbild-funktion" von Geborgenheit, Sicherheit, „Angenommensein" in ein bekanntes Bild gekleidet und entsteht als „Halluzination" quasi vor seinem geistigen Auge und kann so dem danach "dürstenden" Mensch das aufzeigen, was er vergeblich im außen sucht bzw. was er braucht.

Das zeigt eben eindrucksvoll die Geschichte der „Hl. Bernadette" von Lourdes, mit ihrer Marienerscheinung, als Hinweis für die Notwendigkeit, solche Eigenschaften in sich zu entwickeln bzw. zuzulassen!

Als eine seelische Anlage hat diese Urbildkraft des Weiblichen in uns sehr wohl einen gebührenden Platz bei den Inneren Göttern jeder Kultur. Neben der oft konfessionellen überbetonten männlichen seelischen Kraft (Animus), symbolisiert durch die Sonne, des überbetonten kämpferischen, nach außen strebenden maskulinen Prinzips (z.B. RE, Helios, Jupiter in uns!) - als „Anima mundi" – Göttliche Mutter in vielen Träumen und Sagen (wie Hera, Isis usw.) im christlichen Symbol der „Maria" auftauchend, muss sie als äußeres Symbol bzw. als Spiegel einer innerseelischen Anlage ernst genommen werden.

Diese sogenannte „Animaanlage", steht für das Gefühlsleben und für die emotionale Seelengeschichte des Menschen, für seine Berührbarkeit und seinen Wunsch, Geborgenheit und Sicherheit im Menschen fühlbar zu machen. Da liegt hier auch die Fähigkeit der Fürsorge für das Leben zugrunde." Ein „Nein" zu diesem Symbol in unserem Leben in der Form der Frau lässt unser Gemüt austrockenen und verstärkt die Ängste, sich verloren in der Welt zu spüren. Sie mahnt in Träumen, dass der See der Gefühle ausgetrocknet ist und mahnt, da mehr qualitatives Gefühlsleben mit Empathie und Mitgefühl ins Leben hinein zu bringen, eigene Bedürfnisse zu berücksichtigen und wie ein Kind spielerischer zu werden.

Das gravierende Problem dabei war, dass Bernadette aber meinte, das Klosterleben mit ihren Nonnen, bzw. in Mutter Kirche, quasi als Geborgenheit gebende Ersatzmütter, mit ihrem Marienbild suchen bzw. leben zu müssen. Sie verlor sich quasi in einer Art Selbstkasteiung im falsch verstandenen Büßer- und Asketentum damit selbst!

Das ging auf Dauer nicht gut, da es äußerer Abhängigkeitsersatz für etwas war, was sie sich selbst nicht geben konnte. Knochentuberkulose - d.h. es erfolgte die aggressive Zerstörung eigener halt- und sicherheitsgebender Strukturen (Knochen!) durch den finalen Einbruch des restlichen eigenen Selbstwertgefühls! - Es fand kein eigenes seelisches Wachstum bzw. "Erwachsenwerden" statt!

Das Allumfassende, sprich das „Göttliche, bzw. die Seele, über die „ES" sich ausdrückt, ist stets in formender Tätigkeit parallel zum EGO der Tagespersönlichkeit. Es ist quasi das „Penthouse" einer Firma im Bild des Selbstes (=Seele), das von dort diese überblickt und weiträumig steuert, während der Bereich des Egos das Parterre ist und das Unterbewusstsein, der Keller mit seinen Bedürftigkeiten und Funktionsprogrammen!

Es ist laufend beschäftigt, nicht ruhend, in der Umgruppierung seiner Themen und Inhalte. Es kann und wird den Menschen verändern, ob er es will oder nicht – Will er es nicht zulassen und verdrängt, besonders im Zuge einseitiger konfessioneller oder ideologischer Einstellungen, entstehen psychisch neurotische Symptome bis zur schweren Psychosomatik oder immer schmerzvollere Informationsverdichtungen, die sein Leben belasten, die bis zur sogenannten Katastrophe – gleich grundlegende Wende („not"- wendig!) reichen, die eigentlich eine Qualitätsverbesserung einläuten sollte.

Das Ego ist also nicht grundsätzlich Herr in seinem Hause (Firma!) und meist da auch nicht in seiner Lebensplanung.

Als Mensch ist und bleibt man so immer ein Wesen, eingebunden in ein transpersonales Schicksal, in das der Weltengeist ihn letzthin stellt.

Das geht sogar soweit, dass dieses den Menschen sogar in Situationen bringt, die über sein „normales" Persönlichkeitswachstum hinaus gehen und ihn mitten in ein religiöses oder politisches Schicksal, mit vorausgehenden inneren oder äußeren Symbolen hinein stellt!

Das nennt man spirituelle Krise und im Extrem "Enantiodromie", wo es plötzlich in einem "Bursting point" mit seinen bildlichen Inhalten konfrontiert. *(Vgl. Paulus - Damaskuserlebnis, Franz von Assisi, Luther -Mohammed, Hildegard von Bingen, Jesus, Buddha usw.)* Gegen ein solches transpersonales Schicksal kann der Mensch sich nicht mehr wehren, wenn ihn das bisher geistige Meer des Göttlichen "verschlingt" *(z.B. NT - Jonas-Walfisch).*

Hier bleibt nur noch zu guter Letzt dieses "dein Wille geschehe" übrig"!
mit :

„Ich bin das Licht, ich bin die Kraft, ich bin die Wahrheit meines Seins. Durch mich lasse ich Realität werden, ich arbeite mit der Realität im Inneren und Außen und erhöhe die Realität."

Das wäre dann die richtige Bewusstseinseinstellung, die zur unbegrenzteren Bewusstseinserweiterung, mit weiteren sinnhaften Lebenshorizonten führt!

Richtig formuliert und erkannt müsste man es so formulieren:

Durch „Nicht „Ich" erschaffe mich und mein Leben selbst, ich geschehe vielmehr in mir selbst und durch mich wird, zeigt sich eine neue Realität, mit neuen persönlichkeitsverändernden Freiheitsgraden bzw. neuen Wegen, mit denen man in Berührung kommt!"

Das „Göttliche Bewusstseinsmeer" erschafft sich in einem Bild (Seele) - Das Selbst, das „Ich" (EGO).

Es steht mit seinem seelischen „Bildwerk" in ständigem Wechselspiel mit dem Ego, kann aber mit den Organisationsprinzipien des (Ego~) Bewusstseins nicht einverstanden sein, besonders, wenn es mit immer stärker werdenden moralischen Prinzipien konfrontiert, blockiert und eine Krise einleitet.

Solche oft kleineren Zwangsaufbrüche mit unangenehmen Situationsverdichtungen im Leben, sind dann auch Sinnkrisen oder spirituelle Krisen, die eben von entscheidenden Lebensumbrüchen begleitet werden!

Unbewusste Vorgänge aus der Seele finden oft in bemerkenswerter Unabhängigkeit von bewussten Erlebnissen statt und erzeugen Schicksal. Sie besitzen ein Eigenleben, oft unbemerkt vom Tagesbewusstsein.

Die psychischen Vorgänge stellen nicht nur eine Erweiterung der stofflichen Welt dar, sondern bilden ein unterirdisches sprich unbewusstes Netz, einen eigenständigen Kosmos, der zwar an Körperfunktionen gebunden ist, aber nicht einfach darauf reduziert werden darf.

Es ist dabei nicht das schlechthin Unbekannte, sondern das unbekannte Psychische. Es äußert sich nur nicht in Bezug auf das „ICH"

Die Psyche mit ihrem Selbst stellt eine bewusste und unbewusste Ganzheit dar. Die Seele und das menschliche Ich stehen im Wechselspiel zueinander. Man kann sie nur dann wahrnehmen, wenn man sich vor ihm oft tief verbeugt, d.h. in sich hinein lauschend und es damit einlädt, wie es Moses vor dem brennenden Dornbusch tat!

Es bringt den Menschen dann in Einklang mit ihm, so dass um ihn herum die sinnhaft richtigen Dinge, statt der „falschen" geschehen können, wo der Mensch oft noch hochmotiviert „aufs falsche Tor" schießt!

Das Ego wächst so mehr und mehr hin, in sein Selbst, als die höchste Version seiner Existenz.

Das Allumfassende (Das Meer des Göttlichen!) liebt es, wie geschildert, sich auch bisweilen auf einmal massivst in einem Menschen zu verdichten, welcher hierauf inmitten gegensätzlichster Kräfte die Welt verändert. So schwach dieser Einzelne in seinem ganzen Wesen und Handeln doch ist, am Ende ist er als „Hot Spot" doch über dieses Allmächtige Bewusstseinsfeld unermesslich stark, wenn er im Sinne seiner Vorsehung handelt!

Dann strömt durch ihn eine Kraft, eine Idee in die sichtbare Welt, die existierende konkurrierende Spannungen zusammen brechen lässt, um sie auf einer höhere Ebene der Entwicklung zu heben - wie offensichtlich im Dornbuschgleichnis bei Moses geschehen!

Daraus resultiert dann die unmittelbare Erfahrung des Göttlichen, des Unbegrenzten. Ein „Ich- Opfer" stärkt das Selbst, die Seele. Das „Ich wird dann mehr und mehr zum Diener der seelischen Absichten, die quasi dann eine Transformation von der Raupe zum Schmetterling unaufhaltsam bewirken.

Wir alle können mit seinen Bildern, Symbolen und Inspirationen in Kontakt kommen.

Also lass dich mal in deine eigene Seelenkultur mit seinen kraftvollen inneren Seelensymbolen vertiefen und erst wenn du das tust, dann findest du tief am Meeresgrunde den Frosch, den du dann küsst, sich in einen Märchenprinzen verwandelt.

Es sind, wie Engel oder Dornbuschsymbole, die Symbole meist der eigenen Kultur, denen man in den Träumen begegnet, Diese „Urbilder" sind angelegte Gefühlsqualitäten antreibender Kräfte und heilsamer Bildsymbole, die in uns schon seit Ahnenreihen in einer spezifischen kollektiven „Volkspsyche" angelegt sind und z.B. über Hermes, Merkur oder Engel, Christus, Buddha etc., den Kontakt mit dem „Großen Geist" herstellen!

Dem kann man nicht entfliehen! – Jeder Mensch ist eingebettet in diesem kollektiven psychischen Meer!

Hier gibt es keine Geistige Welt außerhalb von uns. Sie ist immer in uns. Sie ist unter anderem auch diese buntschillernde Welt unserer Seele (germ: Die Sache, die hinter dem Ding steht oder saiwalos =buntschillernd)!

Es gibt so eigentlich kein „Channeling", sondern nur Inspirationen, die aus diesem allumfassenden Bewusstseinsfeld stammen.
(Jeder Schriftsteller lebt davon!)

So sind auch jene genannten Inspirationen von Außerirdischen, Meistern oder spirituellen Wesenheiten etc. Inhalte aus diesem Bewusstseinsfeld, wie auch zum Beispiel die Apokalypse des Johannes von Patmos, (die übrigens nicht die Einzige war!), die das Unbewusste über Bilder an die Oberfläche des Bewusstseins holt. Es bedient sich dabei menschlicher Vorstellungsformen, die in uns gespeichert sind.

So sind Engel für mich auch keine real existierenden Wesen, sondern personifizierte Energieformen (wie z.B. Tod und Teufel) psychischer Energie des Allumfassenden Bewusstseins. So kann man sich tatsächlich in Verbindung setzen mit einer psychischen Energie, die der von Jesus ähnlich sind, d.h. aber nicht, dass man „Jesus channelt"!

Eine besondere therapeutische schamanische Form, die sich dieser psychischen antreibenden Energie und deren Symbolik, die im Menschen angelegt ist aktiv bedient, ist zum Beispiel das „Kathatyme Bilderleben" - der gelenkten aktiven Tagtraumimagination - die therapeutisch geniale Heileffekte bewirkt, genauso wie die magische Arbeit (persisch - "mag" - Spiegel, sprich Arbeit auf der Vorstellungsebene!) mit Engeln oder anderen Symbolfiguren in einer Art geführter Meditation aus dem Inneren auftauchend!

Wir kennen dies auch in den Formen der Phantasiereise oder den sogenannten „Wertimaginationen"!

C.G. Jung stieß selbst auf diese, der Seele innewohnenden Energieformen, die sogenannten „Archetypen" (Ur~Bildkräfte), Seelenatome, auch „Psychoide" genannt, die sich in mannigfaltigen Formen bzw. Symbolen zeigen, aber in jeder Kultur von der Bedeutung gleich sind. Die bekannten Götterwelten aller Kulturen sind im Prinzip nichts anderes, als die Projektionen dieser psychischen Energieformen.
(Mutter, Vater, Hexe, Weiser, Wald, Fee, Kobold, Nixe, Elfe u.v.m.)

"Gebt also den Menschen ihre inneren Götter zurück, damit sie diese nicht in DSDS oder einer neptunischen Stargebräugesellschaft mit ihrem Leim suchen müssen". Denn nur die eigenen seelischen Urbildkräfte sind die objektiv antreibenden, die Wirklichkeit und den Charakter des Einzelnen stützenden und verwandelnden Kräfte, die eben auch spirituelle Sinnkrisen erzeugen und die zur sinn-vollen oder notwendigen Änderung des Lebenskonzeptes zwingen können, im Sinne von:

„Hurra! – Ich habe etwas verloren, was der Verbesserung meiner Lebensqualität führen soll. Es war kein Verlust, sondern Loslassen von Altem!"

Der Mensch ist ein Grenzgänger eines „freien Willens"

Im Grunde kann der Mensch bei der eigenverantwortlichen Gestaltung seines Lebens nur zwei grundlegende Entscheidungen treffen!

Je mehr er als „Gott in einer körperlichen Erfahrung", d.h. als Geschöpf zwischen Himmel (Innen!) und Erde (Außen) in seiner begrenzten Körperlichkeit mit ihren äußeren Sinnen, bereit ist, durch Selbsterkenntnis der Bewusstwerdung der Höchsten Version von sich (Das Selbst= Seele) näher zu kommen, desto mehr arbeiten Intuition, Gefühl, Verstand in Einklang und damit das folgerichtige Entscheiden und Handeln zusammen!

Damit kann er zum richtigen Zeitpunkt bzw. in seinen Situationen ad hoc und vorausschauend agieren zum Wohle seines Lebens und in Verbundenheit mit dem Lebensnetz!

Die zwei grundlegenden, sich entsprechenden Entscheidungen mit: „Entweder, Oder – Als auch – Jetzt - Heute – Morgen, sind:

a.   Mein Wille geschehe in meiner Welt bzw. in meiner Realität!

b.   Ich lasse seinen Willen - den Willen des Großen – oder wenn du willst, deiner Seele, als sein Bildwerk durch mich fließen und gestalte ihn in meiner Realität!

Wirkliche Freiheit bedeutet nicht das zu bekommen, was man sich wünscht, sondern mit deiner Schöpferkraft, im Einklang mit deinem Selbst, das mit deiner „Ich-Bin" Schöpferkraft zu verursachen, was dir als größte Möglichkeit mit deinen Anlagen offensteht!

Nicht also der Weg ist oftmals das Ziel, sondern die Einstellung, mit der es geschieht!

So erschafft das Göttliche nicht durch ein „Tun", sondern es geschieht im Menschen und löst so entsprechende Veränderungen mit äußeren Resonanzen im Leben aus!

Finale „Ich Bin"- Betrachtungen

Als „Gottselbst" hat das Allumfassende sich über sein Bildwerk „Seele", in die menschliche Form begeben um sich in den vielfältigsten Facetten erfahren zu können. Aus diese Sicht heraus muss sich Gott also nicht ablehnen oder selbst bestrafen sondern, es geht um einen spiralförmigen Evolutionserfahrungsprozess. Die stärkste Kraft im, als sein Universum ist ja seine Kraft des Bewusst-seins! Von dieser Kraft des göttlichen Allbewusstseins ist der gesamte Kosmos erfüllt, bzw. der Kosmos ist dieses, sich dir darstellende Allbewusstsein, wo jeder „Punkt" quasi göttlich, sprich allumfassend ist.

Nein!- Es gibt da kein beschränktes strafendes buddhistisches Karma bzw. christliches verdammendes „Hölle" - Denken der Ablehnung, Bestrafung und „Klassenwiederholung Das Leben, wie es ist, ist aus der Sicht des „Göttlichen", das vollständige perfekte Leben, das überhaupt ein Erleben und Erfahren ermöglicht! – und ein Ende von Reinkarnationsreihen, die man vermeintlich wiederholen muss, um von Mängeln oder Fehlern erlöst zu werden gibt es auch nicht!

Als Gott in Gott kannst du bzw. er nach Ablegen der körperlichen Form auch wieder wählen, was du wie erfahren willst. Willst du zurückgehen zu den alten Küsten der Erfahrung um sie zu vertiefen, ergänzen, zu vervollständigen oder willst du zu fernen unbekannten Landstrichen und Meeren aufbrechen. Es ist immer deine bzw. seine Wahl, wie du/er sich in welcher Form erfahren will. Unzählige Menschen waren nun „Götter" als sein Kleid und unzählige „warten" aus dem Allbewusstsein ihrer Menschwerdung. Der Mensch hat also wie seine ganze Schöpfung an Seinem Wesen teil und geht wieder zum Allumfassenden Großen zurück! (Gen: Er erschuf den Menschen nach seinem Ebenbilde!) und In Psalm 82, Vers 6, sagte schon die mythologische Vorstellung von Gott zu den Menschen: „Ich habe gesagt: Ihr seid Götter und Kinder des Höchsten" Der Tod ist dabei im Prinzip ein energetischer sehr machtvoller Schöpfungsakt, die das bestehende psychische energetische Muster der Körperlichkeit auflöst und sich in der Geburt neu formiert. So sind Geburt und Tod eigentlich dasselbe Tor! das Loslassen der körperlichen Form die ja nur an Raum und - Zeit gebunden ist! und beim Tod nimmst du das mit was du alles an psychischen Empfindungsqualitäten erfahren hast, um es wieder in eine Form, in eine neue körperliche Geburt einzubringen. (Vgl. N.D. Walsch „Zuhause in Gott")

Deine „Homepage"- sprich dein Selbst- bleibt dabei eingebettet als „Register vorhanden, aber gleichzeitig vernetzt und verwoben mit dem gesamten Bewusstseinsfeld. Alle Gefühle, Gedanken und Bilder werden dort eingespeichert und stehen gleichzeitig in der allumfassenden „Bewusstseinscloud" allen zur Verfügung!

Also ist Gott selbst ein sich ständig entwickelnder Bewusstseinserfahrungs-prozess Alles ist Sein Ausdruck, sein Tempel, sein Instrument der Sinnes-erfahrung und die Welt dort draußen ist auch alles was er ist. Er ist innen, wie außen. Er ist das Leben in der Körperlichkeit als auch die Weite in deinem Inneren. Du bist in Gott und Gott als Allumfassendes ist in Dir – so wie Dampf, Wasser und Eis in einem Topf dasselbe sind, bist du nie von ihm getrennt. Nichts wird vernichtet - nur die Form!

Deine "sinnlichen" Erfahrungs -"Werte" deiner Seele, die „Er" ja gleichzeitig ist - wie die Welle und das Meer - sind aber nun der Göttlichkeit "Schatz", ihr quasi Erfahrenes , mit der sie quasi nach Ablegen der existierenden Form in eine neue Form übergeht und daraus schöpft, sich quasi mit und über das Erlebte eine neue Erfahrungswelt aufbaut, die sie wieder spiralförmig, quasi in einer Art Evolution weiter ausbaut, um sich in den vielfältigsten Facetten zu spiegeln! - Und jede Erfahrung macht sie quasi "reicher" !

Sie bleiben dein himmlischer Schatz. - So ist keine Träne umsonst!

Du bist immer der angeblich verlorene Sohn/Tochter, die ins Haus des „Vaters" – dem Allumfassenden zurückkehren und zur Rechten Platz nehmen dürfen, weil sie eben reich an Erfahrungen sind!

Möge Gott nie aufhören, sich zu träumen!

Höre ihn sprechen:

„Siehe, ich bin das kosmische Kind in jeder Seele, das sich nicht darstellen könnende, manifestiert im Geformten, als Kind in der Materie, sich darstellen könnend. Alles ist bin ich - Gott - und ich war und bin in Allem das Ergebnis meiner Schöpferkraft!

„Ich bin" – mich stets neu erschaffend und erfahrend, wie ein Kind, das spielt. Schau dir ein Kind an und du wirst sehen, wie war diese Worte sind. Ein Kind als mein und dein manifestierter Gedanke zeigt dir diesen ganzen Schöpfungs-prozess des sich selbst ständig Erschaffenden und Erfahrenden an jedem Tag, mit jedem Prozess, in jeder Phase seiner Entfaltung. Hier erkennst du mich in dir als Spiegel. Sei und werde wie ein Kind, und du weißt, wer ich in dir bin und was meine Absicht in dir ist.

So konnte ich mich und kann mich in meinen erschaffenen Gesetzen immerwährend und ewig spiegeln:

Ich bin die einzige Ursache und alle Ursachen sind geistig:

„Ich bin innen, wie außen, wie oben so unten" *

Ich bin der Spiegel in jeder Manifestation meines Seins, um mich darin zu erfahren, wer ich bin und nicht bin.Ich bin der unbewegte Beweger aus meiner Absicht heraus und aus jeder Manifestation in der ich mich darstelle. Ich bin überall der Mittelpunkt meines Seins und kann mich überall gleichzeitig erschaffen und erfahren, in Gedanke, Wort und Tat.

Ich und alles was durch mich ist, mein L-ICH-T, die Kraft und die Stärke in mir, in allem was ist.

Alle meine Schöpfungskräfte finden sich in jeder Pflanze, jedem Tier, in jedem Wesen und Struktur. Ich bin der Geist, der sich in den Formen seiner Schöpfung kleidet!

Ich bin auch die Summe aller deiner Erfahrungen als dein Selbst, deine Seele. Alles ist mein Bildwerk mit unendlich vielen erschaffenen Bewusstheiten die wieder im "Körper" meines All – Eins – Seins wirken:

So könnte das Allumfassende in dir noch einmal sprechen:

„Mensch, als mein Traum – Ich, in dir, bin in die Materie gegangen um zu wirken. Dein Wirken erfolgt mit der eigenständigen Wahl des Werkzeugs zum Handeln. Du bist das Band, die Brücke zwischen „Unten und OBEN" – Sohn des Himmels und Tochter der Erde. Du bist der Träger des göttlichen Funkens in dir, der die grobe Materie als Form erfüllt und dich darin erfahren sollst.
Was nutzt das Wollen, wenn es sich nicht erfüllt in der Tat. Was nutzt das Wissen und Erkenntnis über Mich, das sich nicht ausdrückt im erfüllten Sinn und auf dem Weg gemachter Erfahrung.

Darum sollst du hier leben und gestalten, im immerwährenden Umsetzen von Erkenntnis in die Form und Tat. Denn was ist, entsteht durch die Tat. Du meißelst dich selbst in deiner Heldenreise durch dein Leben, durch die Tat, in deinen einzigartigen form-gewordenen Abdruck in der Zeit. Siehe, jede Erkenntnis ist nutzlos, solange sie nicht in der Materie „Er" -scheint.

Lerne, das Göttliche – „Mich"! in dieser Ebene zu finden und zu verkörpern, und in der Spiegelung zu erkennen:

„Ich bin Innen, wie Außen!" – In der Erde bin ich, der „ICH BIN", das, was du erschaffst in der Form!

Deswegen erkenne: "Wenn du dich liebst - liebst du Gott!"

Wenn du und ihr mich so verinnerlicht und damit erschafft, ist alles Mittelpunkt und freudvoller Schöpfer meiner Welt. Es kann nur Freude sein, da Freude, so wie ich selbst, unbegrenzt ist. Wo wahre Freude aus dem Herzen fließt, da spiegeln sich Liebe, Offenheit, Verbundenheit und Vertrauen. Wenn ihr es schafft, euch zu vertrauen, vertraut ihr dem Ganzen und damit mir und Vertrauen kommt euch entgegen."

Im Grunde haben alle großen Philosophen und Mystiker diese Wahrheiten schon erfasst:

Buddha:
„Vom Geiste gehen die Dinge aus, sind geistgeboren, sind geistbedingt"
oder Vergil: *„Der Geist bewegt die Materie"*,
oder Schiller meint:
„Es ist der Geist, der sich den Körper baut",
und Burckhardt:
„Der seiner selbst bewusst seiende Geist, bildet sich seine Welt".

„Das aussagbare Tao ist nicht das ewige Tao
Der erkennbare Name ist nicht der ewige Name!
Das Namenlose ist der Anfang von Himmel und Erde
Das Namen habende ist die Mutter der abertausend Wesen!

Der Geist des Tales ist unsterblich - Er heißt das dunkle (nicht erkennbare!) Weibliche!
Des dunkeln Weiblichen Pforte sie ist des Himmels und der Erde Wurzel.
Unaufhörlich, immerwährend wirkt es ohne Mühe.
Es zeigt sich als der Ursprung der abertausend Wesen!" (Lao-Tse)

Er erschuf den Menschen nach seinem Ebenbilde! (Gen.)
In Psalm 82, Vers 6, sagte schon die mythologische Inspiration von Gott zu den Menschen:
„Ich habe gesagt: Ihr seid Götter! und Kinder des Höchsten"

„Wenn man zu euch sagt: 'Woher seid ihr gekommen?', sagt zu ihnen:

'Wir sind aus dem Licht gekommen, dem Ort, wo das Licht durch sich selbst geworden ist.'"
(Thomasevangelium)

Ein humorvolles Gedankenexperiment,
das die oben beschrieben Sachverhalte einfach darstellt:

Man stelle sich vor:

Es existiert nur ein unendlich großes Tuch - Gott! – „Alles, was ist"!

Außerhalb des Tuches gibt es nichts - nur das Tuch, das „Alles ist, was ist" - sämtliche Möglichkeiten beinhaltend!

Dem Tuch wird es nun "langweilig" und es spielt erregend!

Es zieht sich in der „Mitte" zusammen und bildet einen Zipfel oder eine Verdickung - Die Seele als sein Gedanke, Idee (Inhalt) und seine Körperlichkeit (Form) entsteht!

„Ah!"- sagt das Tuch – „Jetzt kann ich mich endlich mal erfahren und auf mich schauen, wie groß und herrlich ich doch bin!"
Da bin ich als glattes allumfassendes Tuch und als dicker Zipfel (*Mann?*) und ich bin voller Freude mich zu sehen - Aber „Ich bin" als beides immer Eines – Nichts kann getrennt von mir existieren!

„Klasse Erfahrung", sagt das Tuch (Gott), „Ich nehme jetzt den Zipfel zurück, lasse also diese Form los, als „TOD" und verwandle mich wieder in das reine glatte Tuch, aber die Erfahrung, wie ein Zipfel sich anfühlt, bleibt!

Jetzt bin ich immer noch (wieder!) beides auch nicht "Jünger" oder "Älter" oder „Reifer", aber reich an Erfahrung!

Jetzt (ent)-falte ich mich mal, mich eindrückend bzw. vertiefend, an einer Stelle zur Delle (*Frau!*), aber in Beidem bin ich wieder nur Eines!

Dann nehme ich wieder die „Delle" zurück und bin wieder "Alles was ist" – mit allem verschmolzen, was ich sowieso vorher schon war, bereichert durch die Erfahrung, eine Delle zu sein!

Weiter sprach das Tuch:

„Jetzt werde ich Delle und Zipfel und schaue mal wie Delle und Zipfel spielen und sich „anfühlen"! - So fiel der Zipfel in die Delle!

Sie "erkannten" einander und die Sexualität als Erfahrung mit Adam und Eva war geboren!

Seitdem befinde ich mich in einem erregenden, fortwährenden ewigen Schöpfungsakt, wo das Leben immer ewig ist, und Geburt und Tod dasselbe darstellen und ein Ende meiner Schöpfungsträume, in ihren unendlichen Möglichkeiten, kein „Rentenende" kennt!

Ganz nebenbei, so flüstert das Tuch (Gott!) schelmisch:

„Es war eine herrliche Erfahrung als „Ich bin, der ich bin" in meiner selbst gewählten Form des Dornbusches, aus diesem, zu Moses zu sprechen, schon als Spiegel für ihn, um ihm im Außen zu zeigen, wie dornig, knorrig und verbittert er emotional als ehemaliger Königssohn noch war und vermeintlich unter seiner Würde Schafe hüten musste.

Aber wie die Geschichte ja zeigte:

Gleiches hat gleiches ja geheilt und in seiner neuen Rolle als Israelitenführer taute er langsam wieder mit wirklichem Selbstwertgefühl auf, das unabhängig von einem Titel als Königssohn war!"

Du bist „EINZIG" · ARTIG – Gott ist immer in dir!

Alle konfessionellen „Glaubensvereinigungen" predigen aber mit Inbrunst:

„Wir sind alle Sünder"– Vergib uns unsere SCHULD und unseren HOCHMUT!

Also bin ich eh' immer „SCHULDIG", mach' ich eh' immer „ALLES FALSCH" – zumindest habe ich diese Angst. Was daraus – PSYCHO-SOMATISCH – entsteht, ist „nahe"· liegend und offensichtlich!

Aber Du bist doch Sein Ebenbild! – Wieso sollte er Dich und damit sich verurteilen?

Das BEFREIT DICH von diesem angeblichen „Fluch" „SÜNDIG" zu sein!

Stelle dir vor! – Du hättest dein „Licht„ bzw. dein „SELBST"·WERT·GEFÜHL von Anfang Deines Lebens gespürt:

WIE LEICHT WÄRE DEIN LEBEN GEWESEN... Aber es ist nicht zu spät!

Jetzt erfüllst du sich aber damit: Wie? - Was FÜTTERST du in Dir:

Deinen Hochmut, sprich „ GOTTERFÜLLTEN HOHEN MUT" mit deinem Glauben an dich, Vertrauen, Zuversicht und Hoffnung oder die vielbeschworene „Menschlichkeit" mit ihren Bedürftigkeiten, wie Angst und Verzweiflung und Dunkelheit - Es ist immer deine Entscheidung, was Du wählst!

Beachte: „Er" gibt immer dir das was du in dir fütterst!

Von jetzt an: Sieh und fühle DICH! Mehr und mehr als „EINZIGARTIG und GÖTTLICH"!

und zolle dir und anderen: „RE" spekt („RE" = altägypt. Sonnengott) - spekt (spicere = anschauen)!

Bücherauswahl des Autors

„Sterntaler Magie"

Es handelt sich um die modernisierte Legende von König Midas, in der ein habgieriger Manager über ein spirituelles Sterntalerritual Heilung und wirklichen Seelenfrieden findet. Es will Menschen ein wenig Licht sein, für einen erfüllenden Weg und gerade Sinnfragen des Lebens verdeutlichen.

„ Aschenputtels Weg zum Regenbogen"

. In seinen lehrreichen psychologisch-mystischen Ausführungen ist es ein Buch, das zeigt, wie wichtig es ist, sich mit seinen meist unbewussten Glaubensätzen zusammenzusetzen, die einen Lebenserfolg prägen gemäß dem Spiegelgesetz: „Wie innen, so außen". Es ist dabei von eminenter Bedeutung zu erkennen, dass es für deine Seele nicht darauf ankommt, was du tust, sondern mit welcher Einstellung zu dir es geschieht. Außerdem wird das Geheimnis des „Kornsortierens" gelüftet.

„Dornröschens Auferstehung!" – Das Geheimnis des „hundertjährigen Schlafs"
Achtung: Neue Auflage ISBN-13: 9783752860634

In diesem Buch wird der berühmte Mythos von „Dornröschen" in ganzem Umfang zum mystischen Erleben erweckt, indem erstmals die möglichen Vorgänge im „hundertjährigen Schlaf" in erzählender berührender Weise geschildert werden. Es geht dabei auch um einen eigenen Wachstumsprozess, der dienlichen seelischen Kräften Raum dazu geben soll. Das Büchlein hat die Absicht über Konfessionen hinweg, in einer erzählenden mystischen Art über Dornröschens Selbsterkenntnis, Religio und Mystik als innere Erfahrungen aus der Seele miteinander zu verbinden. In seinen lehrreichen mystischen Ausführungen ist es ein Buch, das zeigt, wie wichtig es ist, sich mit seinen inneren Kräften zusammenzusetzen und zu diese zu würdigen.

„Die Münchhausen Power"

Münchhausen! - ein Lügner, abqualifiziert noch in einem unzutreffenden „Münchhausensyndrom" oder Weiser?
Es geht darum, erstmalig seiner Lebensphilosophie auf die Spur zu kommen, die in seinen verrückten Abenteuern gleichnishaft durchscheint, originär interpretiert und erläutert. In diesem Buch werden lustig-ernst und mystisch - philosophisch seine provokativen Antithesen auch zu herkömmlichen Konfessionen erörtert! Noch nie hat sich jemand darüber geäußert und tiefgründig ge-„Wunder"-t!

Dornbusch in Flammen! - Die heilende Macht von Seelenbildern!

Fast jeder Mensch kennt die Geschichte von Moses, der dem flammenden Dornbusch, als Symbol für den göttlichen Funken in uns, in der Wüste begegnet und auf den eigenen inneren Reichtum hinweist! In seinen modernen Ausführungen über die seelischen Hintergründe wird deutlich, wie wichtig Innere Bilder mit ihren schöpferischen und kraftvollen Kräften sind! Dies möchte das Buch verdeutlichen und besonders auf die erfüllende Gestaltung des eigenen Lebens aus dem Bewusstsein eingehen! Das Licht aus unserer Seele hat nie aufgehört mit dem Menschen zu reden!

Weitere Bücher des Autors auf www.bod.de - Buchshop!

Allgemein verwendete Literatur

Neal Donald Walsch   * Gespräche mit Gott   Arkana Verlag

K.O. Schmidt: * In dir ist das Licht   Drei Eichen
K.O. Schmidt   * Lebe bewusst"   Drei Eichen

Das Thomas Evangelium   Genius

Dyer Wayne: * Wirkliche Wunder   Rowohlt

F. David Peat: * Synchronizität   O.W. Barth

Verena Kast   * Die Dynamik der Symbole   Walter

Campell Joseph   * Der Heros in tausend Gestalten   Insel

Connie Zweig   * Die Schattenseite der Seele   Scherz

Campell Joseph   * Der Heros in tausend Gestalten   Insel

Campell Joseph: *Die Kraft der Mythen   Artemis

Die Bibel: *Altes und Neues Testament*

Capra Fritjof: *Wendezeit*   Scherz

Colin Wilson: *Der Herr der Unterwelt*   Knaur

C.G. Jung: *Traum und Traumdeutung*   dtv
C. G. Jung: *Mensch und Seele*   Walter
C. G. Jung: *Der Mensch und seine Symbole*   Walter
C. G. Jung: *Grundwerk in sieben Bänden*   Walter

Kast Verena: *Die Dynamik der Symbole*   Walter

H.J. Störig: *Kleine Weltgeschichte der Philosophie*
      Kohlhammer

J. Jacobi   *Die Psychologie v, C.G. Jung   Rascher

A. Jaffe: *C.G. Jung – Biographie   Walter

Rene Bütler   *Die Mystik der Welt   O.W. Barth

Axel Englert, geboren 1956 in Aschaffenburg

Studium von Pädagogik mit Schwerpunkt „Erwachsenenbildung und „Pädagogische Psychologie" und nachfolgender Bildungszentumleitungs- und Managementtätigkeit in Industrie und Bildungswesen.

Seit 1994 - Selbständige Tätigkeit als Trainer für Supervision, Sinn- und Konfliktmanagement, Ziel- und Teamfindungsseminare, Mentaltraining, sowie Persönlichkeitstrainings und Buchautor. (Vgl. www.mental-x.de) auf der Basis der „Archetypischen" Psychologie von C.G. Jung.

In seiner „Ganzheitlichen Psychologischen Praxis" begleitet der Autor neben Firmenberatungen seit mehr als 25 Jahren Menschen in Lebens- und Beziehungskrisen, in privater- und beruflicher Neuorientierung und ihrer eigenen Persönlichkeitsentwicklung.

Unterstützt wird diese Praxis, als Heilpraktiker für Psychotherapie, durch selbst entwickelte systemischen Aufstellungsberatungen, sowie die effektive Arbeit mit modernen Imaginationsverfahren und ergänzenden eigenentwickelten „Wertimaginationstherapien".

Mit seinen Büchern möchte der Autor auf die heilende und lebensverändernde Kraft von inneren Bildkräfte und Symboliken hinweisen, die erst einmal freigesetzt, große psychische „wunder"-volle Energien in zu verändernde oder transformierende Lebenssituationen fließen lassen können. Dadurch kann auch wieder ein Zugang zu dem gewonnen werden, was Religio" *(Rückbindung im Sinne des „Erkenne dich selbst!")* und sinnhaftes Leben bedeutet, und dass diese seelischen Themen sehr praktisch und in nachvollziehbarer Weise das persönliche Leben begleiten und verändern können.

Auf diese Weise können Schwierigkeiten in der eigenen Psyche und damit in der Lebensführung und Bewältigung überwunden werden, Heilung und Erweiterung der Persönlichkeit werden leichter möglich.

Das Ziel bleibt in jedem Fall dasselbe:

Den Kontakt mit der Seele, mit ihren Antriebskräften herzustellen und die unendlich weise Führung kennenzulernen, die in jedem von uns lebt, die aber so wenige in die Realität umsetzen können.

Bücher des Autors: siehe www.bod.de Buchshop – Axel Englert